上海高校分类评价研究丛书

丛书主编 平辉

上海高校分类评价
理论与实践

平辉 ◎主编

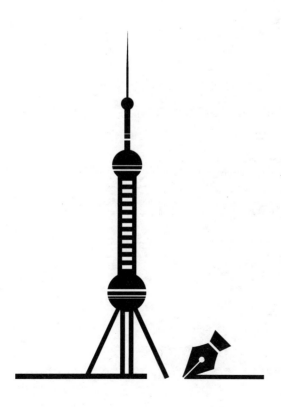

华东师范大学出版社
·上海·

图书在版编目(CIP)数据

上海高校分类评价:理论与实践/平辉主编.—上海:华东师范大学出版社,2022
 ISBN 978-7-5760-3328-1

Ⅰ.①上… Ⅱ.①平… Ⅲ.①地方高校-分类-评价-上海 Ⅳ.①G649.285.1

中国版本图书馆 CIP 数据核字(2022)第 197451 号

上海高校分类评价研究丛书
上海高校分类评价:理论与实践

主　　编　平　辉
责任编辑　彭呈军
特约审读　单敏月
责任校对　时东明
装帧设计　卢晓红

出版发行　华东师范大学出版社
社　　址　上海市中山北路 3663 号　邮编 200062
网　　址　www.ecnupress.com.cn
电　　话　021-60821666　行政传真 021-62572105
客服电话　021-62865537　门市(邮购)电话 021-62869887
地　　址　上海市中山北路 3663 号华东师范大学校内先锋路口
网　　店　http://hdsdcbs.tmall.com

印 刷 者　上海景条印刷有限公司
开　　本　787 毫米×1092 毫米　1/16
印　　张　17.75
字　　数　260 千字
版　　次　2023 年 1 月第 1 版
印　　次　2023 年 1 月第 1 次
书　　号　ISBN 978-7-5760-3328-1
定　　价　68.00 元

出 版 人　王　焰

(如发现本版图书有印订质量问题,请寄回本社客服中心调换或电话 021-62865537 联系)

上海高校分类评价研究丛书

编委会

主　编：平　辉

编　委：（按姓氏笔画为序）

　　　　王　娟　平　辉　冯　晖　张　兴

　　　　张　慧　林炊利　郭为禄　桑　标

　　　　董秀华　傅建勤　焦小峰　戴　勇

丛书序

高等教育是一个国家发展水平和发展潜力的重要标志。从世界高等教育发展趋势看,一流国家必然需要一流的高等教育和人力人才资源作为坚强保障。面对世界百年未有之大变局,我国对高等教育的需要比以往任何时候都更加迫切,对科学知识和卓越人才的渴求比以往任何时候都更加强烈。习近平总书记和党中央审时度势,作出了加快建设世界一流大学和一流学科的战略决策,引导全国高校扎根中国大地办学,吸收世界先进办学治校经验,创办中国特色、世界一流的高等教育,增强国家核心竞争力。

受多种因素综合影响,过去一个时期我们对高校办学的评价受到办学规模、办学层次、学位点数等数量因素的较大影响,导致大学之间比拼"大"而非"学",高职院校升格普通本科、学院升格大学、综合性大学"扎堆"建医学院等冲动客观存在,一定程度上加剧了同质化办学和"千校一面"现象,造成有限办学资源稀释和浪费。为此,党中央、国务院明确提出要"建立完善的高等学校分类发展政策体系,引导高等学校科学定位、特色发展"。

在此背景下,上海将高校分类评价改革作为建设教育综合改革国家试点区重中之重,2014年起把制度化构建和实施高校分类管理、分类评价作为重点任务,着力为我国高等教育分类管理、分类评价改革先行探路,促进全市高校由"一列纵队"向"多列纵队"分类发展,在各自领域和类型中特色办学、争创一流。经过多年实践,上海高校分类管理评价模式已初步形成,成为推动上海高等教育改革发展的重要基座,主要做法有以下三个方面。

一是创新"规划入法",实现分类评价法制化。用好专家学者和各方力量,构建了分类评价制度框架。在横向上,按照人才培养主体功能和承担科学研究情况,把高校划分为学术研究型、应用研究型、应用技术型和应用技能型四个类型;在纵向上,按照学科专业设置和建设情况,把高校划分为综合性、多科性、特色性三个类别,纵横交错形成了"十二宫格"分类格局。2015年出台《上海高等教育布局结构与发展规划(2015—2030年)》,以分类管理分类评价思路规划和布局上海高等教育。在此基础上,探索实践了"规划入法"理念,2018年施行全国首部地方性高等教育促进法规——《上海市高等教育促进条例》,相关法条明确:上海"根据人才培养主体功能、承担科学研究类型以及学科专业设置和建设等情况,建立健全高等学校分类发展体系,引导高等学校明确办学定位,培养适应经济社会发展的特色人才"。同年,依据该法规出台《关于深入推进高校分类管理评价促进高等教育内涵式发展的指导意见》,推动分类管理理念融入高等教育管理各环节。遵循"政府政策引导、高校自主选择、社会参与评估"原则,由全市高校结合自身实际,从学术研究型、应用研究型、应用技术型和应用技能型四个类别中自主选择相应发展类型,不同类型有不同的目标定位、资源配置和考核评价。

二是实施分类评价,引导全市高校各安其位。根据不同类型高校办学定位和发展目标,分类制定学术研究型、应用研究型、应用技术型和应用技能型四类高校评价指标,突出"中国特色",聚焦高校落实"五大功能",兼顾"综合性、多科性、特色性"学科专业发展特点,确定了办学方向与管理水平、办学条件与资源、办学质量与水平、办学声誉与特色、高校自评等五方面考查内容。坚持定量评价与定性评价、综合评价与单项评价、内部评价与外部评价、共性评价和特色评价相结合,引导高校立足自身定位和特色,不断提高办学水平和办学绩效。自2018年启动首次测评起,每年都对测评数据进行全面分析研判,并"地毯式"征求各方对指标体系的优化完善意见和建议,在取得各方共识的基础上对相关指标作进一步调整优化。同时,对标教育部等国家部委有关高校评价的新要求、新做法,及时调整更新评价指标和内容,促进了互动兼容和导向一致。

三是强化结果运用,充分发挥评价指挥棒作用。建立了从评价动员到结果使用一整套公开透明的操作程序,实现了评价程序的全闭环和过程的全开放。同时,实行多元评价,组织政府部门负责人、高校管理者、专家学者、社会第三方等利益相关者参与评价,探索线上评价、线下集中评价、实地督导、高校互评等多种评价相融合的形式。

分类评价结果出来后,对全市高校进行集中反馈,使各高校清晰明确自身在相应纵队中的位置以及存在的主要差距。在此基础上,制定实施与分类评价结果直接挂钩的操作方案,逐步把分类评价结果作为政府经费投入、基建规划、招生计划、人事编制、学科评审等教育资源分配管理,以及高校党政负责干部绩效考核的重要参考和依据,确保高校"类型不同、要求不同、评价不同、支持不同"。目前,上海高校分类评价结果已与高校下一年度教师绩效总额增量直接挂钩、与高校下一年度内涵建设经常性经费投入额度直接挂钩、与高校班子成员当年度绩效额度和收入水平直接挂钩,提升了针对高校办学质量评估的针对性和政策调控的精准度。

从实施效果看,在分类管理、分类评价体系牵引下,"各安其位、各展所长、特色发展"的办学理念已成为全市高校的思想和行动自觉,主要表现在：一方面,全市高等教育发展生态正加快优化。全市高校都已把类型标准融入学校的制度设计和日常办学中,盲目追求综合型、研究性大学的现象已基本杜绝。一些"小而精"的高校因"一招鲜""特色化"而在分类评价体系内表现优异,促使"壮士断腕"收缩规模、集中精力做强做特做优,正成为越来越多高校的选择。通过分类评价,激发了传统强校的忧患意识、进步学校的自信和落后学校的赶超决心,同类高校间"比学赶超"氛围日益浓厚。另一方面,高校内部治理能力正加快提升。上海高校分类评价着力引导学校增强治理能力,设置负面清单观测点,倒逼高校完善内部治理体系,增强底线保障的意识和能力。通过分类评价,不少高校强化了数据管理,建立了自评系统,绝大部分学校都把分类评价指标要求与学校规划指标、年度考核、院系评价紧密结合,完善了质量保障体系。

同时,通过分类评价实践也发现了一些需要深入思考和推进完善的工作,包括：如何在推进评价"破五唯"的同时,以公平、客观、全景、有效的方式把高校发展质量、实质贡献测量出来；如何在评价体系中进一步强化高等职业教育类型定位,为高职院校特色发展提供有力引导；如何充分利用新技术实现分类评价数据采集的自动化、数据分析的智能化,有效提升评价信度效度；如何强化结果使用,倒逼高校分类办学、特色发展；等等。

下一步,上海将按照党中央、国务院关于教育评价改革部署要求,优化完善高校分类评价体系。一是进一步树牢评价的正确导向。在坚决落实评价"破五唯"的同时,探索教师、论文、奖项、项目等评价难点的新路径。把立德树人作为评价根本标准,引导高校加强改进党的领导和思政工作，把人才培养作为核心任务。引导高校服务国家地方重大战略，优化学科专业布局，提升攻关"卡脖子"技术和社会服务能级。设立更多基于学科专业特色的观测点，把高校特色显出来、评出来、推出来。二是进一步增强评价的权威实效。拓宽结果使用范围，通过软挂钩与硬挂钩相结合的方式，探索将评价结果更多运用于招生计划、人事编制、重大专项投入等领域；区分评价和监测不同功能，改革年度评价机制，探索周期性评价和日常监测有机结合的考查制度；加强数据共享共用，以分类评价为基础推进上海高等教育评价体系衔接整合；通过开展专项督导评价，督促引导高校健全自我评价机制。三是进一步增强评价的平台功能。着力把上海高校评价打造成政府、高校、学界、社会高度互动服务平台，凝聚学界研究力量，攻克评价改革难题，产出一批研究成果；统筹利用更多社会资源，深化与第三方合作，加强先进评价技术应用，发挥分类评价在促进高等教育高质量发展、提升高校"五大功能"中的关键导向作用。

开展高校分类评价是一项实践性和专业性很强的工作，确保评价的科学有效和持续深入，需要具备扎实的理论基础、广阔的改革视野和长期的实践探索。上海市教育督导委员会办公室立足新起点，策划出版《上海高校分类评价研究丛书》，组织专家学者和一线实务人员，总结分类评价改革经验，探索分类评价优化路径，既有实践意义也有学术价值，一定会为高校分类评价工作的持续深化带来积极促进作用。衷心期待全国同行多参与、多研究、多提宝贵意见，共同为促进高校分类发展、特色办学出谋划策，共同为构建符合中国实际、具有世界水平的评价体系作出贡献。

上海市教育委员会
2022 年 7 月 19 日

主编前言

对高校进行分类管理评价,是国家为了克服高校同质化办学而采取的重要改革举措。自 2010 年印发《国家中长期教育改革和发展规划纲要(2010—2020 年)》提出"建立高校分类体系,实行分类管理"以来,国家一直在强调要推进分类管理评价改革。2020 年,中共中央、国务院印发的《深化新时代教育评价改革总体方案》将高校分类评价作为改进高校评价的首要任务和前提条件,进一步提出"推进高校分类评价,引导不同类型高校科学定位,办出特色和水平"[1]。

教育评价是世界性难题,对高校分类评价改革更是难上加难。我国对于高校进行分类管理一直是存在的,只不过这种分类主要体现为分层。分层式分类,并由此配置阶梯性的资源,就会导致"千军万马过独木桥""千校一面"。因此,高校分类评价之难首先在于如何超越"三六九等"式分类,以科学的方法进行"并列"式分类,以孕育出不同类型的"好大学";其次在于如何通过强有力的导向,扭转管理者、办学者的固有思维,进而构建形成"并列"式的评价办法、投入机制。

改革虽难,但方向正确、势在必行。上海根据国家部署,承担起了分类管理评价改革试点任务。这项改革大概分为两个阶段:一是 2014 年到 2017 年的分类阶段,研制分类标准,通过政府引导、高校自主的原则,形成四列纵队;二是 2018 年到今天的评价阶段,研制形成分类评价指标,建立评价运行模式,不断深化结果的运用。前者是后者的前提和基础,后者是前者的深化与保障。

仅就分类评价来说,至 2022 年已经实施了五年。在我国,一项改革一般五年是一

---

[1] 中共中央、国务院. 深化新时代教育评价改革总体方案[EB/OL]. http://www.gov.cn/zhengce/2020-10/13/content_5551032.htm.

个周期，周期结束后，应该对走过的路进行复盘反思，对未来的道路进行再研究设计。经验只有形成文字才能被更多人知道，想法只有成为文字才能更加清晰，于是便有了编辑出版《上海高校分类评价研究丛书》的考虑。上海高校分类评价工作涉及方方面面，积累了丰厚的数据材料，而且要长久坚持下去，会有很多的主题可以研究分析，这也就意味着丛书有条件持续出版下去。第一辑我们策划出版三本著作，分别是由我主编的《上海高校分类评价：理论与实践》、郭为禄主编的《新时代高校内部评价改革探索》、张端鸿撰写的《高校分类评价的上海理念》。其中，《新时代高校内部评价改革探索》是通过案例来看上海高校分类评价在高校的响应和落实；《高校分类评价的上海理念》主要是通过对参与上海高校分类评价的各个主体进行访谈调查，凝练挖掘这项工作中鲜活的理念。

《上海高校分类评价：理论与实践》是这套丛书的总论。我们希望读者通过本书了解上海高校分类评价的来龙去脉、理论支撑、创新之处、操作之法。本书共八章。

第一章为绪论，主要介绍了上海高校分类评价的背景。对高校进行分类评价，是中国高等教育发展到一定阶段的必然要求。从需求看，国家的战略布局、人民群众的愿望、高等教育自身的规律、上海区域发展的实际，都对高等教育提出了与以往不同、更高层次、更迫切的新需求，深化高等教育改革势在必行；从目标看，我们要建设高等教育强国，使更多高校迈入一流，就必须要充分发挥评价的牵引力和驱动力；从问题看，以前的高等教育管理在一定程度上抑制了高校的创造性和积极性，需要通过分类管理与评价的方式，深层激活高校活力，引导更多高校特色发展、内涵发展。

第二章主要是厘清基本概念、重要理论。评价、教育评价、大学评价有着共同的内在规律和基本要素。高校评价作为对高校内部治理、发展成效的一种价值判断活动，需要充分吸收现代治理理论，吸收更多主体共建共享；需要充分吸收四代评价理论的精华，在坚守客观真实的基础上，追求目标实现、共识达成；需要把握高校特殊性，对高校进行科学分类，引导高校"百花齐放"式发展；需要科学设计评价流程，确保评价的公信力和效率成效。

第三章主要研究了国内外重要的大学评价项目。从评价历程、分类情况、评价指标、结果运用等方面对我国官方组织开展的普通高等学校本科教育教学审核评估、教育部学科评估、"双一流"建设成效评价，社会第三方机构推出的软科、金苹果、校友会大学排名,以及美英德日四国官方开展的高校评价,社会第三方机构 U.S. News、QS、泰晤士的大学排名,进行了研究评析。上海高校分类评价对这些评价项目都进行了深入的研究分析,并在一些方面实现了超越创新。

第四章主要是从地方逻辑的层面看上海高校分类评价的理论突破、目的思路。上海高校的分类是按照人才培养类型、专业学科集中度两个维度来划分的,其主要目的是以规划目标和重要问题为改革导向,着眼优化上海高等教育的结构与布局,引导沪上高校分类争创一流。它由政府主导实施,是上海教育督导体系的重要组成部分,也是上海高等教育管理的重要环节。

第五章主要是论述上海分类评价指标体系的设计思路、研制过程、主要构成。上海高校分类评价指标体系制定的原则是体现中国特色、聚焦高校职能、反映学科专业差异。指标制定过程中坚持于法有据、民主公开、多方博弈,鼓励高校深化研究、提供方案。从指标结构看,做到了综合评价与专项评价、定性评价与定量评价、结果性评价与发展性评价、统一规定指标与高校自定指标的结合,特别是为高校呈现特色留出充分空间,基本实现了"一校一方案"。

第六章主要介绍上海高校分类评价实施流程。整个流程设计遵循公平公正、实事求是、共建共享的原则。从评价周期看,实施年度日常监测与周期性整体考查相结合的制度,每年都会对评价指标和方式进行优化。从评价流程看,实现了从指标优化、征求意见、解读培训到数据采集、数据公示、数据修正、数据分析,再到结果反馈、结果使用、督导问责的流程闭环。从评价主体看,坚持多元参与,采取了政府评价、专家评价、第三方评价、高校自我评价、同类高校互评等多种形式。从评价手段看,实行自动评分、线上评价、集中评价、实地督导相结合的方式。从结果呈现看,形成了"总体报告""一校一报告""专题报告"等载体,以及对学校的综合评价、增值评价、效益评价三种结果。在结果使用上,将评价结果与高校的各类经费分配、评选考核挂钩,并依法对有关学校及其有关负责人实行问责。

第七章主要是分析高校对分类评价工作的响应。通过案例分析可以发现,高校普遍根据类型要求制定了发展规划,构建了融合分类评价要求的内部评价体系,从而拓宽了发展境界,提高了发展准确性,强化了内生动力。

第八章主要是系统总结分类评价的经验,并对未来进行展望。分类评价之所以能够落地生根,取得阶段性成效,在于上海市有坚定的改革意志,坚持评价的相对独立性,实施稳步推进的策略,不忘促进内涵发展的初心,注重提升评价的公信力。面对新的发展形势,分类评价要持续迭代升级,进一步探索扎根于中国实际的新理论、新思路;要强化评价的导向性,强化高校的使命感,促进高校间"竞争和合作";要强化体系化建设,填补更多评价空白,加强与其他评价体系的衔接,加快实现高等教育评价归口管理;要进一步加强大数据、人工智能、区块链等技术的运用,夯实评价的数据基础、支撑条件,提升评价的精准性、即时性;进一步优化分类体系,及时将新型高校纳入评价体系,探索在类型内部进行再分类。

上海市教委总督学 平辉

2022 年 8 月 27 日

目录

第一章 上海高校分类评价的背景 /001

第一节 社会发展变化的需求 /002
一、经济社会发展的需求 /002
二、高等教育发展的需求 /003
三、上海城市发展的需求 /005

第二节 新时代社会主义办学方向的要求 /006
一、坚持立德树人 /006
二、实现内涵式发展 /007
三、落实分类管理 /008
四、服务高质量发展 /008

第三节 高等教育治理现代化的需求 /009
一、分类管理，促进高校聚焦内涵、办出特色 /009
二、破唯减量，深入推进教育评价改革 /010
三、共建共享，教育领域简政放权 /012

第四节 高等教育强国建设的需求 /013
一、"双一流"建设和"双高计划" /014
二、上海率先实现教育现代化 /016

第二章 高校评价的基本概念与重要理论 /019

第一节 基本概念 /020

　　　　一、评价　/020

　　　　二、教育评价　/023

　　　　三、高校评价　/026

　　第二节　重要理论　/029

　　　　一、习近平总书记关于教育评价的重要论述　/030

　　　　二、教育治理理论　/031

　　　　三、教育评价的四代理论　/033

　　　　四、分类研究的理论基础　/038

　　第三节　评价要素　/045

　　　　一、评价主体　/046

　　　　二、评价对象　/049

　　　　三、评价指标体系　/050

　　　　四、基本环节　/054

第三章　国内外高校分类评价实践　/057

　　第一节　国内高校评价　/058

　　　　一、学校建设评价　/059

　　　　二、学位点建设成效评价　/068

　　　　三、各地高校分类评价　/072

　　第二节　国际高校分类评价　/077

　　　　一、美国高等教育分类评价　/077

　　　　二、英国高等教育分类评价　/082

　　　　三、德国高等教育分类评价　/085

　　　　四、日本高等教育分类评价　/086

　　第三节　大学排名　/091

　　　　一、国内大学排名体系　/091

　　　　二、国际大学排名体系　/101

三、正确认识大学排名 /108

第四章　上海高校分类评价的依据和思路 /113

第一节　上海高校分类评价的目标与依据 /114
一、上海高校分类评价的目标 /114
二、上海高校分类评价的依据 /116

第二节　上海高校分类评价的基本功能 /120
一、基于上海高校发展研判的"规划引领" /120
二、聚焦上海高校内涵发展的"问题导向" /124
三、推进上海高教分类发展精准施策的分类评价 /127

第三节　上海高校分类评价的总体思路 /129
一、高校分类评价的基本原则 /129
二、高校分类评价的基本定位 /131

第五章　上海高校分类评价的指标体系 /133

第一节　评价指标体系概述 /134
一、评价指标 /134
二、指标权重 /136
三、评价标准 /137

第二节　上海高校分类评价指标体系设计的基本原则 /138
一、突出中国特色 /139
二、聚焦高校职能 /141
三、体现学科专业特色 /143

第三节　指标体系产生的过程 /145
一、研究先行：夯实指标体系研制的政策依据和实践基础 /146
二、民主公开：充分听取相关方意见建议 /148

三、多方博弈:第四代教育评价理论的成功实践 /151

第四节　指标体系的构成 /152

　　　一、指标内涵与解读 /152

　　　二、指标来源与采集方法 /159

　　　三、指标体系的特点 /160

第六章　上海高校分类评价的工作流程 /171

第一节　总体情况 /172

　　　一、实施主体 /172

　　　二、实施周期 /173

　　　三、实施原则 /174

第二节　操作流程 /176

　　　一、制定年度方案 /176

　　　二、开展宣讲培训 /179

　　　三、学校开展自评 /180

　　　四、采集和核查数据 /182

　　　五、多元定性评价 /183

第三节　上海高校分类评价的结果呈现与使用 /185

　　　一、评价结果呈现 /185

　　　二、评价结果反馈与使用 /186

第七章　上海高校分类评价结果在高校的应用 /189

第一节　学术研究型高校 /190

　　　一、情况概述 /190

　　　二、典型案例1:复旦大学 /193

　　　三、典型案例2:上海交通大学 /195

　　　　四、典型案例3:同济大学 /197

　　　　五、典型案例4:华东师范大学 /199

　第二节　应用研究型高校 /202

　　　　一、情况概述 /203

　　　　二、典型案例1:上海理工大学 /205

　　　　三、典型案例2:上海中医药大学 /208

　　　　四、典型案例3:上海师范大学 /210

　　　　五、典型案例4:上海体育学院 /212

　第三节　应用技术型高校 /215

　　　　一、情况概述 /216

　　　　二、典型案例1:上海应用技术大学 /219

　　　　三、典型案例2:上海电力大学 /222

　　　　四、典型案例3:上海公安学院 /227

　　　　五、典型案例4:上海建桥学院 /232

　第四节　应用技能型高校 /235

　　　　一、情况概述 /235

　　　　二、典型案例1:上海出版印刷高等专科学校 /238

　　　　三、典型案例2:上海电子信息职业技术学院 /242

　　　　四、典型案例3:上海城建职业学院 /244

　　　　五、典型案例4:上海工艺美术职业学院 /247

　第五节　对分类评价结果高校应用的思考 /251

第八章　上海高校分类评价的总结与展望 /255

　第一节　基本经验 /256

　　　　一、发展方位 /256

　　　　二、主要经验 /258

　第二节　未来展望 /261

一、增强分类评价的中国底色 /261
二、建设充满生机活力的生态系统 /263
三、利用新技术实现评价的转型升级 /265

后记 /267

第一章

上海高校分类评价的背景

　　教育、科技、人才是全面建设社会主义现代化国家的基础性、战略性支撑。教育是国之大计、党之大计。教育是民族振兴、社会进步的重要基石,是功在当代、利在千秋的德政工程,对提高人民综合素质、促进人的全面发展、增强中华民族创新创造活力、实现中华民族伟大复兴具有决定性意义。从古今中外的历史来看,国家和民族的强盛都源于教育的发展,国家和民族之间的竞争有赖于教育之间的竞争,尤其是高等教育之间的竞争。在建设高等教育强国的时代背景下,人们对高等教育质量提出了更高的要求。高等教育已成为一个多层次的系统,对高等教育进行分层分类管理与评估是我国高等教育发展的必然趋势。上海适应时代的要求,把推进高校分类评价、促进高等教育内涵式发展作为贯彻落实党的十九大精神的重要举措和贯彻落实全国教育大会精神的重要抓手,跨出了深化改革的重要一步。本章重点对开展分类评价的动因和意义进行系统梳理,主要包括需求导向、政策导向、目标导向与教育治理现代化的需求,为上海高校的分类评价提供背景知识。

第一节 社会发展变化的需求

大学始终与国家发展和民族振兴同向同行,这是大学发展的规律,也是世界一流大学建设的经验。作为社会的子系统,教育不可能离开社会环境和社会条件而存在。教育的一切活动都要适应社会发展,为社会发展服务。与基础教育相比,高等教育的社会属性更为明显。高等教育与知识特别是高级专门知识和科学技术有着天然的联系,在知识与经济结合更加紧密、科学技术成为第一生产力的时代,高等教育必然成为推动社会经济发展的重要力量。[1]

一、经济社会发展的需求

高等教育自诞生之时起,就与科技、经济息息相关,存在不可分割的内在联系。习近平总书记曾说过,"世界的今天是从世界的昨天发展而来的,历史是人类最好的老师"。高等教育发展的历史表明,每一次世界经济、科技中心的转移都伴随着高等教育中心的转移。总体而言,科技的进步促进经济的发展,并带动高等教育的发展;大学的发展对经济和科技的发展具有正反馈,最终促进科技中心和经济中心的确立。高等教育、科技发展和经济发展呈现共生性的同步辉煌,从近代以来世界科学中心在意大利、英国、法国、德国、美国 5 个国家间的 4 次转移中,可以清晰看见高等教育随之进步的影子。

---

[1] 杜玉波. 高等教育要更加适应经济社会发展需要[EB/OL]. http://www.lnxdfwxy.com/aboutNewsInfor.aspx? id=1706.

改革开放以来,我国经济社会实现了高速发展,经济发展过程中释放的信号对高等教育与科学技术的发展方向提出了明确的要求,高等教育、科学技术与经济发展之间关系的日益紧密。高等教育为经济社会腾飞提供了高素质的劳动力,为实现中华民族伟大复兴的中国梦提供智力支撑、人才支持。

在这一过程中,我们应该更加清醒地认识到,虽然我国高等教育发展取得了历史性的成就,但当前高等学校表现出来的追求"综合化""高水平""研究型"等现象已经明显不能够适应经济社会对人才的多样化需求,也成为制约高校毕业生充分就业的重要因素。世界发达国家高等教育发展的经验表明,高等学校的分类办学是与社会经济发展相适应的理性选择,是提高高等教育质量、保证高等教育健康可持续发展的关键。[1]

从社会发展的根本要求来说,社会分工对高校培养的人才类型的要求是高等学校类型划分、定位的最终依据。[2]因此,人才培养作为高校的根本任务,当前及未来经济社会所需的人才结构应当作为高校分类的根本依据,与之相对应的培养目标和课程计划应该作为不同类型人才的根本标准。以课程计划和人才培养类型为标准进行高校分类,也是世界高等学校分类的一种主要做法和共同趋势。[3]具体来说,根据培养不同类型人才的办学目标来确定高校的分类,引导不同高校根据学术型人才、应用型人才、技能型人才等不同的人才培养目标定位设置专业课程,修订完善的人才培养方案,改革教育教学内容及人才培养模式等。这也是高等学校贯彻面向经济社会发展需求,以人才培养为核心的办学宗旨的最好体现。

二、高等教育发展的需求

党中央、国务院高度重视高等教育事业,习近平总书记指出:"我们对高等教育的需要比以往任何时候都更加迫切,对科学知识和卓越人才的渴求比以往任何时候都更

---

[1] 赵世奎,李汉邦. 高等学校分类办学的理论与实践[J]. 北京印刷学院学报,2011,19(01):35-38.
[2] 潘懋元,董立平. 关于高等学校分类、定位、特色发展的探讨[J]. 教育研究,2009,30(02):33-38.
[3] 杜瑛. 高校分类体系构建的依据、框架与应用[J]. 中国高等教育,2016(Z2):32-37.

加强烈。党的十八大以来,我国高等教育由以数量规模为追求的外延式发展,进入到了聚焦高质量的内涵式发展阶段。"高等教育内涵式发展主要指以不同高校稳定规模、准确定位为前提,以特色发展为基础,以更科学理性实现高等教育基本职能为依托,以体制机制改革与创新为重点,以凸显社会文化特色为时代内容。[1]实现高等教育内涵式发展的着力点之一是解决高等教育同质化问题,实现高等教育特色化、多样化发展。改革开放以来,我国高等教育快速发展,高等教育规模不断扩大、水平不断提高,但伴随而来的是高等教育"同质化"这一广为教育界和社会诟病的现象。高等教育同质化是指不同类型、不同层次、不同办学历史的高校之间,在办学理念、办学定位、组织结构、治理模式、人才培养、专业设置、课程内容、评价方式等诸多方面逐步趋同,学校没有自己的办学特色和优势。高等教育同质化现象的出现具有一定的必然性。改革开放以后,尤其是1999年高校扩招以后,我国高等教育进入了发展的快车道,从精英化到大众化、普及化的转变所用的时间比大多数发达国家都要短。其间,我们主要是靠模仿和借鉴来实现高速发展的。通过模仿和借鉴,降低办学风险,提高了办学效率,最终实现"弯道超车"。这种同质现象不仅存在于同层次、同类别的高等教育中,而且还存在于不同层次、不同类别的高等教育之间;不仅表现在高等教育学科专业结构、运行机制、管理制度等方面,而且还表现在高等教育的人才培养目标、教育标准与要求,以及高等教育的文化精神等方面。例如在办学过程中,不考虑自身的历史背景、环境特点、办学类型、学科特色、资源结构等实际情况,盲目地追求"高、大、全":普通高校想扩大学科覆盖面,办成综合型大学;以教学为主的本科院校把成为研究型大学作为发展目标,专科学校热衷于升格为本科院校,等等。同质化给我国高等教育发展带来一系列的问题。一方面,低水平学科专业重复设置,使得人才培养与我国多样化、多层次的经济发展结构不相适应,无法满足经济社会发展对多样化人才的需求,国家教育资源被严重浪费。另一方面,高等教育差异化、个性化不足,高校办学特色不鲜明,高等教育对受教育者个性的塑造薄弱,不能很好地满足人民群众千差万别的需求。

随着我国高等教育迈向大众化、普及化发展阶段,扭转同质化倾向、实现多样化、

---

[1] 崔瑞霞,谢喆平,石中英.高等教育内涵式发展:概念来源、历史变迁与主要内涵[J].清华大学教育研究,2019,40(06):1-9.

特色化发展是实现高等教育内涵式发展的必然选择,也是满足人民群众多样化的高等教育需求的必由之路。办学特色是高校在办学理念和发展模式上所具有的根本优势,是高校的核心竞争力所在。高校只有立足自身的实际,根据办学历史、区位特点、资源条件,准确定位,扬长避短,有所为、有所不为,培育学科建设特色、人才培养特色、师资队伍特色、科学研究特色、社会服务特色、文化发展特色,坚持特色立校、特色强校,才能提升自身的核心竞争力。我国高等教育只有形成"一校一特色、校校有亮点"的多样化、特色化发展,才能满足人民群众日益强烈的对多样、特色、优质教育的需求,适应新时代中国特色社会主义建设由高速增长阶段进入高质量发展阶段对人才培养的要求。

三、上海城市发展的需求

未来五年,上海将强化"四大功能",深化"五个中心"建设,全力推动城市数字化转型、提升城市能级和核心竞争力,加快推进城市治理体系和治理能力现代化,加快建设具有世界影响力的社会主义现代化国际大都市。一流城市孕育一流教育,一流教育成就一流城市。城市发展对教育的需求、对科学知识和优秀人才的需要比以往任何时候都更为迫切。教育是城市核心竞争力的重要支撑,承载着每一个家庭对美好生活的向往。上海教育要面向全球、面向未来,力促公平、提质量,努力办出与城市发展战略定位相匹配、与人的全面发展需求相契合、与信息革命大趋势相适应、与现代化教育制度体系相适应的一流教育。围绕激发人的潜能,让每一位学习者都能学有所教、学有所成、学有所用,加快建成伴随每个人一生的教育、平等面向每个人的教育、适合每个人的教育、更加开放灵活的教育,让每一个学习者都能得到全面而有个性的发展,都能享有人生出彩机会。

改革创新是教育事业发展的根本动力。为了实现上海教育的长远目标,上海坚持教育优先发展,大力推进教育综合改革,从2014年开始承担国家"两校一市"教育综合改革任务,率先启动、率先探索,努力当好全国教育改革的探路者,推动教育改革向纵深发展。当前,为了实现高等教育特色一流、职业教育贯通融合的目标,上海要坚持全面落实《深化新时代教育评价改革总体方案》,解决教育评价指挥棒问题,深化改革,健全立德树人的落实机制,坚决克服唯分数、唯升学、唯文凭、唯论文、唯帽子的顽瘴痼疾。健全职业学校评价,推进产教融合、校企合作,大力培养高素质产业生力军。改进高等学校评价,推进高校分类评价,引导不同类型高校科学定位,办出特色和水平,推出标志性原创成果。要瞄准教育管理深化改革,深化教育领域"放管服"改革,完善学校内部治理结构,不断提高各级各类学校办学质量。

第二节 新时代社会主义办学方向的要求

党的十八大以来,习近平总书记站在党和国家发展全局的高度,围绕办好人民满意的更高质量、更加公平的社会主义现代化教育,提出一系列新思想、新论断、新要求,深刻回答了教育改革发展的一系列重大理论和实践问题。这些重要论述,站位高、视野广、措施实、施策准,是习近平新时代中国特色社会主义思想的重要组成部分,是推动新时代教育事业改革发展的强大思想武器和行动指南。[1] 从政策导向看,新时代对高等教育未来发展提出了新的要求:始终坚持立德树人的根本任务、全面转向内涵式的发展、提升治理能力、更加多元化的发展、为经济社会发展提供更大的支撑。

一、坚持立德树人

党的十八大以来,以习近平同志为核心的党中央高度重视学校思想政治工作。习近平总书记的一系列论述站在实现中华民族伟大复兴全局的战略高度,科学回答了高

---

[1] 光明日报评论员.从根本上解决教育评价指挥棒问题——五论学习贯彻习近平总书记全国教育大会重要讲话精神[EB/OL]. http://theory.people.com.cn/n1/2018/0917/c40531-30297014.html.

校"培养什么人、怎样培养人、为谁培养人"这一根本问题。2018年全国教育大会上习近平总书记提出:"要把立德树人融入思想道德教育、文化知识教育、社会实践教育各环节,贯穿基础教育、职业教育、高等教育各领域,学科体系、教学体系、教材体系、管理体系要围绕这个目标来设计,教师要围绕这个目标来教,学生要围绕这个目标来学。凡是不利于实现这个目标的做法都要坚决改过来。"2021年,习近平总书记在清华大学再次强调,建设一流大学,关键是要不断提高人才培养质量;要想国家之所想、急国家之所急、应国家之所需,抓住全面提高人才培养能力这个重点,坚持把立德树人作为根本任务,着力培养担当民族复兴大任的时代新人。2022年4月习近平总书记在中国人民大学考察时强调"培养什么人、怎样培养人、为谁培养人"始终是教育的根本问题。要坚持党的领导,坚持马克思主义指导地位,坚持为党和人民事业服务,落实立德树人根本任务,传承红色基因,扎根中国大地办大学,走出一条建设中国特色、世界一流大学的新路。习近平总书记的论述为教育发展提供了根本遵循,即要把立德树人的成效作为检验学校一切工作的根本标准,真正做到以文化人、以德育人,把立德树人内化到大学建设和管理各领域、各方面、各环节,做到以立德为根本,以树人为核心,着力培养德智体美劳全面发展的社会主义建设者和接班人。

二、实现内涵式发展

2021年全国各种形式的高等教育在学总规模4430万人,高等教育毛入学率57.8%。全国共有高等学校3012所。其中,普通本科学校1238所(含独立学院164所),本科层次职业学校32所,高职(专科)学校1486所。[1] 2020年全国各类高等教育在学总规模为4183万人,高等教育毛入学率为54.4%。全国普通高校为2738所,其中,本科院校1270所,高职(专科)院校1468所。[2] 本科院校中,"双一流"建设高

---

[1] 2021年全国教育事业发展统计公报[EB/OL]. http://www.gov.cn/xinwen/2022-09/15/content_5710039.htm.
[2] 中国教育概况——2020年全国教育事业发展情况.[EB/OL]. http://www.moe.gov.cn/jyb_sjzl/s5990/202111/t20211115_579974.html.

校占比约为10%，2000年之后发展起来的新建本科院校占比约为50%。1 400多所高职院校基本都是1998年之后在中等职业教育基础上发展起来。近20年我国高等教育的发展主要是通过高等学校的数量增长和规模扩大来实现的，是以外延式增长为主的发展模式，这一发展模式使我国高等教育实现了突飞猛进式的规模扩张，但也存在高水平高教资源稀缺、同质化低水平重复办学、发展重心偏低、发展历史短暂等问题，因此深化办学内涵，实现高质量发展，是新时代高等教育发展的必然要求。党的十八大报告提出"推动高等教育内涵式发展"，十九大报告再次提出"要加快一流大学和一流学科建设，实现高等教育内涵式发展，带领人民不断创造美好生活"。2018年北京大学座谈会上，习近平总书记指出，"当前，我国高等教育办学规模和年毕业人数已居世界首位，但规模扩张并不意味着质量和效益增长，走内涵式发展道路是我国高等教育发展的必由之路"。中办、国办印发的《加快推进教育现代化实施方案（2018—2022年）》将高等教育内涵发展作为十项重点任务之一。实现高等教育内涵式发展是新时代党和国家高等教育发展的核心理念，是办好人民满意教育的内在要求，是把我国建设成为高等教育强国的必由之路。

三、落实分类管理

早在《国家中长期教育改革和发展规划纲要（2010—2020年）》中，我国教育规划先驱者就立足长远，提出要"建立高校分类体系，实行分类管理。发挥政策指导和资源配置的作用，引导高校合理定位，克服同质化倾向，形成各自的办学理念和风格，在不同层次、不同领域办出特色，争创一流"。2017年，《关于深化教育体制机制改革的意见》提出要"改进高等教育管理方式，研究制定高等学校分类设置标准，制定分类管理办法，促进高等学校科学定位、差异化发展，统筹推进世界一流大学和一流学科建设"。《中国教育现代化2035》提出要分类建设一批世界一流高等学校，建立完善的高等学校分类发展政策体系，引导高等学校科学定位、特色发展。2020年《政府工作报告》再次强调"推进一流大学和一流学科建设"。在高等教育普及化阶段，为了满足人民群众日益强烈的对多元、特色、优质教育的需求，高等教育多元化发展成为新时代我国高等教育改革的新动能、发展的新动向。

四、服务高质量发展

社会主义新时代，我国经济已由高速增长阶段转向高质量发展阶段。党的十八大做出了创新驱动发展战略部署，创新成为新时代高质量发展的主动能。《国家创新驱动发展战略纲要》对高校服务经济社会发展提出新的要求。一方面，要建设世界一流大学和一流学科，形成一批优势学科集群和高水平科技创新基地，系统提升人才培养、学科建设、科技研发三位一体创新水平；另一方面，加快建设科技创新领军人才和高技能人才队伍，注重培养一线创新人才和青年科技人才，完善高端创新人才和产业技能人才"二元支撑"的人才培养体系，加强普通教育与职业教育衔接。社会主义新时代，高等教育作为国家高级人才的培养基地，深刻地融入国家创新体系，成为创新体系中不可或缺的一环。培养更具有创新精神和创造能力的高素质人才，为国家更加美好的未来提供人才支撑服务，是时代赋予高等教育的重要使命和责任。

第三节　高等教育治理现代化的需求

党的十九届四中全会从党和国家事业发展的全局和长远出发，深刻回答了"坚持和巩固什么、完善和发展什么"这个重大政治问题，明确了坚持和完善中国特色社会主义制度、推进国家治理体系和治理能力现代化的总体目标。高等教育治理体系和治理能力现代化是国家治理体系和治理能力现代化的重要组成部分，是新时代中国高等教育推进内涵式发展、提升综合竞争力的内在需求。

一、分类管理，促进高校聚焦内涵、办出特色

彰显办学特色需要实施分类管理，高等教育分类管理正是对高等教育多样化、特色化发展的有效引导。实施高校分类管理，有利于引导高等学校合理定位、各展所长、错位竞争，根据自身条件和优势，在不同层次不同领域办出特色、争创一流；有利于优化高校专业结构布局和人才培养类型结构，形成富有活力、可持续发展的高等教育系统，最终建立多元化、特色化的现代化高等教育体系，实现高等教育的内涵式发展。

要达到这一目标，既要靠政府政策的推动，又要靠高校自身的努力。当前，我国的高等教育主要以行政权力为主导，高等学校受资源配置的约束较为突出，政府政策的宏观指引对高校的办学有着较强的指导作用。政府的教育管理部门要发挥重要宏观引导作用，通过制定高校分类管理、分类评价政策，对各类型高校的办学定位、发展目标、人才培养等方面实施分类指导，引导和推动高校明确办学定位、优化发展格局，真正实现高质量特色发展。

高校要在政府的引导下，结合上海高等教育整体布局和自身实际情况，科学编制发展定位规划，明确学校的人才培养目标、学科和专业建设目标、服务方向、发展道路和布局结构等。同时可以按照现代大学制度要求，将经过认可的学校发展定位规划写入大学章程，成为今后指导学校办学行为的法律依据。有了明确的办学定位规划之后，高校严格按照规划进行内涵建设和学科、专业调整，从而完善校内学科、专业布局，明晰主干学科、支撑学科和相关学科结构，建立基于自身基础能力的特色学科专业群，并不断增加资源投入，培养适应经济社会发展的高级专门人才，推动学校的特色发展。

处于不同类型或同一类型不同位置的高校，一方面依据不同的人才培养目标和服务方向，既可以在不同层次、不同领域办出特色、争创一流，还可以逐步形成各居其位、各尽其职，相得益彰、和谐共荣的教育格局，从而满足经济社会发展对人才的多样化需求。另一方面，各高校依据自身基础能力建立的特色学科专业群，可以逐渐形成特色化、专业化、立体化的学科系统，加大优势学科的广度和深度，促进学科之间的交叉、渗透与融合，实现学科的特色发展。

二、破唯减量,深入推进教育评价改革

习近平总书记在两院院士大会和全国教育大会上先后两次提出破"五唯"的问题,指出"要扭转不科学的教育评价导向,坚决克服唯分数、唯升学、唯文凭、唯论文、唯帽子的顽瘴痼疾,从根本上解决教育评价指挥棒问题"。《深化新时代教育评价改革总体方案》作为新时代教育评价改革的指导性文件,从政府评价、学校评价、教师评价、学生评价和用人评价五个角度全面落实习总书记的指示,坚决扭转不科学的教育评价导向,提高教育治理能力和水平。"五唯"显然是不正确的,需要破除。在破的过程中,要准确理解"破五唯"的真正指向,那就是破的是"唯",不是五项指标的价值。科学评价的真正敌人是以某项指标、某类指标代替整体评价的做法。"破"与"立"是辩证统一的,"破五唯"的关键在于明确"立什么"的问题,教育评价"破五唯"和"减量",不是指这五项指标不重要,而是不能用单项指标评价学校。

针对各种评价越来越多、严重影响学校正常办学的情况,李克强总理在全国教育大会上作了重点部署,提出:"要大幅减少各类检查、评估、评价,加强对办学方向、标准、质量的规范引导,为学校潜心治校办学创造良好环境。"评价种类"减数量",不是否定评价、不要评价,而是要把零星、分散的评价进行整合,形成一些综合性、权威性评价,以避免反复折腾高校。

高等教育犹如一个完整的生态系统,这个生态系统若要保持动态均衡,就必须与外部进行稳定连续的物质、能量及信息交换。但是,这种"均衡"并不是平均主义,而是在现有条件下,要让不同类型的高校在数量和结构上与分配的资源相匹配。[1] 换言之,政府作为高等教育资源配置的重要主体,在不断加大对高校放权力度的基础上,仍然要在分类管理的框架体系中优化资源配置的标准和结构,进一步增强资源配置的科学性和投入的精准性,以分类评价结果为投入"标尺",逐步推动将其作为高等教育经

---

[1] 张旺,龙柯."双一流"建设背景下高校分类发展的依据及实践路径[J].教育评论,2018(1):5-6.

费投入、基建规划、招生计划、人事编制、学科评审等教育资源分配管理和高校党政负责干部绩效考核的重要参考和依据,真正实现高校"类型不同,要求不同,评价不同,支持不同"。长期以来,由于理念、体制等因素的影响,我国高等教育生态系统的资源投入重叠现象较为严重,教育资源过多投入一部分重点高校,造成高等教育生态系统上端高校资源过剩、边际效益递减,而下端院校资源匮乏、发展后劲不足。高等教育资源配置的使用效率低下、配置不合理等问题,使得教育经费支出和教育经费的管理效益难以得到保障。分类评价的结果,既可以看出不同类型高校发展的实际需求,也可以看出同一类型下不同高校的绩效表现情况。因此,将分类评价结果作为调整优化财政拨款结构、分配市级财政投入的参考依据,有利于有效地保证各类高校的实际办学需求,有利于促进同类高校间的质量竞争,从而形成多类型高校齐发并进的良好局面。

三、共建共享,教育领域简政放权

为了进一步健全中国特色教育管理制度、现代学校制度和教育评价制度,加快推进教育治理体系和治理能力现代化,激发教育活力,2015年教育部出台《教育部关于深入推进教育管办评分离促进政府职能转变的若干意见》,提出加大政府简政放权力度,加快国家教育基本标准建设,形成政事分开、权责明确、统筹协调、规范有序的教育管理体制,推进依法评价,建立科学、规范、公正的教育评价制度建设。2017年,《教育部等五部门关于深化高等教育领域简政放权放管结合优化服务改革的若干意见》提出要进一步转变职能和管理方式,支持高校适应创新发展需要,推进治理结构改革;要深入推进管办评分离,切实履行监管职责;引导高校合理定位,办出特色,防止"同质化"。《加快推进教育现代化实施方案(2018—2022年)》进一步明确深化教育领域放管服改革,深化简政放权、放管结合、优化服务改革,推进政府职能转变,构建政府、学校、社会之间的新型关系。《中国教育现代化2035》提出要推进教育治理体系和治理能力现代化,提升政府管理服务水平;健全教育督导体制机制,提高教育督导的权威性和实效性。

高等教育分类管理评价是教育管理部门深化"放管服"改革、提高教育治理现代化水平的重要一环。高校分类管理是政府管理部门在高校分类设置的框架下,围绕拨款、指导、评估环节进行多项制度设计和政策安排,以保障和推动各个高校根据自身条件和优势,合理定位,并在高校分类的框架内特色发展。高等教育分类管理评价的实质上是厘清政府与高校的权力边界,政府进行制度设计和政策安排、高校自主办学的过程,与"放管服"改革的逻辑是自洽的。开展高等教育分类管理评价,有利于深化简政放权、放管结合、优化服务改革,切实促进高等教育治理能力和治理水平现代化。

随着我国高等教育持续快速发展,高校和政府、社会形成了"三螺旋"关系结构,在推进管办评分离改革的背景下,必须优化高等教育治理体系及完善高校内部治理结构,建立社会主导的高等教育评价机制,充分发挥第三方专业性教育评价机构的作用。上海高等教育正面临全面深化教育综合改革、推动地方高校加快向应用型高校转型发展、提升内涵质量等重大机遇和挑战。推进上海高校分类管理,构建科学合理的高校分类管理和评价体系,对于政府部门深化教育领域"放管服"改革、进一步落实简政放权、提升高等教育治理能力和治理水平具有重要意义。

总而言之,教育在我国社会主义现代化建设中处于全局性、基础性和先导性的战略地位。发展高等教育既有利于保障和改善民生,促进人的全面发展,又有利于扩大投资和消费,促进产业升级、结构调整和自主创新。继"211工程""985工程"之后,国家提出"双一流"建设来促进高等教育的发展。《中国教育现代化2035》明确提出分类建设一批世界一流高等学校,加快一流大学和一流学科建设,分类推动高等学校提高办学水平。分类发展要建立完善的高等学校分类发展政策体系,通过分类设置、分类指导、分类支持、分类评估,引导高等学校科学定位、特色发展。同时高等教育分类管理评价是教育管理部门深化"放管服"改革、提高教育治理现代化水平的重要一环。各个高校根据自身条件和优势,合理定位,并在高校分类的框架内特色化发展,符合社会主义现代化与高等教育内涵式发展要求,有利于我国实现"双一流"建设目标,有利于促进我国经济社会的发展。

第四节　高等教育强国建设的需求

《中国教育现代化2035》提出到2035年,总体实现教育现代化,迈入教育强国行列。职业教育服务能力显著提升,建成一大批高水平职业院校和特色专业,形成与社会需求相适应、产教融合、灵活多样的职业教育与培训体系。高等教育竞争力明显提升。建成中国特色、世界一流的高等教育体系,高等教育普及程度达到发达国家水平。为实现我国从高等教育大国到高等教育强国的历史性跨越,党中央、国务院做出重大战略决策,统筹推进世界一流大学和一流学科建设。[1] 同时,多部委联合推出"双高计划",重点支持一批优质高职学校和专业群率先发展,引领职业教育服务国家战略、融入区域发展、促进产业升级。

一、"双一流"建设和"双高计划"

多年来,我国高等教育通过实施"211工程""985工程"以及"优势学科创新平台"和"特色重点学科项目"等重点建设,一批重点高校和重点学科建设取得重大进展,带动了我国高等教育整体水平的提升,为经济社会持续健康发展作出了重要贡献。同时,重点建设也存在身份固化、竞争缺失、重复交叉等问题,迫切需要加强资源整合,创新实施方式。经过认真总结经验,党中央、国务院加强系统谋划,加大改革力度,统筹推进世界一流大学和一流学科建设(以下简称"双一流"建设)。

---

[1] 国务院关于印发统筹推进世界一流大学和一流学科建设总体方案的通知[EB/OL]. http://www.gov.cn/zhengce/content/2015-11/05/content_10269.htm.

"双一流"建设对于提升我国教育发展水平、增强国家核心竞争力、奠定长远发展基础,具有十分重要的意义。双一流建设目标为:坚持中国特色,以一流为目标、学科为基础、绩效为杠杆、改革为动力,构建中国特色评价体系,支持推动一批高水平大学和高水平学科汇聚优质资源,培养一流人才,创造一流成果,作出一流贡献。到2020年,若干所大学和一批学科进入世界一流行列,若干学科进入世界一流学科前列;到2030年,更多的大学和学科进入世界一流行列,若干所大学进入世界一流大学前列,一批学科进入世界一流学科前列,高等教育整体实力显著提升;到本世纪中叶,一流大学和一流学科的数量和实力进入世界前列,基本建成高等教育强国。[1]

为加快高等学校"双一流"建设,一要强化建设过程的指导督导。履行政府部门指导职责,充分发挥"双一流"建设专家委员会咨询作用,支持学科评议组、教育教学指导委员会、教育部科学技术委员会等各类专家组织开展建设评价、诊断、督导,促进学科发展和学校建设。推进"双一流"建设督导制度化、常态化和长效化。按建设周期跟踪评估建设进展情况,建设期末对建设成效进行整体评价。根据建设进展和评价情况,动态调整支持力度和建设范围。推动地方落实对"双一流"建设的政策支持和资源投入。二要坚持分类综合性评价。以立德树人成效作为根本标准,探索建立中国特色"双一流"建设的综合评价体系,以人才培养、创新能力、服务贡献和影响力为核心要素,把一流本科教育作为重要内容,定性和定量、主观和客观相结合,学科专业建设与学校整体建设评价并行,重点考查建设效果与总体方案的符合度、建设方案主要目标的达成度、建设高校及其学科专业在第三方评价中的表现度。鼓励第三方独立开展建设过程及建设成效的监测评价。积极探索中国特色现代高等教育评估制度。[2] 2022年1月教育部、财政部、国家发展改革委发布《关于深入推进世界一流大学和一流学科建设的若干意见》,明确提出要"推进深化新时代教育评价改革总体方案落实落地,把人才质量作为评价的重中之重,坚决克服'五唯'顽瘴痼疾,探索分类评价与国际同行评议,构建以

---

[1] 教育部、财政部、国家发展改革委.关于印发《统筹推进世界一流大学和一流学科建设实施办法(暂行)》的通知[EB/OL]. http://www.gov.cn/zhengce/content/2015-11/05/content_10269.htm.

[2] 教育部、财政部、国家发展改革委印发《关于高等学校加快"双一流"建设的指导意见》的通知[EB/OL]. http://www.moe.gov.cn/srcsite/A22/moe_843/201808/t20180823_345987.html?from=timeline.

创新价值、能力、贡献为导向,反映内涵发展和特色发展的多元多维成效评价体系"。

为了集中力量建设一批引领改革、支撑发展、中国特色、世界水平的高职学校和专业群,带动职业教育持续深化改革、强化内涵建设、实现高质量发展,多部委联合推出中国特色高水平高职学校和专业建设计划(以下简称"双高计划")。"双高计划"扎根中国、放眼世界、面向未来,强力推进产教融合、校企合作,聚焦高端产业和产业高端,重点支持一批优质高职学校和专业群率先发展,为建设教育强国、人才强国作出重要贡献。其目标是集中力量建设50所左右高水平高职学校和150个左右高水平专业群,打造技术技能人才培养高地和技术技能创新服务平台,支撑国家重点产业、区域支柱产业发展,引领新时代职业教育实现高质量发展。

二、上海率先实现教育现代化

近年来,上海市委、市政府全面贯彻落实党的教育方针,坚持社会主义办学方向,全力推进"双一流"建设各项任务落地落实,扎实推进上海高等教育改革发展,始终坚持以立德树人为根本,以服务国家战略、服务经济社会发展为导向,以培育"高峰""高原"学科为基础,以深化教育综合改革为动力,以加大教育投入为支撑,努力走出一条中国特色的"双一流"建设之路。但面对新形势新需求,上海高等教育尚未完全适应新时代经济社会发展和广大人民群众的新要求、新期望。主要表现在:公共教育服务供给不平衡不充分问题仍然存在,人才培养评价和教育质量保障体系不够健全,教师育德育人能力有待加强,高水平专业化教师队伍建设的制度保障有待完善,教育开放有待扩大,教育引领支撑经济社会发展的能力亟待提升等。为贯彻落实党中央、国务院的战略部署,上海亟须抢抓历史机遇,积极应对新的挑战,在国家教育现代化和上海高质量发展的全局中,承担起教育改革示范区、教育开放引领区、区域教育发展先行区、教育支撑创新发展新高地的重大使命。这是国家对上海教育的殷切希望,也是上海教育的自觉担当。

教育改革示范区。主动承担国家教育重大改革新任务、成为教育改革先行先试的新标杆。在更高层次上依托部市合作机制,全面深化教育综合改革,培养担当民族复兴大任的时代新人,增强教育发展的内在动力,努力当好改革探路者,为推进教育现代化创造更多可复制可推广的经验。

教育开放引领区。以更加主动的教育开放战略为引领,建成面向全球的教育对外开放门户。全方位拓展开放的广度和深度,强化学习合作交流机制,提升全球优质教育资源配置能力,参与全球教育治理,提供国际教育服务,增进同"一带一路"沿线国家(地区)教育合作,提升上海教育的国际影响力。

区域教育发展先行区。服务国家区域发展战略,在长江经济带教育创新发展、长三角区域教育一体化发展中发挥龙头带动作用。提升上海教育的辐射和服务能力,推动区域教育改革联动和一体化发展,促进共建共享,争创国家级区域教育一体化发展综合改革试验区。

教育支撑创新发展新高地。对标上海建成具有全球影响力的科技创新中心等战略任务,成为创新发展动力源和新引擎。发挥协同创新人才培养优势,努力实现人才链、产业链、创新链有机衔接,围绕集成电路、人工智能、生物医药等关键领域,培养高水平创新人才,形成前沿性创新成果,支撑上海实现创新驱动发展。

加快推进上海教育现代化,办好人民满意的教育,更好地服务国家战略和上海未来发展,依据《中国教育现代化2035》《上海市城市总体规划(2017—2035年)》,制定《上海教育现代化2035》。高等教育实现分类发展、特色发展、内涵发展,多元参与、灵活便利的终身教育体系更加完善,建成一批智能技术与教育教学融合应用的智慧学校。教师在立德树人中获得专业发展和成就感,学习者释放潜能、主动学习、快乐生活、彰显个性、全面发展,人民群众的教育获得感明显增强,教育和人力资源发展水平迈入世界先进行列。

在此基础上再经过努力,到2035年,实现更高水平、更高质量的教育现代化,建成与时代发展相适应、同具有世界影响力的社会主义现代化国际大都市相匹配的一流教育,教育事业发展和人力资源开发主要指标达到全球城市先进水平,成为各类人才向往的学习体验之地、事业发展之地、价值实现之地,在我国教育现代化和教育强国建设中始终当好排头兵、先行者,为上海建成具有世界影响力的社会主义现代化国际化大都市、为我国建成富强民主文明和谐美丽的社会主义现代化强国提供坚实的人才和智力支撑。

第二章
高校评价的基本概念与重要理论

我国进入中国特色社会主义新时代,社会主要矛盾转化为人民日益增长的美好生活需要和不平衡不充分的发展之间的矛盾,表现在高等教育领域即为现阶段我国高等教育的发展尚无法充分满足人民对高质量、多元化高等教育的需求。随着我国高等教育从精英教育迈向大众化、普及化阶段,对高等教育的评价管理逐渐成为当前高等教育发展的重要课题。本章重点对与评价相关的基础内涵、观点和流程进行系统的梳理,主要包括基本概念、重要理论和评价要素三个小节。

第一节　基本概念

促进高等教育的内涵式发展已成为高等教育领域的重要议题之一,而要实现高等教育的内涵式发展则离不开科学理性的评价。本节对有关评价的基本概念进行深入剖析,以厘清评价、教育评价、高校评价等概念的内涵。

一、评价

在教育评价理论和实践中,部分常用术语在使用上容易造成混淆。"评估"和"评价"是其中最容易混淆的两个词语,实际上两个词的区别不是太大,有些一线专业工作者也是将两者混用的。评价在英文中更多对应的是 Assessment,而评估更多对应的是 Evaluation,评价主要涉及信息收集和客观描述,而评估还包括确定优点和评估对象所值的估价,包括对经过归纳的价值以及工具性价值的判断,我们也倾向于把评价作为评的过程(负责测量、量化和描述),而把评估作为评的过程加上对评的结果的估价和所得信息的价值判断。[1] 总的来说,评价和评估各有侧重。而本书中侧重于"评"的这个过程,所以在此主要对"评价"进行梳理。

"评价"也并非一个新概念,早在《宋史·戚同文传》中就有"市物不评价,市人知而不欺"的说法。[2] 此处评价虽译为"讨价还价",但已足见"比较"之意。依据韦伯词典的解释,"评价"(evaluate)是指决定或确定事物的价值;通过仔细的鉴定和研

---

[1] 袁益民.教育评估理论与实践:概念、构念和理念的中外比较(下)[J].高教发展与评估,2011,27(02):28-30+79+121.

[2] 蒋华林.台湾高等教育评鉴研究[M].重庆:重庆大学出版社,2012.

究确定事物的意义、价值和状况,与 judgment、appraisal、rating、interpretation 的意思相同。[1] 1967 年,斯克里文(Scriven)提出评价指的是根据特定的目标,用可比较或可量化的尺度进行合理的评判。[2]"评价"一词被引入教育学界始于 20 世纪上半叶。20 世纪 30 年代到 60 年代是教育评价专业化的成熟时期,美国的"进步教育运动"也在这一阶段达到了顶峰,其中特别著名的是美国教育家拉尔夫·泰勒在"八年研究"中将"教育测验"转变为"教育评价",他是第一个将"评价"引入教育中的人,亦是教育中"评价"一词的发明人,因而被称为"现代教育评价之父"[3]。

"评价"一词自出现开始,海内外的学者们或从本质、目的、功能、方法等方面,或以单一向度或两个以上的向度来定义评价,形成了不同的看法。表 2-1 是对各研究学者对于评价所下定义的梳理情况。

表 2-1 学者对评价定义汇总

学 者	评价定义
斯塔弗尔比姆(D. L. Stufflebeam,1973)	评价是为了判断可用的决策所做的描述、获取及提供有用信息的过程。[4]
滕布林克(T. D. Tenbrink,1974)	评价是获得信息、形成判断,并作出决定的过程。[5]
斯克里文和豪斯(M. Scriven & E. R. House,1990)	评价是一种对优缺点和价值的评估,是一种既有描述又有判断的活动。[6]

[1] Merriam-Webster's Collegiate Dictionary, Eleventh Edition[M]. 2003.
[2] Scriven, M. The Methodology of Evaluation (AERA Monograph series on curriculum evaluation, No. 1)[M]. New York: Rand Mc Nally, 1967.
[3] Kridel, C. & Bullough, R. V. Jr. Stories of the Eight-year Study [M]. Albany: State University of New York, 2007.
[4] Stufflebeam, D. L. An Introduction to the PDK Book: Educational Evaluation and Decision-making. In B. R. Worihrn & J. R. Sanders(Eds.) Educational Evaluation: Theory and Practice[M]. CA: Wadswofih, 1973.
[5] Tenbrink, T. D. Evaluation: A Practical Guide for Teachers[M]. New York: McGrew-Hill, 1974.
[6] 北京教育行政学院. 学校管理的技术与手段[M]. 北京:文化艺术出版社,1990:215.

续表

学　　者	评　价　定　义
克利姆斯基(E. Chelimsky, 1985)	评价是应用系统化研究方法以评估方案的设计、实施与效益。[1]
斯塔弗尔比姆和欣克菲尔德（D. L. Stufflebeam & A. J. Shinkfield, 1985)	评价不在证明，而在改进。评价是一种计划、获取和提供叙述性、判断性信息的过程。这些信息涉及研究对象的目标、设计、实施和影响的价值及优缺点，以便指导如何决策，满足教学效能核定的需要，增加对研究对象的了解。[2]
库巴和林肯(E. G. Guba & Y. S. Lincoln)	评价描述的并不是事物真正的、客观的状态，是参与评价的人或团体关于评价对象的一种主观性认识；评价结果是基于认识整合的共同、公认的主观看法。[3]
沃森和桑德斯（B. R. Worthen & J. R. Sanders, 1987)	评价是决定某件事情的价值。[4]
美国斯坦福评估协作组	评估是对当时方案中发生的事件以及方案结局的系统考查——一种导致帮助改进这个方案或其他有同样总目标的方案的考查。[5]
巴顿(M. Q. Patton, 1995)	评价是任何借由系统的、以数据为基础的探究，来检验和判断为了增进人类福祉而作的努力，以便理解其达成的成就和有效性。[6]
道格拉(M. Douglah, 1998)	评价是一个持续的探究过程，探究有关社会、经济、环境条件与方案内部发展环境的过程，探究有关方案如何设计、方案传递给观众的意图等问题，探究有关方案欲产生成果的相关问题。[7]

---

[1] Chelimsky, E. Program Evaluation: Patterns and Dirertion[M]. Washington, D. C.: American, society for public administration, 1985.

[2] Stufflebeam, D. L. & Shinkfield, A. J. Systematic Evaluation. Boston: Kluwer-Nijholf, 1985.

[3] 周朝森. 教育评价理论的新探索——美国"第四代教育评价"述评[J]. 教育研究, 1992(2): 51-54.

[4] Worthen, B. R. & Sanders, J. R. Educational Evaluation: Alternative Approaches and Practical Guidelines. New York: Longman, 1987.

[5] 王致和. 高等学校教育评估[M]. 北京: 北京大学出版社, 1995: 18.

[6] Patton, M. Q. 质的评鉴与研究[M]. 吴芝仪, 李奉儒, 译. 台北: 桂冠图书公司, 1995.

[7] Douglah, M. Program Development and Evaluation-developing a Concept of Extension Program Evaluation. 1998. Retrieved Aug. 31, 2004. from http://www.uwex.edu/ces/pdande/evaluace.html.

续表

学　者	评　价　定　义
博尔梅提斯和杜永（J. Boulmetis & P. Dutwin, 2000）	评价是一个搜集与分析信息的系统化过程，以决定目标是否达成或目标达成的程度。[1]
罗西（Peter Rossi, 2004）	评价重点是应用各种社会研究方法为公共政策的决策、方案的设计、社会政策实施的效果和有效性提供可靠的信息。评价的目的是帮助利益相关者们在政策和方案中作决策。[2]
美国教育评估标准联合委员会（2007）	评价是对事物价值或功绩的系统性的评判。[3]
张春兴（1989）	评价泛指对某种事物价值予以评定的过程，是某种有计划的活动实施后，按预定目标检核得失的过程。[4]
李雁冰（2000）	评价是人类一种特殊的认识活动，即揭示世界（个人、社会、自然）的价值，构建价值世界的认识活动。[5]
谢文全（2003）	评价是对事务加以审慎的评析，以量定其得失及原因，据以决定如何改进或重新计划的过程。[6]
陈玉琨（2004）	评价是一种价值判断的活动，是对客体满足主体需要程度的判断。[7]

二、教育评价

（一）教育评价

对于教育评价的概念界定，当前学术界存在着多种观点。美国学者泰勒在其著名

---

[1] Boulmetis, J. & Dutwin, P. The ABCs of Evaluacion: Timeless Techniques for Program and Project Managers[M]. San Frarnciso: Jossey-Bass, 2000.

[2] Alkin, M. C. Evaluation Roots: Tracing Theorists' Views and Influences. Thousand Oaks, CA: Sage Publications, 2004: 127-128.

[3] Stufflebeam, D. L. & Shinkfield, A. J. Evaluation Theory, Models and Applications. San Francisco: Josse-Bass, 2007.

[4] 张春兴. 张氏心理学辞典[Z]. 台北：东华书局股份有限公司, 1989.

[5] 李雁冰. 质性课程评价研究[D]. 华东师范大学, 2000.

[6] 谢文全. 教育行政学[M]. 台北：台湾高等教育出版社, 2003.

[7] 陈玉琨. 教育评价学[M]. 北京：人民教育出版社, 2007: 7.

的"八年研究"(1933—1940)的《史密斯-泰勒报告》中,首次提出并正式使用"教育评价"这一概念。他早期的观点认为,"教育评价过程在本质上是确定课程和教学大纲实现教育目标的程度的过程"。1986年,在《教育评价概念的变化》中,他对该陈述做了修订,认为教育评价是"检验教育思想和计划的过程"[1]。1961年,中国学者李聪明在《教育评价的理论与方法》中提到,教育评价是利用所有可行的评鉴技术评量教育所期待的一切效果。[2] 1983年,克龙巴赫在其题为《通过评价改进课程》的论文中,把教育评价的内涵阐述为:一个搜集和报告对课程研制有指导意义的信息的过程。[3] 1966年,斯塔弗尔比姆对泰勒评价理论提出异议,他主张"教育评价不应局限于评判决策者所确定的教育目标所达到预期效果的程度,而应该是收集有关教育方案实施全过程及其成果的资料,为决策提供信息的过程"[4]。1981年,美国教育评价标准联合委员会对教育评价进行了综合性的界定,他们认为"教育评价是对教育目标和它的优缺点与价值判断的系统调查,为教育决策提供依据的过程"[5]。2000年,刘本固在《教育评价的理论与实践》中认为,教育评价是指按照一定的价值标准,对受教育者的发展变化及构成其变化的诸种因素所进行的价值判断。[6]

教育评价是整个教育工作的关键环节,教育评价政策是党和国家为综合、多元培养教育对象,在关注其学习能力的同时,兼顾养成教育对象的素质,培养他们创新精神和实践能力而做出的准则性规定。[7] 教育评价是对教育过程和结果的描述与价值判断,作为一种专业实践,教育评价是指专业人员或机构,基于评价学和测量学理论,遵循

---

[1] Tyler, R. W. Changing Concepts of Educational Evaluation [J]. Journal of Education Research, 1986, 10(1): 1 - 113.

[2] 李聪明. 教育评价的理论与方法[M]. 台北:幼狮书店,1961:263.

[3] Cronbach, L. J. Course Improvement Through Evaluation [M]. Boston: Kluwer-Nijhoff, 1983:101 - 115.

[4] Stufflebeam, D. L. A Depth Study of the Evaluation Requirement [J]. Theory Into Practice, 1966, 5(3):121 - 133.

[5] 辛涛,李雪燕. 教育评价理论与实践的新进展[J]. 清华大学教育研究,2005(06):38 - 43.

[6] 刘本固. 教育评价的理论与实践[M]. 杭州:浙江教育出版社,2000:55.

[7] 孙绵涛. 教育政策论——具有中国特色的社会主义教育政策研究[M]. 武汉:华中师范大学出版社,2002:318.

科学、合理的评价程序,对教育过程和结果做出有效、精确、公正的评价的过程。[1]

教育评价是检验教育行为和成果的活动,从评价方法上看,大致可分为定量评价和定性评价两大类,对应的主要方法是计量评价和同行评议。定量评价主要方法是计量分析,是基于清晰的定量信息进行计量分析,对相关教育现象进行判断,这个过程称为计量评价;定性评价主要通过人为评价,主要方法包括专家(同行专家或学术共同体、行业专家、管理专家)评议、学生评价、用人单位评价等。其中,最具代表性的是同行评议。[2]

(二) 教育督导

在教育管理体系中,谈到教育评价,必然会提到教育督导。近几年来,随着教育的改革与发展,作为现代教育科学管理的有效手段——督导和评价,越来越引起人们的关注和重视,并被广泛地运用于教育管理实践。值得注意的是,有不少人将这两个概念混为一谈、相互替代,但从严格意义上讲,两者是有明显区别的,它们是教育管理体系中两个涵义不同的概念。

目前对于教育督导尚没有统一的定义。国内学者大多将其界定为"教育督导是督导机构和督导人员在同级或上级人民政府及其教育行政部门的授权下,依据国家有关的教育方针、政策、法规和教育目标,按照一定的原则、程序和方法,对下级人民政府的教育工作、下级教育行政部门和学校的工作进行监督、检查、评估、指导,并向同级或上级人民政府反馈信息,提供教育决策依据的活动。[3][4] 其中教学质量督导是高校教学管理体系的重要组成部分,是高校内部教学质量的重要管理、监控手段。[5]

我国教育督导历史源远流长,最早可追溯到西周时期的"天子视学"。历史上,教育督导也被称为教育视导、视学、督学等。自清朝末年以来,教育督导从效法日本开

---

[1] 李雁冰. 论教育评价专业化[J]. 教育研究,2013,34(10):121-126.
[2] 林梦泉,任超,陈燕,吕睿鑫. 破解教育评价难题 探索"融合评价"新方法[J]. 学位与研究生教育,2019(12):1-6.
[3] 苏君阳. 教育督导学[M]. 北京:北京师范大学出版社,2012:2.
[4] 黄崴. 教育督导学[M]. 北京:中国人民大学出版社,2011:3-4,49-54.
[5] 谢维,侯建成,黄鑫,来永巍,马赫,陈禹,郑中华. 高校教学质量督导体系的构建及其实施路径研究[J]. 吉林医药学院学报,2020,41(02):119-120.

始,督导制度逐步建立和发展。新中国成立后,教育督导经历了初创期、停滞期、恢复重建期、快速发展期和特色形成期等几个阶段,逐渐形成了一套完整的具有中国特色的督导制度和体系。[1][2]

教育督导是教育管理的重要内容,我国相关的法规及政策中也不断提到教育督导的重要性。教育督导是《教育法》规定的教育基本制度之一,我国自从改革开放以来,教育督导在保障"两基"历史任务完成、推进义务教育的均衡发展、推动重大教育政策项目落实、促进学校教育教学水平的提高、督促教育热点难点问题解决、开展教育质量评估监测、科学服务教育决策等方面,发挥了不可替代的作用,作出了重要贡献。此外,《国务院教育督导委员会办公室关于深化教育督导改革转变教育管理方式的意见》中提到,教育督导是教育管理的重要组成部分,是实施依法治教的重要环节,是保障教育改革发展的重要手段。我国《教育督导条例》明确指出,教育督导包括以下内容:一是县级以上人民政府对下级人民政府落实教育法律、法规、规章和国家教育方针、政策的督导;二是县级以上地方人民政府对本行政区域内的学校和其他教育机构教育教学工作的督导。

三、高校评价

随着经济社会的发展和科技文明的进步,高等教育得到了长足的发展,接受高等教育的人数迅猛增加,高等教育的管理日益显示出重要性,高校评价也受到越来越多的关注。[3]在此对高校评价从高校评价的目的、高校评价的发展两个方面进行介绍。

(一)高校评价的目的

随着经济全球化进程的加快及国内外政治经济社会发展环境的变化,国家对高质量高等教育的需求愈加迫切。高校评价可以帮助高校及时"诊断"存在的问题,有的放

---

[1] 凌飞飞.新中国省级教育督导制度研究[D].西南大学,2006.
[2] 杨文杰,范国睿.教育督导制度改革:1977—2020——改革开放以来我国教育督导改革的回顾与展望[J].教育发展研究,2017(21):1-15.
[3] 万冬根.当前高校评价体系分析与研究[J].高等教育研究学报,2006(04):70-72.

矢地提高质量和竞争力。鉴于高校评价具有发现问题和改进质量的重要功能,逐渐受到政府及各类高校管理者的重视。

以改进办学质量为目标的高校评价不是为了评判高校的办学质量,而是通过查找高校办学过程中存在的问题,为正在开展的人才培养、科学研究、社会服务和文化传承与创新活动提供及时的信息反馈,实现"以评价促发展",最终以提高高等学校办学质量为评价目的。高校评价一般是评价主体基于一定的价值判断及评价情境,建立相应的管理体制和运行机制,根据既定的评价目标和评价指标体系,收集评价对象的相关信息资料和数据指标,运用科学计量、实地调研和定性评价相结合的综合性评价方法,通过把分析结论与有关评价标准进行对比,对高校有关人才培养、学科建设、办学条件、办学水平等层面的真实状况进行实时的观测,总结分析掣肘高校发展的关键性问题,并提出针对性的改进建议,使得高校办学质量得以显著提高。通过建立高校评价体系及信息反馈机制,教育主管部门、高校、师生都可以将高校评价为依据改善和提升高等教育质量。以教育主管部门为代表的政府部门可以及时依据高校评价的结果,适时地调整区域高等教育资源分配政策和发展战略,提升区域高等教育整体发展水平。高校可以获得及时准确的评价信息,根据这些评价信息分析高校办学过程中存在的经验与教训,凝练聚焦自身办学定位和人才培养目标,适时地调整学校发展战略布局,集中力量、集聚资源做大做强优势,确保学校办学质量和核心竞争力不断提高。教师和学生可以依据高校评价的具体数据全面了解自己的教学、科研及日常学习中可能存在的问题,从而采取针对性的改进措施促进目标达成。总而言之,对于高校、政府部门、师生来说,质量改进是推动高校评价持续实施的内在动力,也是高校评价的最为根本的目的。

(二) 高校评价的发展

西方高校评价的历史相对较长,组织体系相对更加完善,可分为四个阶段,一是以测量为依据的第一代评价,二是以目标达成为标志的第二代评价,三是以主体价值判断为基础的第三代评价,四是多元建构的第四代评价。[1] 后面我们将会做重点介绍。

我国高校评价的发展历史相对短暂,借鉴国际经验的同时也在努力创建中国

---

[1] 卢立涛. 测量、描述、判断与建构[J]. 教育测量,2009(03):4-17.

特色，[1]主要分为改革开放之后的国家整体推进高校评价、新世纪以来的高校评价规范化和科学化、2010年至今的管办评分离与多元评估三个阶段。

一是20世纪80年代的国家层面整体推进，高校评价成为国家宏观管理的重要手段。[2] 1985年中共中央《关于教育体制的改革的决定》提出对高校办学水平进行定期评估并依据评估结果予以奖惩，《普通高等学校教育评估暂行办法》《中国教育改革和发展纲要》等多次重申高校评价作为国家宏观管理行政手段的重要性。

二是20世纪90年代至21世纪初的规范化发展阶段，我国高校评价的制度安排及政策内容更加合理。《关于深化教育改革全面推进素质教育的决定》《关于加强高等学校本科教学工作提高教学质量的若干意见》两个政策文件提出社会组织与政府、高校共同参与高校评价。《2003—2007年教育振兴行动计划》提出实行"五年一轮"的普通高等学校教学工作水平评估。《关于对全国592所普通高等学校本科教学工作水平评估的通知》被誉为中国开展规模最广的一次周期性高校评价。2004年教育部成立高等教育教学评估中心，作为教育行政部门下属事业单位，推动高校评价规范化、科学化和专业化发展。另外，"211"和"985"作为高等教育重点建设工程，对我国高等学校及其重点学科进行系统性评价，推动高等教育跨越式发展。

三是2010年以来的管办评分离与多元评估阶段。在国家进行"管办评分离"与"放管服"改革背景下，《国家中长期教育改革和发展规划纲要（2010—2020）》《中共中央关于全面深化改革若干重大问题的决定》《关于深入推进管办评分离促进政府职能转变的若干意见》《关于深化教育体制机制改革的意见》等重要政策文件明确规定政府、高校、社会多元主体参与高校评价。高等教育及高校评价进入以提高质量为核心的内涵式发展阶段，2011年教育部建立高等学校教育质量年度报告发布制度，促进高校完善自我评价。《关于高等学校加快"双一流"建设的指导意见》提出鼓励第三方独立开展建设过程及建设成效的监测评价。我国积极探索中国特色现代高等教育评估制度。努力打破身份固化，建立动态监测和评估机制，切实保障一流大学和一流学科

---

[1] 陈玉琨. 我国教育评价发展的世纪回顾与未来展望[J]. 华东师范大学学报（教育科学版），2000(01)：1-11.

[2] 文静. 改革开放以来我国高等教育评估思想的演变与发展[J]. 研究生教育研究，2011(06)：58-62.

建设水平。在科学评价过程中会大量运用到分类的理念。我国科技部、教育部等政府管理部门在颁布的各类重要政策法规文件中都明确提出了"区别不同评价对象,明确各类评价目标,完善各类评价体系"的原则要求。[1][2]同时,在我国颁布的《科学技术评价办法》和《关于改进科学技术评价办法的决定》中都明确地指出,科技评价应该切实根据被评对象的特点实行分类评价。[3][4]此外,教育部于2013年和2014年分别发布了《关于深化高等学校科技评价改革的意见》和《关于开展高等学校科技评价改革试点的通知》,指出这次试点将以"践行科教结合、分类评价、开放评价"为重点,同时强调建立科学合理、各有侧重的评价标准,即避免对不同类型评价对象采取同一标准或模式进行评价。2020年《深化新时代教育评价改革总体方案》提出"推进高校分类评价,引导不同类型高校科学定位,办出特色和水平"。进入中国特色社会主义新时代,我国高校开启了深化新时代评价改革的新阶段。

为推动我国的高校评价活动不断深化和发展,未来高等教育要主动适应社会经济发展,实施以需求为导向的理念。国家和社会对高校的管理应从行政干预为主过渡到市场机制为主,[5]完善对第三方教育中介机构的资格认定制度,维护教育中介机构的独立性,加强高校评价的规范化和专业化水平。

第二节 重要理论

鉴于高等学校发展的多样性、评价实施的复杂性,需要科学、合理地找到对高校进

---

[1] 邱均平.中国高校科研竞争力评价的意义和做法[J].评价与管理,2004(3):31-32.
[2] 张洋,邱均平.大学评价管理信息系统研究[C]//邱均平.大学评价与科研评价(国际会议论文集).北京:华夏出版社,2005:142-149.
[3] 科学技术评价办法(试行)[J].中国基础科学,2003(6):12-18.
[4] 关于改进科学技术评价工作的决定[J].中国基础科学,2003(3):4-6.
[5] 王战军.我国高等教育评估制度演进趋势探析[J].高等教育研究,2000(06):78-81.

行评价的依据,从而推动高等教育破解发展的瓶颈,促进内涵式发展彰显特色,争创世界一流。因此,合适的评价理论不可或缺。同时,高校分类作为评价中不可避免的话题,同样需要理论的支撑。此外,当前以人才为核心的国家软实力的竞争日益激烈,建设创新型的国家、提高我国原始创新能力、自主创新能力离不开优秀的人才队伍建设。通过高等教育促进人才的培养,也能够维持社会的稳定与人才的流通,不断盘活我国的人力资源,由人才大国向人才强国转变。所以对培养优秀人才的教育进行评价时,也需要恰当的理论来指导。因此,本节系统地将习近平总书记对于教育评价的论述、教育治理、教育评价以及人才培养类型的重点理论进行梳理,为开展上海高校分类评价找到理论依据和落脚点。

一、习近平总书记关于教育评价的重要论述

教育评价事关教育发展方向。习近平总书记高度重视,就深化教育评价改革作出一系列重要论述,特别是在 2018 年 9 月 10 日全国教育大会上进行了集中论述,明确提出健全立德树人落实机制,扭转不科学的教育评价导向,强调有什么样的评价指挥棒,就有什么样的办学导向;要坚决克服唯分数、唯升学、唯文凭、唯论文、唯帽子的顽瘴痼疾,从根本上解决教育评价指挥棒问题,扭转教育功利化倾向;对学校、教师、学生、教育工作的评价体系要改,坚决改变简单以考分排名评老师、以考试成绩评学生、以升学率评学校的导向和做法。2020 年 9 月 11 日,习近平总书记在科学家座谈会上的讲话指出,建立健全科学评价体系、激励机制,鼓励广大科研人员解放思想、大胆创新,让科学家潜心搞研究。2020 年 9 月 22 日,习近平总书记在教育文化卫生体育领域专家代表座谈会上强调,要抓好深化新时代教育评价改革总体方案出台和落实落地,构建符合中国实际、具有世界水平的评价体系。习近平总书记的重要讲话为深化新时代教育评价改革、深入推进上海高校分类评价指明了前进方向、提供了根本遵循。

二、教育治理理论

英语中的"治理"(governance)可以追溯到古典拉丁语和希腊语中的"操舵"(steering)一词。原意主要指控制、指导和操纵。[1] 长期以来它与统治一词交叉使用,并主要用于与国家的公共事务相关的管理活动和政治活动中。[2] 治理一词作为一个术语,是20世纪90年代后最先出现在北欧国家的。有些作者把这个词追溯到16世纪,更多的则是把它追溯到18世纪;当时,法语governance一词曾经是启蒙哲学把开明政府与对市民社会的尊重结合起来的向往的一个要素。[3] 由此可以看出治理一词本来是来自政治学的概念。

教育治理是教育现代化的重要内容,它与教育其他各个方面共同组成教育现代化的完整形态。中共中央、国务院印发的《中国教育现代化2035》在其指导思想中指出:"优先发展教育,大力推进教育理念、体系、制度、内容、方法、治理现代化,着力提高教育质量。"在这里,治理现代化作为一种独立概念使用,表明教育治理现代化有其特定的所指,是有别于教育其他方面的现代化。教育治理现代化往往等价于教育治理体系与能力的现代化,指的是整个国家的教育制度体系、制度运作方式和行政管理能力的现代化;[4] 体系现代化要解决的问题是教育系统与其他社会系统(如政府)之间、学校机构与社会其他机构之间、学校内部行政部门与教学部门之间的矛盾关系及其和谐优化;能力现代化并不是指教育能力或教育实践水平的现代化,而是指如何优化各种权力与利益关系、优化教育体制与机制,进而转化为服务教育实践的能力,以及政府人士、教育行政人员应对教育问题、教育矛盾的能力和服务教育者、受教育者、教育发展的能力。换言之,教育治理现代化是专门为解决教育发展过程中所遇到的制度障碍、利益冲突、权力矛盾等所提出来的进步理念。教育治理现代化不是无所不包,教育治

---

[1] 俞可平. 治理和善治[M]. 北京:社会科学文献出版社,2000:55.
[2] 俞可平. 治理和善治[M]. 北京:社会科学文献出版社,2000:1.
[3] 俞可平. 治理和善治[M]. 北京:社会科学文献出版社,2000:280.
[4] 孙杰远. 教育治理现代化的本质、逻辑与基本问题[J]. 复旦教育论坛,2020,18(01):5-11.

理现代化只是专注于国家教育体制机制的运行效力和教育行政体系的效能,归根结底就是要加强在现代教育治理问题上的国家有效性,并通过这种有效性推进教育综合改革的深化和教育现代化的发展,从而支持国家治理现代化。而要实现教育治理的现代化,评价是教育治理实践中的重要环节之一。现代评价理论强调过程性和结果性评价,现代教育治理评价指向治理过程和治理结果。缺乏科学的评价体系,便难以评判治理实践的好与坏、成与败、优与劣,亦即难以判断治理过程的合理性和治理目标的达成度。教育治理评价意指治理评价模式的深化改革与创新发展,意味着必须确立合理的评价理念、科学的评价方法、完善的评价指标和正确的评价主体。

那什么是高等教育治理呢? 马金森(Marginson)和康西丁(Considine)从"关系"(relationship)的角度出发对其作了定义,认为高等教育治理的范围非常广泛,包括大学内部关系的处理,大学与外部关系的处理,以及这些因素的相互关系,并联系到大学的特征或至少与大学的概念有一定关系。高等教育治理还牵涉到了大学自身价值的确定、决策机制、资源配置、大学的使命和目的、权力结构和官僚科层模式、处于不同学术领域内的大学之间的关系以及处于不同政府、商业和社会环境下大学与外部的关系。这里"治理"的概念包括领导(leadership)、管理(management)与策略(strategy)等三方面的含义。[1] 还有一种观点认为,大学有效治理应该实现更多的参与、决策和管理过程更透明,要有问责机制,要有竞争者,政府更少的干预。还有的研究者认为,大学治理就是大学和政府、社会、市民以及第三部门的合作。而在我们国家,高等教育治理表现为政府对高校管理的"简政放权",改革高等教育管理体制。也就是说在市场经济条件下,政府管理大学的职能发生着转变,大学不得不重新调整与社会以及政府的关系。大学从象牙塔走入社会中心,它的治理主体既可以是公共机构,也可以是私人机构,还可以是公共机构和私人机构的合作。[2] 1994年颁布的《中国教育改革和发展纲要实施意见》证明了这一点:"为了保证政府职能的转变,使重大决策经过科学的研究与论证,要建立健全社会中介组织,包括决策咨询研究机构、高等学校设置和学

---

[1] 夏焰,贾琳琳.高等教育治理理论及其原则[J].江苏大学学报(高教研究版),2005(02):31.

[2] 夏焰,贾琳琳.高等教育治理理论及其原则[J].江苏大学学报(高教研究版),2005(02):32.

位评议与咨询机构、教育评估机构、教育考试机构、资格证书机构等,发挥各界参与教育决策和管理的作用。"高等教育分类管理评价是教育管理部门深化"放管服"改革、提高高等教育治理水平的重要一环。高校分类管理是政府管理部门在高校分类设置的框架下,围绕拨款、指导、评估环节进行多项制度设计和政策安排,以保障和推动的各个高校根据自身条件和优势,合理定位,并在高校分类的框架内特色发展。高等教育分类管理评价的实质是厘清政府与高校的权力边界,政府进行制度设计和政策安排、高校自主办学的过程,与"放管服"改革的逻辑是自洽的。开展高等教育分类管理评价,有利于深化简政放权、放管结合、优化服务改革,切实提升高等教育治理能力和治理水平。

三、教育评价的四代理论

泰勒的教育评价思想为教育评价理论和方法的发展开辟了道路,教育评价的相关理论可以说是在泰勒理论的基础上诞生、形成和发展起来的。[1]有关于教育评价理论的发展过程,学界众说纷纭。国内学者金娣和王刚认为,西方教育评价的产生和发展大致经历了教育测验运动以及评价理论的产生和发展两大时期,而教育测验运动时期可划分为萌芽、开拓、兴盛三个阶段;评价理论的产生和发展时期则包括泰勒阶段、稳定发展阶段、兴盛阶段和专业化阶段。[2]美国当代著名的教育评价专家斯塔弗尔比姆等人将教育评价的发展划分为七个时期:变革时期(1792—1900年)、效率与测验时期(1900—1930年)、泰勒时期(1930—1945年)、萌芽时期(1946—1957年)、发展时期(1958—1972年)、专业化时期(1973—1983年)、扩展与整合时期(1983—2001年)。[3]其中最受认可的划分方式是20世纪80年代库巴和林肯在其著作《第四代评价》中提出的现代教育评价发展"四代论"——测量、描述、

---

[1] 蒋建洲.发展性教育评价制度的理论与实践研[M].长沙:湖南师范大学出版社,2000:1.
[2] 金娣,王刚.教育评价与测量[M].北京:教育科学出版社,2002:38.
[3] G. F. Madaus, D. L. Stufflebeam, T. Kellaghan. Evaluation Models:Viewpoints on educational and human services evaluation. Boston:Kluwer Academic Publishers,2000:27.

判断与建构。[1]教育评价理论的发展是随着教育改革的需要和推动而逐步发展演变的,同时也深受不同历史时期的社会文化因素的影响。[2]本节则以库巴和林肯的观点为基础,厘清教育评价四代理论的发展历程及特点,为当前我国的教育评价改革提供一些借鉴和启示。

(一) 第一代评价理论:测量时代

19世纪末到20世纪30年代,是测量时代。这一时期,教育评价主要依靠测验达成,以测验为中心,其价值取向是以教育本体为主。在追求教育评价的科学化、客观化的历史背景下,大量教育测验被广泛应用于教学评价。[3][4]

在这一时期,教育评价工作的中心就是编制各种测验量表以测量学生的一些心理技能与特征。人们的研究精力主要集中在教育测量的客观化问题上,评价者仅仅是扮演"测量技术员"的角色,他们所做的工作就是选择测量工具,组织测量,提供测量数据。

因此,在测量时代中涌现出许多测量量表和测试方法。1904年,美国著名教育心理学家桑代克(E. L. Thorndike)出版了《心理与社会测量导论》一书,较为系统地介绍了统计方法在测量中的应用和编制测验的基本原理,为教育测量的客观化、标准化奠定了理论基础。书中关于"凡是存在的东西都有数量,凡是有数量的东西都可测量"的著名论断,使得桑代克成为教育测量史上划时代的人物,被尊称为"教育测量之父";1905年,法国人比奈(A. Binet)与助手西蒙(T. Simon)发表了《异常儿童诊断的新方法》一文,介绍了《比奈-西蒙量表》,该量表由三十多个由易到难排列的项目组成,可以测量出高低不同的智力。比奈也被称为"智力测验的鼻祖";1916年,美国斯坦福大学的推孟教授(T. M. Terman)修订了比奈的量表,称为《斯坦福—比奈量表》;1923年,

---

[1] Egon, G. Guba & Yvonna, S. Lincoln. Fourth Generation Evaluation. Newbury Park, Calif.:Sage Publications,1989:148.
[2] 杜瑛.西方教育评价理论发展的社会文化基础探析[J].教育测量与评价(理论版),2012(10):22-27.
[3] 辛涛,李雪燕.教育评价理论与实践的新进展[J].清华大学教育研究,2005(06):38-43.
[4] 张意忠.教育评价模式的价值取向以及评析[J].中国电力教育,2003,(3-4).

美国出版了第一个标准化成绩测验——《斯坦福成绩测验》。[1]

(二) 第二代评价理论:描述时代

1930—1950 年,是描述时代。这一时期是教育评价的诞生和形成期,其中以泰勒目标评价模式的提出为代表。泰勒首次区分了测验和评价,并对评价做了描述和应用,开创了教育评价研究的先河。此时教育评价是以泰勒所倡导的目标为中心的,其价值取向指向社会需要。[2]

这一时代的评价侧重于对"测验结果"作"描述",以判断实际的教育活动是否达到预期的教育目标及达到的程度如何。在这一时期的评价不仅仅是一两个测验,而是一个过程,评价者亦不再是"测量技术员",而是一个"描述者",来描述教育目标与教育结果的一致程度。

受这一时期教育评价理论与思想的引导,其中最具代表性的教育评价模式是行为目标模式。拉夫尔·泰勒教授主持的"八年研究"(1933—1941 年)的"课程与评价"研究中产生了著名的行为目标模式。这一模式认为:评价过程在本质上是确定课程和教学大纲在实际上实现教育目标程度的过程,但是鉴于教育目标实质上是指学生发生的变化,是指在学生行为模式中产生某种所期望的变化,因此,评价是一种确定行为发生实际变化的程度的过程。[3]泰勒模式是以目标为中心的,他认为起源于智力测验的常模参照测验是以区分考生为目的的,它对了解学生的学习进展并无多大意义,而与此相对的目标参照测验则更有利于判明学生学业的进展,改进课程和教学方案。[4]其次,行为目标评价模式具有以下优点:结构紧密,操作性强,操作程序相当完备,包括目标群、筛选、目标、学习情境、工具与测验、信息检验等首尾一贯的具体环节。[5]

---

[1] 转引自卢立涛.测量、描述、判断与建构——四代教育评价理论述评[J].教育测量与评价(理论版),2009(03):4-7+17.

[2] 衣建龙,徐国江.教育评价的历史发展评述[J].山东省农业管理干部学院学报,2002,(6).

[3] 泰勒.怎样评价学习经验的效用[C]//瞿葆奎.教育学文集·教育评价.北京:人民教育出版社,1989:263.

[4] 陈玉琨.教育评价学[M].北京:人民教育出版社,1999:62.

[5] 李雁冰.课程评价论[M].上海:上海教育出版社,2002:75.

(三) 第三代评价理论:判断时代

1950—1970年,是判断时代。这一时期最值得关注的是教育目标分类的产生和许多新教育评价模式的出现。此时以决策为中心,其价值取向指向社会效用。布卢姆教育目标分类的提出极大地完善了泰勒模式,使这一模式的影响日益扩大。同时,不同学者也对泰勒模式所暴露的缺点进行了批评,例如在批判泰勒模式基础上建立起来的CIPP模式、目标游离模式等。这些模式的提出不仅在不同程度上弥补了泰勒模式的缺陷,也使对教育评价模式的研究进一步深化。[1]

这个时期评价理论的特色是判断,前两代评价都没有涉及"价值判断"这个概念,但第三代评价不仅涉及了"价值判断",而且还把它作为评价工作的关键。在这个时期,评价者不仅要运用一定的测量手段去收集各种参数,而且还要制定一定的判断标准与目标。1963年,克隆巴赫(L. J. Croabach)发表了题为《通过评价改进课程》(*course improvement through evaluation*)的论文,对泰勒模式提出了质疑。他认为:(1)评价者不仅应关心教育的目标,检验教育目标达到的程度,更应关心教育的决策;(2)评价的重点应放在教育过程之中,而不是在教育过程结束之后;(3)评价不是决定优劣的过程,而是要作为一个收集和反馈信息的过程。[2]因此,评价不应局限于评判决策者所确定的教育目标预期效果的达到程度,还应该收集有关教育方案实施全过程及实施结果的资料,评价是为决策提供有用信息的过程。

在评价思想的转变下,教育评估的新模式也如雨后春笋般地出现:1966年斯塔弗尔比姆首创的决策导向评价模式(CIPP模式),1967年斯克里文提出的目的游离模式,等等。在此重点对CIPP模式展开论述:1966年,斯塔弗尔比姆同样对泰勒评价模式提出了异议,他认为评价最重要的意图不是为了证明(prove),而是为了改进(improve),正式提出形成性评价思想。[3]CIPP模式由背景(context)评价、输入(input)评价、过程(process)评价和成果(product)评价结合而成。简单说来,背景评价

---

[1] 余文森.论美国教育评价的历史发展[J].福建师范大学学报,1995,(4).
[2] 肖远军.教育评价原理及运用[M].杭州:浙江大学出版社,2004:35.
[3] 斯塔弗尔比姆.方案评价的CIPP模式[C]//瞿葆奎.教育学文集·教育评价.北京:人民教育出版社,1989:301.

是根据社会发展需要和评价对象的需要对教育目标本身作出价值判断；输入评价是对达到目标所需而且可能获得的条件进行评价，本质上是方案可行性评价；过程评价是对方案实施情况不断检查，即对是否按计划实施方案，是否以有效方式利用现有资源等进行评价；成果评价是对方案实施结果的评价，即测量、解释和判断教育的成就，确认人们需要被满足的程度。在CIPP模式的运用过程中，评价者可根据需要采用一种评价，或采用几种评价；既可在方案实施前使用，也可在方案实施后使用。这完全取决于评价听取人的需要，它是一种十分灵活的模式。[1]

（四）第四代评价理论：建构时代

自1970年以来，是教育评价的心理建构时代。以人为中心，价值取向指向人的需要，日益体现了个人需要的多元取向。其代表人物为库巴和林肯。此时基于评价研究者的反思，评价观念发生了变化，首先阐明了教育评价的核心是价值判断。随后观念进一步发展，认为评价是评价者与被评价者协商，共同进行的心理建构过程，把评价看作一个由评价者不断协调各种价值标准之间的分歧，缩短不同意见之间的距离，最后形成公认的一致性看法的过程。[2]

"第四代评价"从建构主义哲学出发，认为现实并不是纯"客观"的、"外在于人"的东西，它不过是人们在与对象交互作用中形成的一种"心理建构物"，以回应和协商为重要标志。这个时期的教育评价提出了"共同建构""全面参与""价值多元化""评价中的伦理道德问题"以及"应答性资料收集法""建构主义评价法"等评价思想和方法。

在建构主义哲学指引的背景下，第四代评价的出发点是"回应性聚焦方式"，即回应推动者、受益者和受害者三类人士的要求，回应他们各自的主张、担心和问题三类要求，由此，共同建构模式应运而生。[3] 具体说来，建构性评价的操作流程大致可以分解为12个相互联系的步骤：签订协议；组织评价；鉴定利益相关者；形成每一方的共识；以新信息增进理解，扩大共识；查明主张、担心和问题；确定优先协商的问题；收集

---

[1] 蒋国勇.基于CIPP的高等教育评价的理论与实践[J].中国高教研究，2007(08)：10-12.

[2] 刘校梅.教育评价的演进[J].东岳论丛，2002，(3).

[3] 蔡晓良，庄穆.国外教育评价模式演进及启示[J].高教发展与评估，2013，29(02)：37-44+105-106.

信息,增进认识;准备协商方案;进行协商;提出报告;再循环。[1] 在评价理念上,共同建构模式的真正意义和优势在于"对利益相关者赋权、坚持协商与共识的原则"。在评价策略上,共同建构模式提出了"回应—协商—共识"的思路,该模式不再把被评价者看作评价客体,而是看作评价主体,因此参与评价的双方共同建构评价结论,构成交互主体关系,以客体为中介的"主体—主体"关系。[2] 此外,这一模式还提倡全面参与,让所有参与评价的人充分表达自己的意见;尊重人的尊严、人格和隐私,对评价提出了道德要求;认为在评价中人们的价值需求是多元的,因而评价要追求多元化目标。[3]

四、分类研究的理论基础

高校分类作为管理学、社会学、教育学共同关注的话题,其理论依据主要来源于管理学、社会学、教育学。已有研究中使用较多的高校分类研究的理论基础主要有:资源有效配置理论、范围经济理论[4]、学校能级理论[5]、知识活动系统的全息性理论[6]、知识生产模式转型理论和大学生学习风格理论[7]等。高校分类从最初的理论借鉴到后来建立的具体指标体系,视角不断切换,带来了丰富多样的研究结果。基于已有研究,本研究在此重点论述结构功能主义、高等教育发展阶段和分层、卡内基分类。除此之外,高校人才培养方面的分类理论也分外繁多,在此仅对 SOLO 教育评价

---

[1] 张民选. 回应、协商与共同建构——"第四代评价理论"评述[J]. 外国教育资料,1995(03):53-59.
[2] 杜瑛. 协商与共识:提高评价效用的现实选择——基于第四代评价实践的分析[J]. 教育发展研究,2010(17):48.
[3] 周朝森. 教育评价理论的新探索——美国"第四代教育评价"述评[J]. 教育研究,1992(02):51-54.
[4] 马陆亭. 关于普通高等学校分类问题的思考[J]. 上海高教研究,1996(6):63-65.
[5] 马陆亭. 我国高等学校分类的结构设计[J]. 北京大学教育评论,2005(2):101-107.
[6] 潘黎. 基于知识活动系统全息性的高校分类的理论构建[J]. 辽宁教育研究,2006(8):10-14.
[7] 朱铁壁. 高校分类新思考:知识生产与学生学习双重视角[J]. 高等教育研究,2015(11):24-30.

分类、布鲁姆教育目标分类和高校人才培养类型的理论展开详细说明。

(一) 结构功能主义

结构功能主义(structural-functionalism)理论源于19世纪英国社会理论学家斯宾塞的有机论,斯宾塞认为社会就像一个生物有机体,其组成"器官"对社会发展发挥着正面的作用。美国社会理论家帕森斯1945年提出结构功能主义,并成为结构功能分析学派的领袖人物。帕森斯结构功能分析的核心观点为任何社会都存在着一定的结构,一定的结构具有一定的功能。不论社会形态如何变化,其背后都有一定的结构为支撑。社会结构的延续、平衡和有序运行依赖于"AGIL"四个功能性条件,分别为A(Adaptation)适应功能、G(Goal attainment)目标实现功能、I(Integration)整合功能和L(Latency)潜伏功能,执行这四种功能的子系统分别是经济系统、政治系统、社会共同体系统和文化模式托管系统。社会结构的各个组成部分以有序的方式相互关联,并通过不断地分化与整合对社会整体结构的平衡运行发挥相应的功能。[1] 1962年美国社会学家和比较教育学家安德森将结构功能主义的思想与教育研究联系起来。根据安德森"教育的结构功能"的观点,教育制度不仅具有结构,还有与之相对应的功能,教育系统对国家发展有着重要作用,对社会变革有潜在的影响。[2] 基于结构功能主义的理论视角,高等学校分类管理就是从高等教育整体性的系统结构出发,着眼于整体与部分的相互联系,遵循结构优化原则,根据社会经济结构对人才培养规格的需求,分析办学基础与条件、优势与特色,依据高等学校的办学能力对不同类型的高等学校进行资源优化配置,通过系统性管理,优化高等教育系统的内部结构以提升高等教育系统整体的管理效率。

(二) 高等教育发展阶段和分层

20世纪70年代美国著名教育学家马丁·特罗提出高等教育发展阶段理论。以高等教育毛入学率15%和50%为界限,将高等教育划为精英、大众和普及三个阶段。

---

[1] 刘润忠. 试析结构功能主义及其社会理论[J]. 天津社会科学,2005(5):52-56.
[2] 杨丽茹. 比较教育研究方法论中的结构功能主义:从帕森斯、安德森到卢曼、施瑞尔[J]. 外国教育研究,2009(12):27-32.

马丁·特罗指出各国高等教育发展模式具有国别特殊性和多样性,并提出了著名的多功能大学观:精英、大众、普及三种功能。一所高校可以具备其中一种或者两种甚至三种功能,各功能相互协调。1982年马丁·特罗联合其他学者提出了高等教育分层理论,分析了院校的地位和高等教育系统内的学术等级,普通院校和职业院校的分层,高等教育分层系统内部的地位、名望等存在不同,并提出高等教育分层现象在各国普遍存在。针对不同层次的差异性,马丁·特罗提出高校必须重视国家教育分层系统中的地位提升。针对普通院校,政府应主动引导高等教育系统降低分层体系的高度,激励高校通过多种途径争取办学经费,采取分权化和地区化的方式,减少国家控制,以问责提升名望。针对名牌院校,利用马太效应,发展知识与文化巩固地位吸引资源。[1]从马丁·特罗高等教育发展阶段和分层理论、发达国家高等教育发展的实际历程看出,高等教育大众化和普及化必然伴随高等教育办学模式的多样化以及层次与科类结构的优化和调整等变化。

(三) 卡内基分类

国际上关于高校分类具有影响力的是美国卡内基高等教育机构分类(简称"卡内基分类")。1973年,"卡内基分类"正式对外发布,其将高等教育机构分为博士学位授予机构、综合型学院、文理学院、专业学院(及其他专门学校)四大类别,并列举了每一类别下的学校类型。该分类的初衷是为高等教育研究者提供一种研究模型,用以更好地描述美国高等教育机构的多样性。但当时的美国与中国高等教育的发展现状类似,也面临着高等教育迅速扩张及其引发的对教育特色与质量的拷问。除了教育法案连带的拨款,政府在日常资助中对研究型大学的拨款力度最大。这些政策导致高等教育机构"同质化"发展的倾向,高等学校为了获得更多的经费和资助,都越来越强调科研,朝着研究型大学发展。

在此背景下,"卡内基分类"经过了1976年、1987年、1994年、2000年、2005年、2010年及2015年七次修订。前四次并未作出结构性调整,但以2005年版作为重大转

---

[1] 杨天平.当代世界高等教育思想史上的一座丰碑——马丁·特罗高等教育思想研究[J].浙江师范大学学报(社会科学版),2018(2):1-9.

折,"卡内基分类"改变了原有单一维度的分类模式,增加了本专科培养项目、研究生培养项目、学生类型、学制和机构规模等五个分类模式,以入学人数来进行次序调整,与原基本分类一起构成了综合分类体系,从学生、教育内容、教育环境等更多角度对高校进行描述,目的是从多个维度体现高等教育机构的特点。这种改变显而易见地体现了对原有分类标准的科研导向及学校趋同性发展结果的反省,表明了一种态度:即并非以研究为主要任务的学校就处于高等教育系统的第一层次,分类不是一种评价,也并非引导高校趋同化发展,而是客观体现不同高等教育机构的不同任务和职能。此外,2010年版在2005年版的模型上使用了2010年最新的国家统计数据描绘了美国高等教育的图景,[1]2015年版则主要在专科型学校类别中根据学科方向的不同及学生类型的不同进一步分为九类,并细分了四类二年制专业学校和九类四年制专业学校,[2]体现出对应用、技能型学校的重视。

(四)布鲁姆教育目标分类

美国著名教育心理学家和课程论专家本杰明·布鲁姆在20世纪50年代,开始探究如何将教育目标具体化、系统化,于1956年提出了布鲁姆教育目标分类理论,涵盖了认知、情感和技能多个领域。该理论对课程教学和设计产生了深远的影响,奠定了布鲁姆在美国教育界的地位。

该理论在认知领域的分类包括知识、领会、运用、分析、综合和评价六个层次,如表2-2所示。

表2-2 布鲁姆教育目标分类表[3]

主类别	亚 类 别
知识	具体的知识、处理具体事物的方式方法的知识、学科领域中的普遍原理和抽象概念的知识。

---

[1] 参见 http://carnegieclassifications.iu.edu/2010/index.php.
[2] 参见 http://carnegieclassifications.iu.edu/及 http://carnegieclassifications.iu.edu/classification_descriptions/basic.php.
[3] 陈娃.基于布鲁姆教育目标分类理论的听力教学活动之于学生听力理解能力影响的研究[D].华中师范大学,2018.

续表

主类别	亚类别
领会	转化、解释、推断
运用	无
分析	要素分析、关系分析、组织原理的分析
综合	进行独特的交流、制定计划或程序、推导出一套抽象关系
评价	依据内在证据来判断、依据外部准则来判断

随着课程教育的不断改革发展,安德森等近十位专家针对布鲁姆的教育目标分类提出了改进方案,确定了修订版布鲁姆教育目标分类理论。新版布鲁姆教育目标分类理论的认知领域由原先的一个维度发展成为两个维度的教学框架,即知识和认知过程两个维度。安德森(1998)在新提出的知识维度中将知识划分为事实性知识、概念性知识、程序性知识和元认知知识,同时将认知过程重新定义为记忆、理解、应用、分析、评价和创造。[1]

修改后的布鲁姆教育目标分类理论根据认知水平复杂程度分为记忆、理解、应用、分析、评价和创造六个水平,展示认知由简单向复杂转变过程,成为深度学习评价框架。如果学生基本停留在记忆、领会和一些简单应用上,则处于浅层学习;反之,如果学生可以分析、评价甚至创造,则处于深度学习阶段。但是,学生所能表现出来的行为与其内部复杂的认知活动并不是一一对应的,通过学生行为并不能准确有效地表现出内部复杂的认知活动。不仅如此,认知层次间质性差异是很难通过布鲁姆的认知分类框架解释清楚的,追究其原因无外乎是其代表的逻辑是线性的。具体如图 2-1 所示。

---

[1] 冯友梅,颜士刚,李艺.论核心素养语境下教育目标分类体系的构建逻辑——源自对布鲁姆风格教育目标分类体系的拷问[J].电化教育研究,2018,39(06):5-10.

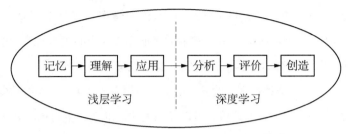

图 2-1　布鲁姆认知分类理论的层次[1]

(五) SOLO 教育评价分类

SOLO 是"structure of the observed learning outcome"的首字母缩写,是观察到的学习结果的结构简称。澳大利亚教育心理学家比格斯和科利斯教授在其 1982 年出版的《学习质量评价: SOLO 分类理论》(Evaluating the quality of learning: The solo taxonomy structure of the observed learning outcome)一书中详细提出。[2] SOLO 分类理论来源于皮亚杰的认知发展阶段理论,并在此基础上对其进行发展延伸。比格斯和科利斯通过深入研究发现在不同的学科领域学生所体现出来的认知水平和本身的认知水平没有太大的关联,因此,比格斯等人根据学生对某个问题的具体反应将思维水平分为五个层次。[3]

比格斯把学生的学习结果分为五个层次,各个层次及其表现如下所述:(1)前结构层次(pre-structural)——学生基本上无法理解问题和解决问题,或者被材料中的无关内容误导,回答问题逻辑混乱,或同义反复;(2)单点结构层次(uni-structural)——学生在回答问题时,只能涉及单一的要点,找到一个解决问题的线索就立即跳到结论上去;(3)多点结构层次(multi-structural)——学生在回答问题时,能联系多个孤立要点,但这些要点是相互孤立的,彼此之间并无关联,未形成相关问题的知识网络;(4)关联结构层次(relational)——学生在回答问题时,能够联想问题的多个要点,并能将这多

---

[1] 常经营,兰伟彬. 布鲁姆教育目标分类的新发展[J]. 南阳师范学院学报,2008,007(005):84-86.

[2] 胡丹. 促进深度学习的教学策略研究[D]. 辽宁师范大学,2011.

[3] 申枝. 基于 SOLO 分类理论大学生深度学习评价模型研究与应用[D]. 西北大学,2019.

个要点联系起来,整合成一个连贯一致的整体,说明学生真正理解了这个问题;(5)抽象拓展层次(extended abstract)——学生在回答问题时,能够进行抽象概括,从理论的高度分析问题,而且能够深化问题,使问题本身的意义得到拓展。[1]

由此可见,SOLO分类评价理论的五个层次分别代表了学生对某项具体知识的掌握水平,从学生对某个问题的回答中,评价者可以参照上述标准就学生对该项知识内容的掌握情况作出判断。因此,这种评价方式可以帮助评价者对学生学习的效果进行诊断,并可以向学生提供有效的学习反馈,所以 SOLO 分类理论可以用于学生的培养情况评价。

(六)高校人才培养类型

对高等院校的分类管理、分类评价,进而促进高等院校分类发展,是高等教育大众化—普及化的一个重要特征。按高等教育"三阶段"理论创始人马丁·特罗的观点:在高等教育的功能方面,"精英高等教育主要是塑造统治阶层的心智和个性,为学生在政府和学术专业中充当精英角色做好准备。而大众高等教育的对象则更为广泛,包括社会中所有技术和经济组织的领导阶层。普及高等教育的主要目的是提高人们对迅速变化的社会的适应能力,为发达工业社会大多数人的生活做准备"[2]。

现代社会经济与教育的互动发展印证了这一观点:一方面是现代科技的发展与应用,社会各领域各岗位所要求的专业知识与技能的要求普遍提升;另一方面,是高等教育的普及,更多具有专业知识与技能的群体需要在多样化发展的社会里,找到自己的职业定位和发展方向。所以,研究、设计高校分类,并通过分类管理和分类评价引导学校自主明确目标定位,聚焦发展重点,是制定高等教育发展和结构布局规划一项具有方向性的重要内容。

借鉴联合国教科文组织《国际教育标准分类法(2011年)》(ISCED2011)将高校培养人才分类为研究和应用两大类型的基本理论,"二维分类"将分类的落脚点置于"不同类型的人才培养"上,并对人类从事科学实践与社会实践的"职业"类型进行分析,大致可分为以下六大类:(1)科学发现(科学原理的探究与发现);(2)科学假设与验证(科

---

[1] 胡金兰.基于SOLO分类理论的创新性评价的行动研究——以道德与法治学科主观性试题为例[J].教育参考,2018(03):62-67.

[2] 马丁·特罗.从精英向大众高等教育转变中的问题[J].王香丽,译.外国高等教育资料,1999,(1).

学原型的发明、创造及其验证);(3)技术原型与验证(从科学原理到应用的转化形式);(4)技术开发与应用(技术原型实现为产品的开发、设计);(5)生产技能工艺开发与应用;(6)产品技术(解决产品生产加工遇到的问题)。按上述六类职业人群的知识体系进行分类,并比照联合国教科文组织ISCED2011,对于高等院校人才培养的类型可区分为:学术研究(科学原理发现,科学原型验证)、应用研究(技术原型验证,技术开发应用)、应用技术(工艺开发)和应用技能(产品生产加工技术)四大类型(参见图2-2)。

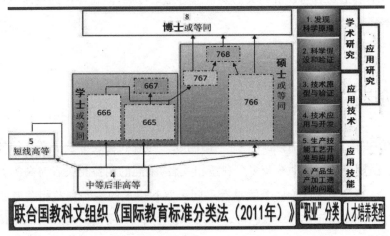

图2-2 "国际教育分类""职业分类"与人才培养类型分类对照示意图[1]

第三节 评价要素

恰当的评价是正确决策的前提。在系统的评价实践中,需要在获取所需信息的基

---

[1] 刘亮. 我国应用型高等教育新探:概念与历史——基于《国际教育标准分类法(2011)》的视角[J]. 河北师范大学学报(教育科学版),2017,19(06):106-111.

础上,通过一定的方式对所获信息的主体进行分析和排序,以选择最优的结果。因此,评价主要包括两大部分的内容:一是在进行评价之前,明确此次评价的目的,并且在此基础上明确评价指标体系设计的基本原则,然后在基本原则的指导框架下建立、确定一个合理的评价体系,评价体系中包括评价指标、指标权重、评价标准等具体的内容;二是对所需评价事物信息的获取,而集结相关信息时,则是按照已确定好的指标体系来进行收集。

因此,本节主要对与评价相关的要素进行总结提炼,涵盖评价的主体、对象、指标体系、基本环节四个部分。

一、评价主体

评价的主体主要关注的是"谁来评"的问题。随着社会经济发展及高等教育发展环境的变化,高等教育活动涉及多个利益相关者,不同的利益相关者对高等教育提出不同的要求,高等教育评价要兼顾具有不同需要和诉求的多元利益相关者的价值取向,其主体呈现出多元化的发展趋势。打破评价主体单一、"管办评"功能主体不明晰的既有格局,构建一种多元主体参与和"管办评"分离相统一的治理评价模式是评价科学化的重要条件。一般情况下,"一家之言"不会比"多家评说"更能反映对象真实度,"自我评价"很多时候也不比"旁观者清"。当前,高校评价的主体主要有政府部门、第三方机构及大学自身。

(一) 政府

《高等教育法》第四十四条规定:"高等学校的办学水平、教育质量,接受教育行政部门的监督和其组织的评估。"可以看出,政府教育行政部门是高校评价的重要主体。政府作为高等教育结构与战略布局的规划师、高等教育政策的制定者和办学资源的供给方,更多地关注高等教育的人才培养、科学研究及社会服务活动给当前社会政治、经济、文化和科技发展带来的价值。政府需要通过高等学校评价来了解高校发展现状,以适时掌握高等教育发展质量,制定高等教育发展战略,并及时为高校发展提供资源支持。政府通过评价对高等学校实行监督,高校是被评价的对象,以政府为主体的评估,与我国社会经济发展、教育体制相适应,对我国高等教育的发展起到了重大的促进作用。在影响高等教育评价的众多因素中,政府的作用是最为直接和关键的。通过高校评价促进高校深化改革加强内涵建设,是政府改革高等教育体制、提高高等教育发展质量、努力满足人民群众对不断增长的高质量高等教育需求的重要手段。因此,政府的需求和工作机制在一定程度上决定了高等学校评价模式的发展方向。

政府在高等教育评价中的作用,就是利用法令法规等手段,对评价机构的组成及其评价活动的实施加以规定、监控和调节,从而保证评价机构的权威性公正性。[1]政府借助于第三方机构建立科学的高校评价体系,形成了以绩效评价为手段的现代大学治理模式。随着高等教育发展国内外环境及其面临问题的变化,政府在高校评价中扮演的角色也在变化。政府开展高校评价的模式因国家政治环境的不同而存在显著差异。德国联邦政府和州政府对高校实行高度自治和问责相结合的评价方式,联邦政府把对高等教育的直接管辖权下放给州政府,从对高等教育的过程控制转变为以评估为手段运用财政杠杆进行管理。法国政府角色从直接管理者转变为大学的合作者和监督者,通过"总经费预算"和"多年度合同制"等建立契约关系,促进大学成为自主决策的真正主体。[2]借鉴国际经验,高校评价需要注重充分发挥政府的政策引导与宏观管理,减少政府的直接管理和评价。

(二) 第三方机构

"独立的第三方评价是社会治理的核心内容,它能起到充当政府和学校之间的缓冲器、扩大社会各方利益实现机会、强化社会参与和监督的重要作用。"[3]教育治理现代化亟须激活广大社会团体、企业系统、社区组织等的参与,实现第三方评价主体的建构,发挥第三方评价的积极效能,实现价值甄别与权力分配的辩证统一。高等教育日趋复杂化,高校评价是一种专业性极强的活动,不仅需要学科专业知识,而且需要专业的评估理论和评估技术,因此需要专业的第三方评估机构的参与。第三方机构主要指

---

[1] 董秀华. 政府在高等教育评估中的职能与作用[J]. 比较教育研究,1999(01):10-14.
[2] 刘晶. 法、德高等教育评估中的政府角色[J]. 比较教育研究,2014(10):61-66.
[3] 杨明. 教育治理现代化呼唤第三方评价[J]. 教育发展研究,2016(6):卷首语.

社会中介组织,它独立于国家政治,使高校评价独立于政府的意志,保证了高校评价的自主性和相对公正性。第三方机构参与高校评价,发挥了一定的作用,架起高等学校与政府、社会沟通的桥梁,建立促进高等教育内在发展规律和社会外部力量共同发挥作用的制度保证,有效贯彻"管办评"分离的原则,以价值中立的立场为平衡和缓和多元利益相关者的价值冲突和矛盾。欧美发达国家高度重视专业性的社会中介机构发展,如美国高等教育认证协会、高等教育质量保障机构国际网络等组织专门对中介性机构进行资格认证,以确保第三方中介机构具备专业性和独立性。德国中介机构主要分为全国性的半官方评估机构、州政府授权的地区性评估机构、各学科专业委员成立的评估组织和民间自发组成的评估机构,接受政府与各种基金会的资助,但不受联邦或州政府的直接管理。[1]我国的麦可思教育集团等第三方教育中介机构通过专业的调查和数据分析,能够及时将社会对人才培养的要求、学校毕业生的就业状况及其他有关办学数据信息直接反馈给相关的学校和院系,帮助高等学校沿着社会需要的高水平方向发展。另外,各类大学排名机构如THE、QS、U. S. News、ARWU等,都从第三方的视角对大学进行评价,因其客观性和专业性,在全球也产生了重要的国际影响并发挥了重要功能。

(三) 大学自身

高校评价机制不仅受社会经济发展的制约,还要遵循高等教育自身发展的规律。随着经济社会发展水平的提高及高等学校办学自主权不断扩大,高校内部自我评价成为促进大学质量提升的重要方法,也成为我国高等教育评价的重要构成部分。大学是知识探究的场所,高校评价应由具有高深学术造诣的、忠诚于学科发展的学术人员来承担。基于高校内部质量评价的自我评价是学校内发的、自主的评价,目的是为促进学校进一步的发展与改进,强调由学校全员参与,在校内领导下由内发动力机制进行评价,达到质量改进的目的。如英国高等教育质量保障局(QAA)采用院校审查代替原有的学术质量审查和教学质量评估,更加注重评估高等学校内部质量保障机制的有效性。[2]对高校而言,自我评价成为保证办学质量的日常手段,及时发现学校发展

---

[1] 胡德鑫. 发达国家高等教育评估的发展趋势[J]. 教育学术月刊,2017(04):36-42.
[2] 胡德鑫. 发达国家高等教育评估的发展趋势[J]. 教育学术月刊,2017(04):36-42.

中存在的问题并进行纠正,使高校积极主动地建立内部质量保障机制。学校根据自身发展及外部需求制定或调整学校的发展目标,并根据目标确立质量标准,在学校内部设立质量保证机构如教育监控与评估中心等,对机构的职责、人员的组成等制度进行规定,完善学校内部质量保证体系。根据办学定位、发展目标与规划、办学传统与办学特色,学校自主决定质量保证的内容与侧重点,自主选择质量保证的程序与方法,自主决定评估结果的用途。通过建立质量保证体系,学校可以获得及时准确的反馈信息,然后根据这些信息分析教育过程中的得与失,总结成功的经验与失败的教训,并调整学校的教育教学活动,从而确保教育质量的不断提高。在质量保证的组织方面,质量保证活动的开展是由学校内部组织机构负责的,机构的成员主要是职能部门全职工作人员,评估方式上主要采用学校内部的自我评估并结合外部的同行评估。

二、评价对象

研究评价的对象主要是要回答"要评什么内容"的问题。从系统论的视角来看,高校评价的对象包含学校总体发展涉及的所有环节,涵盖人才培养、科学研究、社会服务、文化传承与创新、国际交流与合作等高等学校的办学功能和办学活动。当前我国处于高等教育大众化阶段,对高等教育高质量发展及内涵建设的需求更加迫切,因此,目前高校评价的对象更加重视反映高校办学质量的一些指标如人才培养质量和科研质量等。

比如以人才培养这一评价对象为例,世界多个国家都高度地重视对人才培养质量尤其是学生的学习质量进行评价,如美国全国大学生学习性投入调查关注学生需求、合作学习、生师互动等,英国全国大学生满意度调查关注课程教学、评估与反馈等和学生学习经验相关的内容,[1]经济合作与发展组织国际学生评估项目对学生的阅读、数学、科学能力进行评价。[2]新世纪以来,我国参考国际经验,从国家集体行动组织

---

[1] 蒋家琼,张巧玲.全国大学生调查:英国一种以学生为主体的高等教育质量评估新方式[J].湖南师范大学教育科学学报,2014(2):112-115.
[2] 中央教育科学研究院.教育质量国家标准比较研究报告[EB/OL]. http://www.nies.net.cn/cb/bg/201203/t20120329_303284.html,2012-3-29.

层面在开展教学质量评价等方面积累了丰富的经验。2011年教育部《关于普通高等学校本科教学评估工作的意见》,提出建立"五位一体"的本科教学评估制度体系,强调基于学生学习效果和学生满意度、社会满意度的评价,加强教学基本状态数据常态监测,建立本科教学自我评估制度,分类开展对新建本科院校的合格评估、已通过合格评估的高校开展审核评估,在工程、医学等领域推进与国际标准实质等效的专业认证。[1] 2012年教育部《关于开展普通高等学校本科教学合格评估的通知》针对新建本科院校进行合格评估,引导参评的新建本科院校逐步完善内部质量保障体系,形成不断提高教学质量的长效机制。2013年教育部《关于开展普通高等学校本科教学工作审核评估的通知》针对已经参加过院校评估并取得合格资格的大学开展审核评估,重点考查学校办学定位和人才培养目标与国家和区域经济社会发展需求的适应度、教师和教学资源条件的保障度、教学和质量保障体系运行的有效度、学生和社会用人单位的满意度。强调学校自我评估、自我检验、自我改进,以学校办学和人才培养目标定位为导向,尊重学校办学自主权和自身特色的多样性,关注学校内涵提升和质量持续提高。同时,我国一级学科评估按《学位授予和人才培养学科目录》的学科划分对全国一级学科整体情况达到所设置标准的程度和能力,它侧重评估学科点的综合实力。随着学科评估的发展,其评价内容更加关注人才培养质量,除重视对在校生质量的评价外,还增加培养过程质量和毕业生质量两个指标,以更加全面地评价学生的培养质量。另外也更加关注师资队伍整体质量,改变了以往以帽子人才衡量学科质量的做法,推行代表作评价制度,新的评估方法更加符合科学研究的发展规律。

三、评价指标体系

建立完善的评价指标体系是进行科学评价的前提。指标体系来源于对治理事务与实践的整体要素的把握与分析,反映治理实践的过程性要素、目标或价值维度。主

---

[1] 李国强."管办评分离"进程中的高校外部质量保障体系建设[J].中国高教研究,2016(01):12-20.

要回答"依据什么来评"的问题,包含评价指标、权重及其评价标准三个方面。有关上海高校分类评价的具体内容详见第五章。

(一) 指标

评价指标是对评价活动内容或方面质的规定,它规定评价活动评什么、不评什么,是评价方案的核心部分。一般而言,评价指标有两种类型,一种是定量指标,另一种是定性指标。定量指标是一种具体的、可测量的、行为化的评价指标,是根据可测或可观察的要求而确定的评价内容。定量指标具有便于测量和定量处理、误差较小、信度较高的优点,但也存在设计困难、效度相对较低等缺点。同时,由于教育价值观念的多元,教育活动本身是极其复杂的,并不是所有的方面都可以用量化的指标直接表征,而这些方面对教育活动又可能是非常重要的,离开了这些方面的评价,教育评价就是不全面、不科学的,甚至可能对教育活动产生误导。这时就需要引入定性指标对这些缺陷加以弥补。定性指标是指不能直接量化而需通过间接途径实现量化的评估指标,定性指标往往是抽象的,不针对具体的外在行为表现,强调对事物的整体认知和把握。如对难以做出定量评估的教育思想、教学态度等,一般可先进行模糊等级评价,然后再进行量化。定性指标具有易于制定、实用性强、效度高等优点,但也有误差较大、不易定量处理、易带进评估者的主观因素等缺陷,难免影响评估的客观性。除了目的比较单一的教育评价,如学生的学业水平评价外,一般教育评价都会兼采两种指标的优点而综合运用。

为了突出评价指标的导向作用,在开展教育评价时往往会设定关键绩效指标(key performance indicator,简称为 KPI),这些指标往往与学校目标定位和发展战略契合度高,在指标体系中居于核心地位,对学校改革和发展具有举足轻重的作用。单项关键绩效指标权重一般设定在 3%—5% 之间,对特别重要的指标可适当提高权重。对特别关键、突破法律法规底线的指标可设立"一票否决"制度,即如果该指标未完成,无论其他指标是否完成,均视为未完成预定目标。

评价指标的设计有三种方法可以选择。一是从内涵分析入手,抓住事物的本质属性,然后把这一属性的现象性外观表现确定为指标。二是从分析事物间的相互联系开始,抓住事物变化后产生的效应,把事物变化所产生的效应确定为指标。三是抓住事物的全部属性或相关属性,把因素群作为相关指标。相比而言,第一种方法最简捷、最有效,第三种方法最不经济。[1]

在对高校进行评价指标的设计时,还要考虑到评价的目的。目前我国对高校进行评价的方式主要有两类:一类是教育部门或教育主管部门的事业单位主导的评价和地方教育部门主导的评价;另一类是排名机构等对高校开展的区别等级或排名的评价。评价主导方的不同,决定了评价目的的不同,因此在指标的设计上也会有所不同。

(二) 权重

在评价指标确定之后,就进入了各指标权重分配的阶段。权重是每项评价指标在指标体系中相对重要程度的表示形式,是一个相对的概念,是指标体系的重要组成部分。不同的评价指标,在判断评价对象达到预定目标程度中,所起的作用是不相同的,因此在指标体系中所处的地位也不相同。为了使每项指标发挥其应有的作用,就要赋予不同的评价指标以不同的权重。如果说指标表明了哪些要素是有价值的,权重则表明这个价值到底有多大,权重在某种意义上表明了单个指标在指标集中的地位。

权重在指标体系中具有重要意义,权重的分配在某种程度上可以影响甚至改变评价的结果,因此,权重分配是否科学在某种程度上影响着评价活动本身是否科学。以某次考试为例,一共五道题,难度系数分别为 1、0.75、0.5、0.25、0.1("难度系数"反映试题的难易程度,"难度系数"也可以理解成"容易度系数"。难度系数数值越大,试题越容易;反之,难度系数数值越小,则表示试题越难,难度系数为"1"表示所有人都会做此题,相当于送分题,难度系数为"0.1"表示只有 10% 的人会做此题),如果难度系数大的题目权重也大的话,则此次考试的总体分差会相对较小;反过来,如果难度系数小的题目权重大的话,则此次考试的总体分差会相对较大。这会直接影响到不同类型学生的最终成绩和排序。

随着教育评价活动的深入开展,逐步形成了一些权重设计的常用方法,如关键特征调查法、特尔斐法、层次分析法等。关键特征调查法是请被调查者从所提供的备择指标中找出最关键、最有特征的准则,对指标进行筛选并求出其权重的方法。特尔斐

---

[1] 陈玉琨. 教育评价学[M]. 北京:人民教育出版社,1999:35-36.

法又称专家调查法,是美国兰德公司在50年代开发的一种调查技术,它以书面形式背对背地分轮征求和汇总专家意见,经过评价组织者的整理、统计、分类和分析,再将应答情况反馈给专家,专家可以根据反馈的应答情况,坚持或修改自己的观点和判断,这样反复多次,直到整个过程结束。整个过程呈逐步收敛的趋势,从而保证了调查的结果一般能得到较为统一的意见。"层次分析法是运用对评价准则进行两两比较,然后通过矩阵运算求得权重的方法。"这一方法是美国运筹学家匹茨堡大学教授萨蒂(T. L. Saaty)于20世纪70年代初,在为美国国防部研究"根据各个工业部门对国家福利的贡献大小而进行电力分配"课题时提出的一种权重决策分析方法。一般包括"建立递阶层次结构模型、构造出各层次中的所有判断矩阵、层次单排序及一致性检验、层次总排序及一致性检验"等步骤。因涉及复杂的数学建模和矩阵运算,这种方法在教育评价活动中应用相对较少。

对不同分类评价指标的赋值同样也会影响到高校分类评价的最终结果。因此,上海高校分类评价中要非常重视指标的权重赋值工作,以保证评价结果的科学性和合理性。

(三) 评价标准

评价标准是指对教育质量要求所作的具体规定,是人们在评价活动中应用于对象的价值尺度和界限。根据评价的标准,教育评价可以划分为相对评价和绝对评价两类。

相对评价是根据所要评价对象的整体状态确定评价标准,以被评价对象中的某一个或若干个为基准,通过把各个评价对象与基准进行对照比较,判定出每个被评价对象在这一集体中所处位置的一种评价方法。我国高等教育发展史上"211工程"建设高校、"985工程"建设高校和目前正在进行的"双一流"高校和"双一流"学科评价是相对评价的例子。相对评价的目的在于区分评价对象的相对优良程度,以便择优重点扶持和建设。相对评价标准是建立在同类对象的整体数据之上的,这个标准不是一成不变的,而会随着评价对象整体水平的变化而变化。高考是相对评价的绝好例子,每年高考的录取分数线都不是固定不变的,而是随着全体考生分数的变化而变化,高考录取的结果不取决于某个考生的绝对分数,而取决于这个考生分数在考生群体中的位序。

绝对评价是在被评价对象的整体之外,确定一个客观标准,将被评价对象与这个客观标准进行比较,以判断其达到标准程度的一种评价方法。绝对评价标准是既定的,不会随着评价对象整体水平的变化而变化。学生学业水平考试是绝对评价的例子,60 分作为及格线是既定的,不会随着评价对象整体分数的提高而提高,也不会因为整体分数的降低而降低。如果所有的学生都达到了 60 分及以上,我们就可以说 100% 的学生都及格了。尽管在某些特殊的场合,可能有相当一部分学生都达不到这一水平,我们也只能说他们不及格,而不能随意改变 60 分及格这个标准。

四、基本环节

评价基本环节的意义在于将评价的流程规范化,以此使评价能够置于有效的监督之下,从而避免操作偏差带来的失误,以保证评价的有效性和可信度。有关学者认为可以将评价分为准备阶段、评价进行阶段、评价结束阶段三大环节,[1] 其中又可以分为 12 个具体的步骤。

(一) 评价准备阶段

1. 确定评价对象。确定评价对象就是依据目标和任务确定评价的范围与内容。在此过程中,应充分领会决策者的意图,确保最终评价结果具有价值。同时还需要细致地剖析评价对象的内外层关系,以利于后期评价指标系统的建立。

2. 明确评价目标。评价时考虑的因素因评价目标的不同而不同,需清晰掌握每次评价的目标以及为此目标所应注意的具体事项,并对评价成立与否适当预测。

3. 资料信息的收集分析。集中搜集评价中可能用到的各类资料信息数据,进行信息分地域数据整理,并在此过程中通过抽样检查、核实考证来确保资料信息的准确度。

---

[1] 邱均平,文庭孝等.评价学理论方法实践[M].北京:科学出版社,2010:134-135.

4. 组织评价专家组。专家组成员构成应考虑技术、管理、评价等多方面的综合，其资格、组成及工作方式均应满足评价专家的要求，确保评价的公正与权威。

(二) 评价进行阶段

1. 确定评价指标体系。根据评价任务与目标的需要，能够全面系统地反映某一特定评价对象的一系列较为完整的、相互之间存在有机联系的评价指标就是评价指标体系，评价指标体系的确立是整个评价过程的关键步骤。

2. 选择评价方法。要按照系统目标与系统分析结果来适当选择公认的、成熟的评价方法，使之与评价目标相适应，并掌握不同方法的评价角度与路径。

3. 单项评价。单项评价即对评价对象的某一方面进行详细评价，与综合评价相比，其不能获得评价对象的全面信息。

4. 综合评价。综合评价是在单项评价的基础上利用各种评价模型与信息，从系统的观点出发综合分析问题，得出全面的科学合理的评价方案。

5. 协调关系。评价是一项复杂的工作，不可能一蹴而就。在综合评价的基础上进一步地校验、协调，在指标与权重方面进行适当修正，以得出更为完善合理的评估结果。

(三) 评价结束阶段

1. 评价结果分析。评价、排序并非评价的终极目的，在科学研究中，往往在评价的基础上进一步做一些分析、比对与综合的工作，从而得出更具实践操作性的结果。

2. 评估报告撰写。对评价结果及相关过程进行总结。

3. 评价应用推广。对研究的结果进行总结，并根据实际情况进行应用和推广。

在高等教育的评价过程中，其基本环节与评价的基本环节大体一致。本书也将严格按照评价基本环节的要求，对上海高校进行规范化、透明化和科学的分类评价。虽然在流程的具体操作中会有些许的出入，特别地在实施的过程中大致会分为高校自评、集中评价、实地督导和随机核查四个环节，但评价环节的大方向和基本原则没有改变，遵守了评价环节的要求。

综上所述，进入 21 世纪后，我国高等教育的规模不断扩大，高等教育快速实现了从精英化教育向大众化教育的转变,高等教育内涵发展引起了国家乃至社会各界的关注。党的十八大报告提出要"推动高等教育内涵式发展",十九大更是明确要求要"实现高等教育内涵式的发展"。内涵式发展是与偏重数量和规模扩张的外延式发展相对而言的,它更加强调高等教育的本质属性——立德树人,更加强调高等教育职能的全面发挥,更加尊重不同学校学科、专业之间的差异。因此,这就要求应该对高校进行分类评价。

那么,在设计上海高校分类评价设计的过程中,更是要求系统、科学、合理。既能够较为全面地评估各高校的基本情况,符合教育治理现代化的要求;又能够有针对性地反映高校的特色类型,合乎高校发展的基本规律。

第三章
国内外高校分类评价实践

国内外的高校分类评价均是在全球化、国际化以及高等教育大众化的时代背景下产生的,是满足社会多元化发展与群体多样化学习的重要途径。各国高校分类评价正处于政府或社会组织等探索分类评价的发展时期,高校的分类标准、办学水平与办学绩效的评价指标体系和教育资源分配管理已成为实施科学有效高校分类管理制度的关键要素。因此,了解国内外高校分类管理与分类评价的实践,并从不同评价对象出发,深入探讨国内外高校分类评价的背景、内容、指标体系和结果运用,无论是对推动我国高等教育内涵式发展,还是对帮助高等学校明确自身定位,都十分重要。本章重点对国内外的高校评价实践进行了梳理,主要包括三个小节,前两节对国内外高校分类评价体系进行了介绍,第三节对国内外大学排名指标体系进行了介绍并阐述了对其的批判性吸收。本章期望通过国内外的评价实践为上海高校的分类评价提供指导。

第一节　国内高校评价

1985年,《中共中央关于教育体制改革的决定》中提出"教育管理部门还要组织教育界、知识界和用人单位定期对高等学校的办学水平进行评估",正式拉开了我国高等教育评估的序幕。同年《关于开展高等工程教育评估研究和试点工作的通知》对评估试点工作进行部署,35所高等工业学校参与评估实测工作,共提出13个可供办学水平、专业、课程三个层次评估试点使用的具体方案。[1] 在此基础上,1990年教育部出台了《普通高等学校教育评估暂行规定》,文件提出"普通高等学校教育评估是国家对高等学校实行监督的重要形式,由各级人民政府及其教育部门组织实施",自此,我国高等学校评估工作开启规范化进程。1998年第九届全国人民代表大会常务委员会第四次会议通过的《高等教育法》中第四十四条规定"高等学校的办学水平、教育质量,接受教育行政部门的监督和由其组织的评估",以法律形式确定了由政府组织、行政主导的高等教育评估制度,[2] 步入全面发展阶段。

2020年9月,中共中央、国务院印发《深化新时代教育评价改革总体方案》,对破除"五唯"顽瘴痼疾作出总体安排和部署。推进高校分类评价,引导不同类型高校科学定位、办出特色和水平是教育评价改革的重要内容,《总体方案》对此做出明确部署。据此,国家层面上"双一流"绩效评价、本科教育教学评估、学科评估等相关工作在制定评价标准、指标体系中重点关注学校特色发展情况;省域层面上,广东、山东、浙江等省级教育主管部门出台了具体的分类评价政策或文件,进一步深化高等教育综合改革。

---

[1] 工科教学改革　开展高等工程教育评估研究和试点工作[C]//张健主编.中国教育年鉴.长沙:湖南教育出版社,1985—1986:423-424.

[2] 秦惠民,王名扬.我国高等教育评估制度演变的社会基础与制度逻辑——基于历史制度主义的分析[J].中国高教研究,2015(10):1-6+21.

一、学校建设评价

学校建设评估是教育行政部门对高等院校的整体评估,围绕高等教育在人才培养、科学研究、社会服务、国际交流等主要职能上的具体表现总体把握高校发展方向、办学定位和教育教学质量,以下主要介绍当前国家高等学校评价重点工作。

(一)高等学校评价:"双一流"建设成效评价

建设世界一流大学和一流学科是推动我国高等教育强国建设的重大战略决策,对促进高等教育内涵式发展、高质量发展,推进治理体系和治理能力现代化具有重要意义。为更好地引导高校和学科争创一流,教育部、财政部、国家发展改革委制定了《"双一流"建设成效评价办法(试行)》。该文件指明,"双一流"建设成效评价是对高校及其学科建设实现大学功能、内涵发展及特色发展成效的多元多维评价,通过建立院校分类评价体系引导高等院校办出特色,在不同学科领域和方向上建设一流。

"双一流"建设成效评价指标体系中大学整体建设评价由人才培养、教师队伍建设、科学研究、社会服务、文化传承创新和国际交流合作六个方面综合呈现结果,学科建设评价由人才培养、科学研究、社会服务、教师队伍建设四个方面综合呈现结果。评价指标体系的设定围绕这六个方面展开,各有侧重,但同时也设置诸多留白项目,院校根据自己的实际情况进行填写,以此突出反映围绕监测点相关的学校办学特色及其优势。

人才培养围绕思想政治教育、课程与教学投入、生源质量、创新创业教育、毕业生就业质量等具体指标;教师队伍建设围绕师德师风建设、教育教学、科学研究等具体指标,以及高校在推动人事制度改革、建设一流师资队伍等标志性成果;科学研究围绕科研成果、科研项目与平台建设等指标,对人文社科重点关注在构建中国特色哲学社会科学学科体系、学术体系、话语体系中发挥的主力军作用;社会服务围绕高校技术转移与成果转化等指标,服务国家重大战略、新兴产业发展、区域经济社会发展、重大工程、重大科学创新、关键技术突破、国内外重大标准设定等标志性成果情况;文化传承创新围绕传承与创新中国传统文化、校园文化建设与高校文化传承基地建设等举措和成效；国际交流围绕境外交流、国际合作、国际影响力等举措与实效。基于此六个方面，考虑高校和学科的整体发展水平，重点考察高校和学科在周期内的成长提升程度与可持续发展能力，以多维评价引导高校和学科坚持特色办学与长远发展。

"双一流"建设成效评价主要由高校自我评价、专家评价和第三方评价呈现综合结果，由此周期评价程序可分为四步。第一步，建设高校参考评价指标与重点考查内容，结合自身"双一流"建设开展情况、目标和任务达成度、学科发展水平、经费使用和资源配置情况等进行自我评价；第二步，教育部根据《"双一流"建设成效评价办法（试行）》制定工作方案，并委托相关机构根据高校公开数据、第三方评价结果、高校自评报告、高校和学科进展报告、特色案例及写实材料等开展监测数据定量评价、专家定性评价等，相关机构形成初步评价结果；第三步，"双一流"专家委员会参考高校和学科建设方案、高校自评报告和机构评价报告形成综合评价报告；第四步，"双一流"建设主管部门根据专家委员会的综合评价报告进行综合考量与实际情况研究，最终确定评价结果上报国务院。以上"双一流"建设成效评价程序都将实行水平评价与效益考核相结合、日常动态监测与周期评价相结合、定量评价与定性评议相结合的方式开展，并积极探索建设成效国际比较与建设高校分类体系。

2022年印发的《关于深入推进世界一流大学和一流学科建设的若干意见》中明确了第二轮"双一流"建设工作的方向和路径，同时不再区分一流大学建设高校和一流学科建设高校，强调高校坚持特色发展、差异化发展，避免对"一流大学""一流学科"等身份或层次的追逐。在建设工作中，根据国家发展重大战略需求、区域与行业产业发展需求，对建设高校进行分类分层评价，鼓励和引导不同类型建设院校和学科合理定位、凝练特色。当前"双一流"建设已形成了从总体目标、评选原则、建设周期、实施办法、成效评价的全过程体系，在动态监测、动态调整过程中为一流大学和学科建设提供了引导与反馈，也为激发建设高校办学活力，探索自主特色发展新模式创造了有利条件。

（二）本科教学评价：普通高等学校本科教育教学审核评估

高等学校本科教学工作水平评估是落实《高等教育法》的法定任务，通过遵循"以评促改，以评促建，以评促管，评建结合，重在建设"的原则，建立健全具有中国特色的本科教学质量保障体系，引领中国高等教育的高质量、内涵式发展。从2011年至2021

年，中国完成了两个五年的高等学校教学评估工作，在十四五期间，《普通高等学校本科教育教学审核评估实施方案（2021—2025年）》延续并改进了上一轮审核评估，明确立德树人的评估导向，推行分类评估，建立负面清单，并首次提出导向鲜明的两个评估指标体系类型与四种高校可选择方案，重点突出本科教育教学关键点，将定性指标与定量指标有效结合进行精准评价，推动高校充分发挥办学自主权和阶段性发展特点，引导高校合理定位、特色发展。

我国本科教育教学审核评估对象是经国家正式批准独立设置的普通本科高等学校。未参加过教学评估的各类新建普通本科高等学校需要先参与教育部本科教学工作合格评估，获得"通过"结果5年后的高等学校可参加本科教育教学审核评估。

普通高等学校本科教育教学审核评估采取柔性分类方法，为不同层次、不同类型的高校提供两类四种评估方案，自由选择。分类标准首先根据我国当前高等教育结构，结合高校自身办学定位、实际发展情况、服务面向对象，将评估分为两大类。第一类审核评估对标世界一流大学，特点是少而精，评估工作面向具有世界一流办学目标、一流师资队伍和育人平台，着力于培养一流拔尖创新人才，服务于国家重大战略需求的高校。第二类审核评估覆盖国内所有符合评估标准的普通本科高校，特点是量大面广，并且根据不同办学定位和办学历史的高校细分为三种：以培养学术型人才为主要办学方向的普通本科高校；以培养应用型人才为主要办学方向的普通本科高校；以培养地方应用型人才为主要办学方向的普通本科高校。

2021年2月公布的《普通高等学校本科教育教学审核评估指标体系》中主要围绕办学成本与本科地位、培养过程、教学资源与利用、教师队伍、学生发展、质量保障和教学成效等七个一级指标进行评价，并明确了不同类型高校的审核重点。指标体系设定了定性指标与定量指标，对定性指标采用模块化设计，高校可以根据自身办学定位和实际发展情况按要求填写统一必选项、类型必选项、特色可选项、首评限选项；定量指标设置必选项和可选项，这是在保障国家对普通高校教育教学质量基本要求的情况下，引导高校办出特色与水平。[1]

---

[1] 中华人民共和国教育部. 深化新时代教育评价改革 全面提升本科教育教学质量——教育部教育督导局负责人就《普通高等学校本科教育教学审核评估实施方案（2021—2025年）》答记者问[EB/OL]. http://www.moe.gov.cn/jyb_xwfb/s271/202102/t20210207_512832.html.

表3-1　2021年第一类教学审核评估指标体系（定量指标部分）

一级指标	二级指标	审核必选定量指标	审核可选定量指标
1. 党的领导	1.1 党的全面领导和社会主义办学方向		
2. 质量保障能力	2.1 质保理念		
	2.2 质量标准		
	2.3 质保机制		
	2.4 质量文化		
	2.5 质保效果		
3. 教育教学水平	3.1 思政教育	思政课教师占比，建设专项经费，党务与思政人员占比，生均网络专项经费	
	3.2 本科地位		
	3.3 教师队伍	生师比，具有博士学位教师占比，本科课程教授占比，教授主讲本科课程人均学时数	
	3.4 学生发展与支持	专职辅导员岗位占比，心理教师占比，就业指导人员占比，公共艺术课程学分数，劳动教育学时，实践教学学分占比，毕业论文实践性工作占比，本科生体质测试达标率	本科生文体艺比赛获奖数
	3.5 卓越教学	本科生生均课程门数，使用马工程重点教材课程数量及占比，生均年教学日常运行支出及占比，生均教学科研仪器设备值，年新增教学科研仪器设备占比	开出任选课和课程总数比例，小班授课比例，入选来华留学品牌课程数，国家级教学育人基地（平台、中心）数，一年境外经历教师占比，国外访学学生占比，国外来访学生数

续表

一级指标	二级指标	审核必选定量指标	审核可选定量指标
	3.6 就业与创新创业教育		产学合作协同育人项目数,本科生参加双创活动人数及占比,"互联网+"比赛获奖数,以第一作者发表论文数与专利数
教育教学综合改革	学校系统性、整体性、前瞻性、协同性的本科教育教学综合改革与创新实践,且在国际上具有一定代表性		

表3-2 2021年第二类教学审核评估指标体系(定量指标部分)

一级指标	二级指标	审核重点定量指标	
高校类型		学术型人才培养为主的高校	应用型人才培养为主的高校首次参加审核评估的高校
1. 办学方向与本科地位	1.1 党的领导		
	1.2 思政教育	思政课教师占比,建设专项经费,党务与思政人员占比,生均网络专项经费	
	1.3 本科地位	生均年教学日常运行支出及占比,生均教学科研仪器设备值,年新增教学科研仪器设备占比	
2. 培养过程	2.1 培养方案	公共艺术课程学分数,劳动教育学时	
	2.2 专业建设	通过认证(评估)的专业占比,近三年新增专业数,近三年停招专业数	
	2.3 实践教学	实践教学学分占比,国家级、省级实践教学基地数	
		与科研院所、行业企业共建的实验教学中心数,毕业论文实践性工作占比	与行业企业共建的实验教学中心数,毕业论文实践性工作占比(校企"双导师"制情况)
	2.4 课堂教学	使用马工程重点教材课程数量及占比,近五年公开出版的教材数	

续表

一级指标	二级指标	审核重点定量指标	
	2.5 卓越培养	本科生生均课程门数,与行业企业共建、共同讲授的课程数	
		基础学科拔尖学生培养计划学生数	产学合作协同育人项目数
	2.6 创新创业教育	本科生参加双创活动人数及占比,"互联网+"比赛获奖数,省级以上学科竞赛获奖学生人次数占比	
3. 教学资源与利用	3.1 设施条件		
	3.2 资源建设		
4. 教师队伍	4.1 师德师风		
	4.2 教学能力		
	4.3 教学投入	本科课程教授占比,教授主讲本科课程人均学时数,教授、副教授担任专业负责人的专业占比	
	4.4 教师发展	设有基层教学组织的专业占比,教师发展中心培训本校教师占比	
			专任教师中双师双能型教师的比例
5. 学生发展	5.1 理想信念		
	5.2 学业成绩及综合素质	体质测试达标率,省级以上艺术展演、体育竞赛参赛获奖学生人次数占比	
		以第一作者发表论文数与专利数	获国家职业资格证书学生占比,以第一作者发表论文数与专利数
	5.3 国际视野	国外访学学生占比	
	5.4 支持服务	专职辅导员岗位占比,心理教师占比,就业指导人员占比	
6. 质量保障	6.1 质量管理		
	6.2 质量改进		
	6.3 质量文化		

续表

一级指标	二级指标	审核重点定量指标	
7. 教学成效	7.1 达成度		
	7.2 适应度	升学率,应届生初次就业率及结构	升学率,应届生初次就业率及结构(区域与行业)
	7.3 保障度	生均本科实验经费,实习经费,师生比,具有硕士学位、博士学位教师占比	
	7.4 有效度		
	7.5 满意度		

数据来源:教育部关于印发《普通高等学校本科教育教学审核评估实施方案(2021—2025年)》的通知.

  第一类和第二类审核评估有诸多相同的二级指标,但由于评估标准与办学层次的不同,其所属的一级指标并不相同,审核重点的定量指标的计算在参照《中国教育监测与评价统计指标体系(2020年版)》的原则下标准并不一致。第二类指标体系对以学术型人才培养为主的高校和以应用型人才培养为主的高校进行了分类评估,尤其在培养过程、教师队伍、学生发展和教学评价等一级指标下设的审核重点反馈了办学方向的差异性,体现出指标体系设计分层分类的特点。

  高校则可根据自身办学定位、人才培养目标和实际教学质量保障体系建设情况自主选择评估方案,并向指定部门进行申请,按照要求参与评估培训,根据对应的审核评估指标体系与方案制定高校内部评估工作方案,开展自评工作,进而形成《自评报告》。

  从当前我国高等教育布局结构来看,本科教育教学审核评估第一类与第二类审核评估是以高校办学层次进行分类,第一类高校评估侧重教育教学质量保障能力,第二类高校评估侧重教育教学要素和能力。属于第一类审核评估的高校应多是已满足基本教育教学要素与能力的一流综合性大学,而属于第二类审核评估的高校根据办学的不同类型与历史被再次细分,是分别适用于以学术型人才培养为主的高校、以应用型人才培养为主的高校和首次参加审核评估的高校。由此组成了分层、分类的多元分类评价体系,能够有效实现分类施策、精准评价。围绕本科教育教学的评估重点内容,针对不同办学定位的普通本科高校制定了不同的审核重点,这对推动分类评价、引导高校特色办学具有指导意义。

(三) 职业学校评价:"双高计划"建设成效评价

2000年以来,中国高职院校数量急速扩充,已经从2000年的442所(含专科院校)增长到2022年的1489所。[1] 为促进高职教育自身发展,主动适应当前中国经济转型升级,提升职业教育及其人才培养竞争力,有赖于通过"一流高职院校"建设培养国际化技能人才。[2] 2019年1月24日,国务院印发《国家职业教育改革实施方案》,提出将启动实施中国特色高水平高等职业学校和专业建设计划,由教育部和财政部共同研究制定并联合实施,"双高计划"正式启动。作为《国家职业教育改革实施方案》的重点项目,"双高计划"比肩普通高等教育"双一流"建设,是落实"职业教育与普通教育是两种不同教育类型,具有同等重要地位"的重要制度设计,也是国家职业教育大改革大发展的"先手棋"。

"双高计划"面向独立设置的专科高职学校,坚持质量为先、改革导向、扶优扶强,项目遴选不分所有制性质、地域和规模大小,重点支持就业率高、毕业生水平高、社会支持度高,且校企结合好、实训开展好、"三教"质量好的学校。

"双高计划"每5年为一个支持周期,2019年12月19日,教育部、财政部公布《中国特色高水平高职学校和专业建设计划建设单位名单》,197所中国特色高水平高职学校和专业建设计划(以下简称"双高计划")入选第一轮建设单位名单,其中56所高职学校入选高水平学校建设(A档10所、B档20所、C档26所),141所高职学校入选高水平专业群建设(A档26所、B档59所、C档56所)。[3]

2020年12月,教育部、财政部印发了《中国特色高水平高职学校和专业建设计划绩效管理暂行办法》(以下简称《办法》)。《办法》设计了三级绩效指标体系,一级指标包括产出指标、效益指标和满意度指标三项,二级指标包括数量指标、质量指标、时效

---

[1] 教育部.全国高等学校名单[EB/OL]. http://www.moe.gov.cn/jyb_xxgk/s5743/s5744/A03/202206/t20220617_638352.html.

[2] 买琳燕.高职教育国际化与一流高职院校建设[J].职业技术教育,2015,36(04):19-23.

[3] 197所高职入选"双高计划"第一轮建设单位[EB/OL]. http://www.moe.gov.cn/jyb_xwfb/s5147/201912/t20191219_412641.html.

指标、社会效益指标、可持续影响指标和服务对象满意度指标六项。三级指标中,数量指标和质量指标均为"双高计划"建设的"四打造""五提升"九大任务,即打造"技术技能人才培养高地、技术技能创新服务平台、高水平专业群和高水平双师队伍",提升"校企合作水平、服务发展水平、学校治理水平、信息化水平和国际化水平"。每项任务中还包括若干子指标,实际是四级指标体系。社会效益指标包括三个贡献度,即引领职业教育改革发展和人才培养的贡献度,支撑国家战略和区域经济社会发展的贡献度,推动形成一批国家层面有效支撑职业教育高质量发展的政策、制度、标准的贡献度。服务对象满意度指标包括在校生满意度、毕业生满意度、教职工满意度、用人单位满意度、家长满意度五项指标。绩效填报除了具体指标外,还要求学校和专业群提供案例,学校在"双高计划"建设过程中,应强化理论研究和实践探索,形成可复制的模式、可借鉴的机制和可推广的经验。

"双高计划"实行国家、地方、学校三级推进。在经费支持方面,"双高计划"采取中央引导、地方为主,着力构建政府行业企业学校协同推进职业教育发展新机制。国家有关部门负责宏观布局、统筹协调等顶层设计,组建项目建设咨询专家委员会,为项目遴选和建设提供咨询服务,中央财政每年提供引导资金20余亿元。地方加强政策支持和经费保障,协调各方力量支持项目建设,对接区域经济社会发展需求,构建以"双高计划"学校为引领,区域内高职学校协调发展的格局。

"双高计划"每五年一个支持周期,全面实施项目绩效管理。绩效评价的主体是学校、中央及省级教育部门和财政部门。学校自评则包括年度、中期及实施期结束后自评。"双高计划"的绩效评价结果将作为调整项目经费支持额度的重要依据。

"双高计划"的实施,形成了中国特色职业教育的发展模式,它再次校正、引领了新时代高职教育的发展方向、定位与目标。它表明职业教育和普通教育只是由于类型不同决定了特点的不同,二者同等重要。"以服务为宗旨、以就业为导向"是最具职业教育特点的办学定位。"双高计划"参建学校作为优中选优、尖中拔尖高职学校,不仅提高了人才培养的质量,而且提升了人才培养的层次。为打造"高水平专业群",中国特色高水平高职学校与行业标杆企业、行业重点产业深度合作,根据专业群与产业链、岗位群的对应关系提取专业与产业间对应的要素,使之相融合,最终实现人才培养供给侧和产业需求侧结构要素全方位融合。"校企合作"和"高水平双师队伍"使得高职教育的特色和吸引力持续增强。另外,从"双高计划"评价指标来看,高职教育的服务内容不再仅仅局限于教育领域内人才的培养与培训,而是已经扩展到服务国家战略、技术研发、成果转化、工艺传承、扶贫攻坚、终身学习等多个领域和层次。

二、学位点建设成效评价

学位点建设成效评价主要包括学位点合格评估和学科评估,是构建多主体参与的高等教育评价体系的重要组成部分,旨在提高研究生教育质量,优化高等教育结构,鼓励特色办学,促进学科内涵建设。

(一)学位点合格评估

学位授权点定期评估是由国务院学位委员会办公室组织的,每六年进行一次的对已获得学位点授权的学科点发展状况的动态管理机制。国务院学位委员会办公室负责组织对博士点的定期评估工作,同时其委托各省级学位委员会组织对硕士点的定期评估工作,军队学位委员会组织实施军队所属学位授予单位学位授权点周期性合格评估。根据2020年7月最新修订的《学位授权点合格评估办法》,学位授权点合格评估主要由专项合格评估和周期性合格评估组成,即新增学位授权点满三年后接受专项评估,获得学位授权点满六年或者专项评估结果合格后接受周期性评估。根据定期评估结果,会产生三种处理决定:(1)评估合格,继续获得学位点授权;(2)评估不合格,限期整改并停止招生,二年后再次评估;(3)再次评估不合格,终止学位点授权。

学位点合格评估的基本流程主要分为两个阶段,首先由学位授予单位开展自我诊断式评估,并且在自我评估的基础上,按教育行政部门要求撰写学位授权点的《自我评估总结报告》,在指定的信息平台上向社会公开。之后,教育行政部门将随机抽取一定数量的学位授权点进行评估,根据抽评材料和本学科或专业学位类别的《博士硕士学位基本要求》,对学位授权点提出评议意见。

随机抽评以自我评估为基础,根据《学位授权点抽评要素》,围绕学位授权点的目标与标准、基本条件、人才培养3个一级要素来考查。

表3-3 学位授权点抽评要素表

一级要素	二级要素	主要内容
1. 目标与标准	1.1 培养目标	本学位点培养研究生的目标定位。
	1.2 学位标准	本学位点授予博士、硕士学位的基本标准。
2. 基本条件	2.1 培养方向	本学位点的主要培养方向简介。
	2.2 师资队伍	各培养方向带头人、主要师资队伍情况。
	2.3 科学研究	本学位点已完成的主要科研项目以及部分在研项目的情况。
	2.4 教学科研支撑	本学位点支撑研究生学习、科研的平台情况。
	2.5 奖助体系	本学位点研究生奖助体系的制度建设、奖助水平、覆盖面等情况。
3. 人才培养	3.1 招生选拔	学位授权点研究生报考数量、录取比例、录取人数、生源结构情况,以及为保证生源质量采取的措施。
	3.2 课程教学	本学位点开设的核心课程及主讲教师。课程教学质量和持续改进机制。
	3.3 导师指导	导师队伍的选聘、培训、考核情况。导师指导研究生的制度要求和执行情况。
	3.4 学术训练（或实践教学）	研究生参与学术训练的情况,专业学位研究生参与实践教学的情况,包括制度保证、经费支持等。
	3.5 学术交流	研究生参与国际国内学术交流的基本情况。
	3.6 分流淘汰	研究生特别是博士生分流情况,提供研究生分流淘汰相关数据。
	3.7 论文质量	本学位点学位论文在各类论文抽检、评审中的情况和论文质量分析。
	3.8 学风教育	本学位点科学道德和学术规范教育情况,学术不端行为处罚情况。
	3.9 管理服务	研究生权益保障制度建立情况,在学研究生学习满意度调查情况。
	3.10 就业发展	本学位点毕业研究生的就业率、就业去向分析,用人单位意见反馈和毕业生发展质量调查情况。

组织学位授权点自我评估旨在对其进行全面检查,帮助学位授权点发现问题,办出特色,因此对于学位授权单位而言,需要建立具有学校特色的自我合格评估指标体系,围绕师资队伍、学科方向、人才培养数量质量和特色、科学研究、社会服务、学术交流、条件建设和制度保障等方面进行评价,真实、准确地考查学位授权点的目标达成度,并审视学校的办学特色与定位。

(二) 教育部一级学科评估

教育部一级学科评估是由教育部学位与研究生教育发展中心组织的,根据国务院学位委员会和教育部颁布的《学位授予和人才培养学科目录》的学科划分,对具有研究生培养和学位授予资格的 14 个一级学科开展的整体水平评估。从 2002 年到 2017 年,自愿参评的学科数目在 15 年间实现了层级增长,学科评估逐渐成为受到社会各界普遍关注的一种社会行为,五轮教育部一级学科评估工作的改革与创新在尊重学科自身差异基础上探索契合各学科高质量发展的分类评价方法是实现高水平学科建设的科学路径,[1]这对高校分类评价实践具有指导意义。

学科评估是对学科建设水平的评估,根据"人才为先、质量为要、中国特色、国际影响"的价值导向,围绕人才培养质量、师资队伍与资源、科学研究水平、社会服务与学科声誉四个一级指标设置了评价体系。教育部学位与研究生教育发展中心在第三轮评估中设置了学科差异化指标,具体表现在对特色学科设置的特色指标,如艺术类的"艺术创作水平"、建筑类的"建筑设计水平"、体育学科的"学生体育比赛获奖"、工商管理学科的"优秀案例"等,开始了学科分类评价的尝试。第四轮学科评估则进行了更为细致的考量,从一套指标体系细化为九套指标体系,设计人文、社科、理工、农学、医学、管理、艺术、建筑、体育等领域,在统筹学科共性的同时又根据学科自身差异与特色细化评价标准,形成了具有中国特色的学科评估框架体系。

教育部学位中心出台了第五轮学科评估指标体系框架,将按照一级学科设置 99 套指标体系,各个学科将分别设置 17—21 个三级指标。

---

[1] 麦宇红.教育部学科评估发展维度探析[J].上海教育评估研究,2020,9(05):12-16.

表 3-4 第五轮学科评估指标体系框架

一级指标	二级指标	三级指标
A. 人才培养质量	A1. 思政教育	S1. 思想政治教育特色与成效
	A2. 培养过程	S2. 出版教材质量
		S3. 课程建设与教学质量
		S4. 科研育人成效
		S5. 学生国际交流情况
	A3. 在校生	S6. 在校生代表性成果
		S7. 学位论文质量
	A4. 毕业生	S8. 学生就业与职业发展质量
		S9. 用人单位评价（部分学科）
B. 师资队伍与资源	B1. 师资队伍	S10. 师德师风建设成效
		S11. 师资队伍建设质量
	B2. 平台资源	S12. 支撑平台和重大仪器情况（部分学科）
C. 科学研究（与艺术/设计实践）水平	C1. 科研成果（与转化）	S13. 学术论文质量
		S14. 学术著作质量（部分学科）
		S15. 专利转化情况（部分学科）
		S16. 新品种研发与转化情况（部分学科）
		S17. 新药研发情况（部分学科）
	C2. 科研项目与获奖	S18. 科研项目情况
		S19. 科研获奖情况
	C3. 艺术实践成果	S20. 艺术实践成果（部分学科）
	C4. 艺术/设计实践	S21. 艺术/设计实践项目（部分学科）
	C5. 项目与获奖	S22. 艺术/设计实践获奖（部分学科）
D. 社会服务与学科声誉	D1. 社会服务	S23. 社会服务贡献
	D2. 学科声誉	S24. 国内声誉调查情况
		S25. 国际声誉调查情况（部分学科）

数据来源：第五轮学科评估工作方案.

第四轮学科评估的结果以"精准计算、分档呈现"的原则,向公众呈现了高校与科研院所的学科档位结果,学位中心根据"学科整体水平得分"的位次百分位,将排位前70%的学科分为9档。第五轮学科评估为进一步引导学科特色发展,将采取结果分档方法,多元呈现评估结果,分类发布学科评价结果,并向学校提供单项评估结果,以此强化学科分类评价。

最新公布的第五轮学科评估工作方案中,分类评价作为评估工作的基本原则之一,强调在评价指标体系中设置开放性留白,引导参评单位的学科建设明确办学定位,突出特色贡献。相较于第四轮学科评估,第五轮学科评估强调"加快构建中国特色哲学社会科学学科评价体系",因此在具体实施过程中通过衡量发展与创新中国特色社会主义文化的贡献评估人文学科;鼓励社会科学研究解决中国重大问题;对艺术学科评估强调科学研究与艺术实践并重。第五轮学科评估中论文和奖项不再是衡量科学研究成果的唯一标准,代表作、专利、新药等成果丰富了学科评估的维度,提高了不同学科的显示度,凸显了学科特色。学科评估结果不仅为各级政府对学科建设的资源投入提供了参考、为参评单位提供了学科建设整体发展情况与同行比较,为学生升学提供了指导意见,也为高等教育的利益相关者们提供了多元化学科分析的全局视角。

三、各地高校分类评价

为落实高等教育改革发展新要求,优化地区高等教育结构,各地方教育主管部门自2014年以来开始进行积极探索并着手实施高等院校分类评价工作。目前广东、浙江、吉林、山东等地已发布相关政策文件,进一步对高校分类标准、指标体系和评价结果应用等方面进行了规范,以下对其基本情况进行介绍。

(一)广东省高校分类建设

《广东省教育发展"十三五"规划(2016—2020年)》提出:"推进高等教育分类体系建设。建立健全高校分类定位标准和分类指导、分类发展、分类评估机制,开展高校分类管理改革试点。"据此,广东省根据区域和行业发展需求,在纵向上统筹一流大学及一流学科、高水平大学、高水平理工科大学、应用型本科和高职高专院校体系建设,在横向上充分把握综合、理工、人文、农医等不同类别高校特色发展需要,从而形成了两维十二宫格的总体格局。

在此基础上,根据不同类型和层次设置高校建设标准,一流大学与高水平大学主要围绕办学定位、学科建设、师资队伍、人才培养、科学研究、社会服务、现代大学制度等七个方面;应用型本科学校的建设内容涉及办学定位、学科专业建设、师资队伍、人才培养、科研创新与服务、现代大学制度、校园文化建设等七大方面;根据高职教育的特点和发展规律,重点从办学定位、专业建设、师资队伍、人才培养、科技研发与社会服务、现代学校制度、校园建设等七大方面构建各类型职业院校的建设标准。一级指标上突出不同类型和层次高校的发展特色,并在此基础上下设多个二级、三级指标,逐步细化高校分类建设标准,最终形成定位准确、错位竞争、优势互补、有序发展的多维度高校发展格局。

表3-5 广东省高等学校分类建设三级指标构成(单位:条)

类型		综合类	理工类	文科类	医科类
一流大学和高水平大学	一流大学	61	58	58	59
	高水平大学	61	58	57	60
应用型本科学校	引领型	72	72	72	72
	提升型	70	70	70	70
技术技能型本科学校	示范引领型	77	78	75	78
	改革提升型	75	75	72	75
	规范发展型	70	71	69	72

基于此,广东省高校分类评价将调整和优化学科专业结构作为切入点,系统规划高等教育系统的学科和专业,以改善地区高等教育结构,适应广东省供给侧结构性改革和创建开放型经济新体制的需要。最终,健全了学科专业动态预警调整机制,引导高校根据经济社会发展需求进行学科专业调整,形成定位准确、错位竞争、优势互补、有序发展的学科专业集群。

（二）浙江普通本科高校分类评价管理改革

2016年浙江省提出"分层分类、精准定位、突出特色、错位发展"的要求，制定了普通本科高校分类评价管理办法，旨在实现"不同类型的高校、不同的建设任务、不同的政策支持、不同的考核要求"。在此思路指导下，浙江省范围内本科高校按二维结构，根据人才培养、学科建设、师资队伍等，分为研究为主型、教学研究型、教学为主型高校；根据学科门类、专业数量等分为多科性和综合性高校。按照研究为主型、教学研究型、教学为主型三类评价指标体系，对各种类型高校相关指标经一定程序进行评价赋分，并汇总形成各个学校的总分，每种类型中的高校，按分数高低排序，分出2—3个等级，并与财政绩效拨款挂钩。

2019年浙江省教育厅对分类评价指标体系进行了修订，根据学位授予层次及培养能力对高校进行分类，分为具有博士生培养高校、具有硕士生培养高校、学士学位授予型高校和独立学院四种类型，并制定了四套指标体系。

各类指标体系的一级指标相同，即包括党建引领、思想政治工作、人才培养、师资队伍、科学研究与社会服务水平、学科专业建设成效、国际交流和学校影响力8个一级指标。各校按照所属类型选择相应的指标体系进行填报。除一级指标、二级指标及代表性、关键性指标数据不可替代，其他观察点指标学校均可提出为同行公认且具可比性的替代性指标，以此为高校展现办学特色提供了空间。在指标选择上使用第三方评价指标，教育等部门或者政府研究机构等正式公布的客观指标，并强调数据支撑。评价结果与绩效拨款挂钩，为支持各高校合理定位、特色发展，省财政专列了分类管理评价绩效奖补经费。注重分类评价考核结果的运用，在综合评价高校和分配高教资源时把分类评价结果作为重要参考因素。

（三）吉林省普通高校分类评价实施方案

为充分激发高校办学活力，引导高校办出特色办出水平，优化区域高等教育结构，2013年，吉林省出台《中共吉林省委、吉林省人民政府关于建设高等教育强省的意见》。为了落实该意见，引导高等学校科学定位，强化内涵建设，彰显办学特色，2017年9月，吉林出台了《省教育厅等部门关于加强普通高等学校分类管理和分类指导意见》，正式启动高校分类管理、分类发展。吉林省计划到2022年，全面完善以研究型高校、应用研究型高校、应用型高校和职业技能型高校为基本框架的分类管理体系，形成高校办学定位明确、特色发展、争创一流的总体格局。

基于此，吉林省高校分类管理体系中包含研究型、应用研究型、应用型、职业技能型等四类高校评价指标体系。每类指标体系包括一级指标、二级指标、三级指标和分值四个部分。在以上四类指标体系中，一级指标均为4个，二级指标均为13个，指标名称基本相同，旨在强调中国特色社会主义高校的办学方向、基本属性和建设维度，突出其共性价值。研究型指标体系设39个三级指标，应用研究型设52个三级指标，应用型设63个三级指标，职业技能型设66个三级指标，以分别表示各类的建设内涵和办学重点，体现分类评价的关注点。

吉林省对省属高校的分类评价工作周期为一年，除各高校按照相应指标的内涵界定、数据采集周期和覆盖范围填写数据信息外，还需要客观评估学校发展现状、取得成效与经验、问题与改进，重点结合学校规划目标落实情况、教学质量保障情况、办学特色等撰写学校自评报告，并按要求上报教育厅。最终由教育厅进行数据材料审定，专家组对每所高校进行评价，确定每所高校在相应类型中的排位，形成对每所高校年度整体办学水平和办学特色的评价结论。

吉林省高校分类管理旨在引导区域高等院校明确办学定位，在促进区域发展中不同高校也承担着不同的功能。研究型高校重点培养学术研究的创新型人才，高度关注社会进步和科技发展重大问题，对接国家战略和地方发展需求；应用研究型三级指标体系旨在引导应用研究型高校重点培养具有较强理论基础、应用研究能力和创新能力的复合型人才，服务地方经济和行业发展；应用型高校重点培养具有一定理论基础、较强实践能力和创新转化能力的应用型人才，服务地方支柱产业、战略新兴产业的发展；职业技能型高校培养面向生产、建设、管理、服务一线需要的技术技能人才，从而形成各具特色、多元发展的格局，为全面振兴、全方位振兴提供强有力的人才保证和智力支撑。

（四）山东省本科高校分类考核实施方案

2019年4月，山东省政府办公厅印发了《关于推进新时代山东高等教育高质量发展的若干意见》，明确提出"研究制定高校分类管理分类评价实施方案，建立高校分类管理与评价体系,按年度对高校实施分类评价,评价结果作为财政预算管理和实施奖惩的重要依据"。当年11月,山东省政府办公厅印发《山东省本科高校分类考核实施方案(试行)》,标志着山东高等教育开启了分类发展、内涵发展的新篇章。山东省对高校分类的依据主要是学位授权的分类,按照博士学位授予权高校、硕士学位授予权高校、其他本科高校三个类型,对省属公办本科高校实施分类考核。

博士学位授予权高校以培养创新型、复合型高层次人才为引领,重点发展学术学位研究生教育,稳定本科教育规模。硕士学位授予权高校以培养卓越应用型人才为重点,积极发展专业学位研究生教育,强化本科教育基础,以服务山东支柱产业、战略新兴产业发展需要为导向。其他本科高校以培养面向生产、建设、管理、服务一线的高素质应用型人才为主要目标,以服务区域发展为导向,注重应用性研究和产学合作,为行业企业发展提供技术和人力资源支撑。

山东省对高校的考核内容主要包括学校党的建设、履行职责、创新创优、综合测评和加减分事项。根据高等教育发展趋势、经济社会需求、高校发展水平等因素,对考核内容实施动态调整。根据定性考核结果和定量考核得分排名情况,结合不得确定为优秀等次事项和直接确定为较差等次事项,分类确定各高校年度考核结果。每个类型考核结果分别设优秀、良好、一般和较差四个等次,优秀等次占比原则上不超过考核高校总数的25%,各类型高校优秀等次比例大致相当。各类型高校定量考核排名后20%的,考核结果为"一般"等次。有直接确定为较差等次事项的高校,考核结果为"较差"等次。考核结果将作为评先树优、干部选拔任用、物质奖励、机构编制管理、财政预算管理等政策支持和资源配置的重要依据。

山东省高校分类考核通过共性要求与个性要求相结合的方式,既对基本办学内容进行考核又突出各类高校个性要求,将学科专业建设、师资队伍与人才培养、科学研究与社会服务等作为个性指标,为高校探索自主特色办学、自主发展模式提供了有利条件。根据不同类型高校特点,针对有个性要求的考核指标,分类设计考核权重和考核内容,引导和激励高校科学定位、分类发展、争先创优、彰显特色。如对博士学位授予权高校,突出学科专业建设、科学研究与社会服务指标权重,从而引导学校培养创新型、复合型高层次人才,服务国家发展战略、地方重大需求和引领社会发展,提高学校综合竞争实力。

第二节 国际高校分类评价

20世纪60年代以来,发达国家高等教育系统逐步进入了大众化阶段,为解决学生数量扩张、政府拨款减少、高校办学职能变化等问题,高等教育多样化逐渐成为各国高校的发展方向。然而,在目前的全球化和高等教育后大众化等浪潮的推动下,国外的高等教育分类评价并没有形成固定的模式。在高校分类上,比较著名的分类方法主要有:由美国卡内基教学促进会制定的卡内基高等教育机构分类法、欧盟委员会制定的欧洲高等教育机构分类法和联合国教科文组织制定的国际教育标准分类等。与此同时,高等教育机构多元化的分类需要多元的分类评价体系,在国外高校的分类评价体系发展的过程中,政府、市场和高校均扮演着重要角色,但专业性和独立性较强的非官方中介组织往往发挥着最为重要的作用。本节对美国、英国、德国和日本四国的高等教育分类评价模式进行了系统分析,发掘各国政府、市场和高校各自在分类评价中所发挥的作用,以期为上海高校分类评价提供一定的外部参考。

一、美国高等教育分类评价

(一) 基本情况

美国宪法将管理教育的权力授予州政府,因而,美国联邦教育部对高校的划分方法较为简单,是一种粗线条的划分方法。教育部对高校的分类主要依据学制以及所授学位的类型和数量来进行。根据学制,教育部把高校分为两大类:一类是两年制的社区学院或初级学院;一类是四年制学院。两年制的社区学院或初级学院提供短期教育,学生完成学业授副学士学位。社区学院也提供四年制本科教育的前两年的预科课程；四年制学院主要提供四年制的本科教育，学生完成学业授学士学位。美国实行的是各州分权的高等教育体系，并以多元化著称。各州对高等院校的管理主要分为公立和私立两大类，基于院校历史发展和现实管理需要，各州政府对本州高等教育系统有不同的分类。

以加利福尼亚州为例。1960年，克拉克·克尔主持的《加州高等教育总体规划》设定了加州高等教育发展前景，该规划根据任务对加州高等院校进行了明确的分工。加州高教系统包括三个公立部门，即加州大学、加州州立大学、加州社区学院和一个私立高教系统。大学录取学习成绩排在前12.5%的高中毕业生，独自享有哲学博士学位授予权和其他硕士以上高级学位的授予权以及从事基础研究的权利；州立学院录取学习成绩排在前33%的高中毕业生，不需要再征求加州大学董事会批准就可以普遍设置硕士学位，并且可以和大学一起建立联合博士项目，并开展以应用领域为主的研究；社区学院设置遍布全州、面向全州所有高中毕业生招生；此外，私立学校获得了参与决策的机会。[1]总体规划协调了加州高等教育各组成部分的关系，划分了各自的功能，明确了各自的责任与使命，既保证所有加州高中毕业生都有接受高等教育的机会，也保证了高等教育机构的一部分致力于追求卓越。加州的高校教育系统也由此成为了美国乃至世界高校分类发展和分类管理的典范。

（二）外部和内部评估

在美国，教育评估机构是独立于政府的法人组织，具有独立开展工作的权力，政府不参与、不干涉，是完全的"裁判者"角色。[2]社会中介组织在评估中发挥主导作用。美国的鉴定组织为高等教育外部评估的主要评估机构。鉴定（accreditation），即是对于高等学校及其所设置的各专门职业性专业（professional program）的一种承认，承认它们的工作业绩、教育质量和总体发展均达到了一定的水准。自17世纪以来，美国先后出现了多个鉴定组织，其中比较著名的有六大区域性院校协会。1996年，美国新成

---

[1] 发达国家教育改革的动向和趋势（特辑）：美国加利福尼亚州高等教育总体规划[M].教育部国家教育发展研究中心，组译，王道余，译.北京：人民教育出版社，2005.
[2] 张德才.美国高等教育评估的策略与启示[J].黑龙江高教研究，2008(09):97-99.

立了"美国高等教育鉴定理事会"(Council for American Higher Education Accreditation, CHEA),负责协调各认证机构的工作,作为最主要的且经过联邦教育部认可的全国性协会。作为鉴定机构的六大区域性院校协会的鉴定标准包括两个部分,第一个部分是合格要求,是鉴定的初级标准;第二个部分的鉴定要求更为严格和详细。

表3-6 美国地区性院校协会的鉴定标准[1]

地区性鉴定机构名称	合格要求	鉴定标准(一级标准)
中北部院校协会	院校的宗旨;法律许可;管理;教师;教学专业;财政;公共信息	一、院校要有与其任务一致并适合高等教育机构的明确的公开陈述的目的。二、院校应组织必要的人力、财政和物质资源来实现其目标。三、院校当前正在实现其教育目的和其他目标。四、院校将来可以继续实现其目标并提高教育效益。五、院校在实践和各种关系中表现出完整性。
中部各州院校协会	法律许可;宗旨;教学专业;遵守鉴定要求;对外宣传;财务;规划;设备;董事会;行政管理;招生;学生服务;学习与信息资源;师资;学位专业;通识教育;学生成绩评价和自我评估机制	一、宗旨、目的和目标。二、规划,资源配给和院校更新。三、院校资源。四、领导和宏观管理。五、行政管理。六、道德操守。七、院校评估。八、招生。九、学生支持服务。十、师资。十一、教育设置。十二、通识教育。十三、相关的教育活动。十四、学生学习的评估。
西北部院校协会	法律许可;宗旨和目的;院校道德操守;董事会;主要行政负责人;行政管理;师资;教育项目;通识教育与相关教学;图书馆和学习资源;学术自由;学生成绩;招生;公共信息;财务问责;院校效能;运行地位;信息公开;与鉴定委员会的关系	一、院校宗旨和目的,规划和效能。二、教学专业和效能。三、学生。四、师资。五、图书与信息资源。六、领导和行政。七、财务。八、办学资源。九、院校的道德操守。

---

[1] 黄文卿.美国地区性院校鉴定制度的研究[D].上海:华东师范大学,2005.

续表

地区性鉴定机构名称	合 格 要 求	鉴定标准(一级标准)
新英格兰院校协会(包括高等教育委员会和技术与职业学院委员会两个分会)	技术与职业学院委员会：法律许可；宗旨；运行地位；董事会、主要行政负责人；师资；规划与评价；学生服务；招生；教学专业；学分；财务；信息公开；与鉴定机构的关系	高等教育委员会：一、宗旨和目的。二、规划和评价。三、组织与领导。四、学术专业。五、师资。六、学生。七、信息资源和技术。八、物质和技术资源。九、财务资源。十、公共信息。十一、道德操守 技术与职业学院委员会：一、宗旨。二、规划和评估。三、宏观管理。四、财力。五、师资。六、学生。七、专业学习。八、物质资源。九、图书馆和信息资源。十、出版
南部院校协会	法律许可；董事会；主要行政负责人；宗旨；院校效能；持续运行；院校(专业、通识教育、教学、师资；学习资源和服务、学生支持服务；财务；质量提高计划)七大方面	一、院校宗旨。二、领导和行政。三、院校效能。四、教学专业。五、本科专业。六、研究生和后学士职业性专业。七、师资。八、图书馆和其他学习资源。九、学生事务和服务。十、资源。
西部院校协会(包括社区与初级学院协会和高级学院与大学鉴定委员会两个分会)	社区与初级学院协会：法律认可；宗旨；董事会；主要行政负责人；行政管理；运行地位；学位；教学专业；学分；学生学习和成绩；通识教育；学术自由；师资；学生服务；招生；信息和学习资源；财务资源；财务问责；院校规划和评价；公共信息；与鉴定委员会的关系	社区与初级学院协会：一、院校宗旨与效能。二、学生学习的专业和服务。三、资源。四、领导和管理。 高级学院与大学鉴定委员会：一、确定办学目的，并确保教育目的的达成。二、通过核心功能达到教育目标。三、开发、应用资源和组织结构来确保可持续发展。四、创建一个致力于不断学习和改进提高的组织。

各个地区性的鉴定机构的标准对于院校质量的理解既有共性又有个性，它们会根据本地区院校鉴定的实际环境作出自己的判断，这种做法有利于因地制宜地发展高等教育。除了地区性的鉴定机构外，目前，美国还设立有同样得到了教育部认可的63个

认证机构。此外,美国还有近60个学科、70多个专业鉴定机构。它们负责对高校中的有关专业或一些专业性院校或单科院校进行鉴定,比如美国工程与技术鉴定委员会(Accreditation Board for Engineering and Technology,ABET)、美国商学院联合会(American Association of Collegiate Schools of Business,AACSB)和美国心理学会(The American Psychological Association,APA)等。

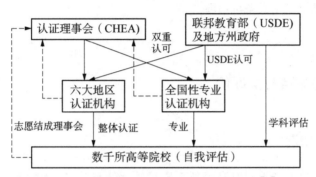

图3-1　美国高等教育认证理事会的组织架构[1]

美国高等教育的内部评估即高校的内部评估。美国大部分高校认为,大学须不断进行自我的内部质量评估。此外,为了获得外部机构的认证和许可,高等学校的内部建设必须要达到认证机构的标准和要求。美国高校内部评估的方式具有多样化特点,主要包括教师评估、管理者评估、课程质量评估、学位计划评估、院系评估、学生评估等。高等学校作为评估的主体,通过自我评估可以反思过去、检查现在、展望未来,使学校能够在长期的发展过程中迅速地自我调整、自我完善。

(三) 评价结果的应用

在美国,高等教育的评估工作虽然都是由民间的中介组织所发起的,且是否参与鉴定也是高校自愿的选择,但是这样的评估与鉴定体系受到了政府、高校和学生家长们的高度重视。就政府而言,这种民间的评估起到了监督、检查高等教育质量的作用,因此联邦政府将评估的结果作为政府对大学拨款的重要参考依据。各高校积极地参

---

[1] 赵宇新. 当代美国高等教育评估历史与制度[J]. 评价与管理,2012,10(01):24-30.

与评估,努力取得认可资格,可顺利获得联邦政府、州政府、美国科学基金会及各大企业提供的经费和资助。这样一来,就形成了相互制约的三个评估主体和客体:高校、社会和政府。高校对办学质量负有全部责任,教育质量是学校的内部事宜,外界不便干预,但如果要得到社会和政府的认可,其内部评估必须要得到社会权威中介机构的鉴定。社会中介机构本身也有一种身份的限制,但是如果没有得到联邦教育部的认可,其公布的鉴定结果也不具备可信度。

二、英国高等教育分类评价

(一) 基本情况

英国政府一直非常重视对高等教育质量的评估与监督。1991年《高等教育的框架》白皮书的出台推动英国正式建立起了高等教育质量外部保证体制,由高等教育质量委员会(Higher Education Quality Council, HEQC)和高等教育经费委员会(Higher Education Funding Council, HEFC)来分别负责对英国的院校和学科质量展开评估。由于二者的评估程序重复,因此在经过高等教育各利益团体多次协商之后,英国于1997年成立高等教育质量保障署(Quality Assurance Agency for Higher Education, QAA)这一单一评估机构,[1]它遵循2012年公布的英国高等教育质量标准(UK Quality Code for Higher Education)和院校自主原则,实施基于风险控制的院校评审(Risk-based Approach to Assessment),为英国各类高等教育机构提供教育质量评审服务,为英国政府高等教育各项政策的制定提供相关信息和建议。

QAA与英国高等教育研究所合作制定了《高等教育质量框架》《学科基准文件》《专业课程制定指南》和《高等教育学术质量与标准保证的行为准则》,[2]这四个文件为

---

[1] 崔爱林,董佳佳,荣艳红.英国高等教育质量外部评估体制与指标体系[J].高校教育管理,2008(02):22-26.
[2] Quality Assurance Agency for Higher Education. UK Quality Code for Higher Education General Introduction[EB/OL]. https://www.qaa.ac.uk/quality-code,2021.

评估高校的学术质量和学术标准提供了一套系统的原则和依据。QAA通过成立高等教育评估小组的方式,对高等院校进行质量评估。另外,QAA还需要对入选的评估人员进行专业培训,使其熟悉评估流程,明确自身角色。QAA评估的内容如表3-7所示:

表3-7 QAA评估内容

QAA高等教育评估内容	判定描述	风险级别	风险管理
学术门槛的设定和管理(学位授予主体或其他授予组织的学术标准)	符合国家要求	低级风险	适当延长评估周期
	需要通过改进符合国家要求	中级风险	缩短评估周期并强化评估力度
	不符合国家要求	高级风险	
对于受教育机会的信息提供和质量提升	推荐		
	符合国家要求	低级风险	适当延长评估周期
	需要通过改进符合国家要求	中级风险	缩短评估周期并强化评估力度
	不符合国家要求	高级风险	

(二) 科研评估

在科研评估方面,为提高科研拨款质量,保持并提升科研在全球的竞争力,英国从2019年1月起陆续发布了科研卓越框架2021(Research Excellence Framework,REF2021)的评估指南、评估标准等文件。REF2021现由英格兰研究院(Research England,RE)、苏格兰资助委员会(Scottish Funding Council,SFC)、威尔士高等教育拨款委员会(Higher Education Funding Council for Wales,HEFCW)和北爱尔兰经济部(Department for the Economy,Northern Ireland,DFE)联合制定,并由四个资助机构的代表组成了评估和监督小组。为保障科研评估的质量,REF2021以学科设置评估单元,并构建了一套以学科为基础的评估体系。REF2021以学科为基础,将34个评估单元(学科或专业)分成了4个评估小组(学科门类),根据学科划分评估小组使得评估能够兼顾到学科差异性,并制定适切的评估标准。REF2021在评估标准制定和评估过程中对专家学科背景有严格的要求,用学科领域内的同行评议方法,以彰显评估结果更加客观和具有公信力;另一方面,REF2021以学科为基础划分评估小组,简化了评估的内容和数量,降低了评估成本,使评估内容更加精细、评估范围更加广泛,也更有效益。

(三) 教学评估

在教学评估方面,为了用直观的教学成果为高校学费上涨提供依据,并激励大学提供卓越教学,[1]英国政府于2017年正式推行了卓越教学评估(Teaching Excellence Framework,TEF)政策。英国大学卓越教学评估主要围绕3个核心指标以及对应的6个具体指标来实施。

表3-8 卓越教学评估指标[2]

核心指标	界定	具体指标	数据来源
教学质量	提供能激发和挑战学生的教学,最大限度地帮助学生投身学习过程,为学生作业提供有效反馈等	课程教学	全国学生调查(NSS)
		评估与反馈	
学习环境	凡能支持学习、提高学生保留率、促进学生学业进步的资源和环境(如图书馆、实验室、工作体验)的有效性	学术支持	全国学生调查
学习结果	各类学生在教育和就业上取得的成就	辍学率	高等教育统计署(HESA)
		就业率或继续深造的比例	个性化学习者记录(Individualized Learner Record)
		高技能岗位就业率或继续深造的比例	大学毕业生去向调查(Destination of Leavers from Higher Education Survey)

参与卓越教学评估的院校包括三类:高等教育机构、继续教育学院和非公立教育机构。据卓越教学评估官网统计,近80%的院校自愿参与了本轮卓越教学的评估活

---

[1] Higher education white paper success as a knowledge economy [OB/OL]. (2017-09-02). http://researchbriefings.files.pariament.uk/documents/CBP-7600/CBP-7600.pdf.
[2] 侯定凯.英国大学卓越教学评估:为何评、评什么、如何看[J].高校教育管理,2018,12(02):88-97.

动,其中既有研究型大学,也有教学型大学;既有历史悠久的学校,也有相对年轻的学校。根据评估的结果分别授予这些院校金、银、铜牌。

卓越教学评估,有助于提升教学在高校中的重要地位并为教学工作的改进提供动力,同时学生学习产出也可以得到应有的重视,并为学生的择校提供更多有价值的信息。

三、德国高等教育分类评价

(一) 基本情况

在德国,对高等教育实施评价与监督是联邦德国教育行政主管部门对高等学校进行宏观调控的主要手段之一。1998年修改过的联邦《高等教育总纲法》的第六章对高等学校的教学和科研的评估做出了具体的界定:"高等学校在教学科研工作、师资的培养以及人员聘任的平等性等方面应接受定期的评估。评估之结果应该向社会公开。"但是,由于德国是联邦制国家,实行的是教育行政地方分权制,主要由各州政府对本州内的高等教育机构实行管理,由于各州具体情况有所不同,这决定了在国家层面没有统一的高等教育评估标准。尽管如此,在州文化(教育)部和州际机构的大力支持下,目前德国的高等教育评估正通过各种各样的组织形式在德国的各个州以及州际展开。

(二) 学科评估

在评估的对象上,德国高等教育评估通常是从整体上对学科、院系或专业进行评估,而非整所大学。以巴伐利亚州为例,20世纪90年代,该州开始了对各高校各类学科的全面评估。1993年,巴伐利亚州的科学与高校问题咨询委员会建立了一个协调机构,组建了学科评估组。1997年又另设立科研委员会专门负责对学科的评估工作。评估对象是整个学科机构在教学与科研上的成就。评估内容主要包括:教学评估、科研评估以及对学科机构组织结构的评估。其中,教学评估指标包括:专业课程数量、在校生数量、毕业生数量、学习年限、每位教授辅导学生的平均数、学生等候实验及学术考察等教学活动的平均时限、课程类别、与企业合作的类别与数量、深造与进修课程的数量、课程特色、教学与科研、社会生产以及学生就业的联系、国际交流项目、学科内部的课程改革等。科研评估指标包括：发表文章与专利等的数量和类别、已完成的科研项目数量、学术报告数量、博士论文及教授论文的数量、参与其他科研机构评估的情况、为科研部委等部门提供科研咨询的情况、为应用型研究提供评估与鉴定的情况、出版杂志等情况、主办国际与国内重要学术会议情况、获取的第三渠道资金数量等。对学科组织机构的评估内容主要有机构的人事、财务管理、机构内部信息交流、决策程序、课程规划、对在校生的辅导、与校外的联系、国际的学生交流项目、图书馆、收藏室、计算机中心及实验室等的建设与发展、被评估机构在科研管理部门中的地位、在媒体上自我宣传以及对校友的跟踪与关心等。[1]

(三) 评价结果的应用

在评估的作用上，德国高等教育评估只是起到政策咨询的作用，不与学校所获取的经费相挂钩。德国高等院校的资金主要来源于校友捐赠、经济活动和资产收入、第三方资金以及拨款和捐赠。巴伐利亚州的学科评估不与裁减学校的资金挂钩，也不会给大学排名。德国的高校之间的发展差异和资源分配差异不大，这样的评估内容和程序使各高校能够根据自身的发展状况进行自我评估并切实找准自身发展定位、优势特色和需要改进的方面，并做出有效提升。德国高等教育没有过于依赖评估，能够将评估结果和学校建设合理地结合起来，对学校办学能力的提升给予了积极的帮助，同时，也向社会公众反馈了学校的办学状况，增强整个社会对德国高校发展的信心与支持。

四、日本高等教育分类评价

(一) 基本情况

2004 年，日本启动了国立大学法人化改革。为发挥大学作为学习型社会核心机

---

[1] 董琦.德国巴伐利亚州高校的学科评估[J].德国研究,2004(01):58-62+80.

构的功能,以促进日本的地域振兴和经济发展,提升日本的国际竞争力,在 2016 年—2021 年的改革计划中,文部科学省对全国 86 所国立大学的功能定位按照"世界卓越、特色优秀、地域贡献"三种类型进行了重新规划,使各国立大学根据自身的优势选择自身的发展目标、发展方案与发展路径,避免了以往国立大学发展的同质化倾向,并且根据各类大学的表现平等地给予相应的补助,让大学之间不再分档次,而是分种类。

根据文部科学省发布的功能分类改革要求并经各国立大学自主选择后,日本国立大学最终形成了包含"世界一流卓越研究型大学""优势学科和特色专业的教育研究型大学"以及"地域发展贡献型大学"三种不同类型的高校在内的分类体系。"世界一流卓越研究型大学"共计 16 所,发展目标是打造世界一流大学水准的卓越教育研究据点,负责世界尖端科研创新工作,包括东京大学、京都大学、大阪大学、九州大学、东北大学、北海道大学、名古屋大学、筑波大学、一桥大学、东京工业大学、东京农工大学、千叶大学、金汉大学、神户大学、广岛大学、冈山大学。"优势学科和特色专业的教育研究型大学"共计 15 所,发展目标是利用自身的强势专业领域,创设富有特色的教育研究大学据点,开展全国顶尖的科研活动和与世界接轨的特色教学活动,包括筑波技术大学、东京医科齿科大学、东京外国语大学、东京学艺大学、东京艺术大学、东京海洋大学、御茶水女子大学、电器通信大学、奈良女子大学、九州工业大学、鹿屋体育大学、政策研究大学院大学、综合研究大学院大学、北陆先端科学技术大学院大学、奈良先端科学技术大学院大学。"地域发展贡献型大学"共计 55 所,致力于培养适应地方需求的人才,为地域发展贡献活力,包括岩手大学、秋田大学、山形大学、福岛大学、茨城大学、宇都宫大学、群马大学、埼玉大学、横洪国立大学、富山大学、福井大学、山梨大学、信州大学、岐阜大学、静冈大学、三重大学、滋贺大学、和歌山大学、鸟取大学、岛根大学、山口大学、德岛大学、香川大学、爱媛大学、高知大学、佐贺大学、长崎大学、熊本大学、大分大学、宫崎大学、鹿儿岛大学、琉球大学等。

日本的国立大学在按照功能进行分类的同时也考虑到了地域结构分布的均衡。通过表 3-9 可以看出,从北到南将日本的 47 个一级行政区进行划分,在每个大的行政区域中都有至少有一所"世界一流卓越研究型大学",且有若干所优势学科和特色专业的教育研究型大学与地域发展贡献型大学,避免了地区之间高等教育资源分布不均衡的难题。

表 3-9 日本国立大学功能分类地域分布的相对均衡性[1]

地区	类型	院校
北海道·东北地区	世界一流卓越研究型	北海道、东北大学
	地域发展贡献型	北海道教育、室兰工业、小蹲商科、带广畜产、旭川医科、北见工业、弘前、岩手、秋田、山形、福岛、宫城教育大学
关东·甲信越地区	世界一流卓越研究型	东京、筑波、一桥、东京工业、东京农工、千叶大学
	优势学科和特色专业的教育研究型	筑波技术、东京医科齿科、东京外国语、东京学艺、东京艺术、东京海洋、御茶水女子、电器通信、政策研究大学院、综合研究大学院大学
	地域发展贡献型	茨城、宇都宫、群马、埼玉、横洪国立、新潟、山梨、信州、长冈技术科学、上越教育大学
东海·北陆·近畿地区	世界一流卓越研究型	京都、大阪、名古屋、金汉、神户大学
	优势学科和特色专业的教育研究型	奈良女子、北陆先端科学技术大学院、奈良先端科学技术大学院大学
	地域发展贡献型	富山、福井、岐阜、静冈、洪松医科、爱知教育、名古屋工业、丰桥技术科学、三重、滋贺、京都教育、京都工艺纤维、大阪教育、兵库教育、奈良教育、和歌山大学
中国·四国地区	世界一流卓越研究型	冈山、广岛大学
	地域发展贡献型	鸟取、岛根、山口、德岛、香川、爱媛、高知、鸣门教育大学
九州·冲绳地区	世界一流卓越研究型	九州大学
	优势学科和特色专业的教育研究型	九州工业、鹿屋体育大学
	地域发展贡献型	福冈教育、佐贺、长崎、熊本、大分、宫崎、鹿儿岛、琉球大学

(二) 分类评价内容

日本国立大学的分类评估体系具有多元化的特点,评估主要围绕以下几方面开展。内部评估方面,日本政府引入了"计划(Plan)—实施(Do)—检查(Check)—行动

---

[1] 王晓燕.日本推进国立大学功能分类改革的动向研究[J].中国高教研究,2016(10):70-77.

(Action)"的内部质量保证评估体系,各大学的评估结果每年定期向社会公布。外部评估方面,实行第三方认证性评估与非认证性评估相结合的二元评估制度。受文部科学省的委托,日本的大学评价与学位授予机构 NIAD–UE(National Institution for Academic Degree and University Evaluation)作为经文部科学省认证的第三方认证性评估机构,对所有国立大学的总体状况和各专业情况进行定期评估。除依据文部科学省制定的十一项标准(包括:大学的目的、教学科研组织、师资、招生、教学内容及方法、教学成果、学生服务、设施设备、教育质量的改善与提高、财务、管理运行)进行评估外,NIAD–UE 还会根据大学内部的自我评价进行评估。NIAD–UE 不强制所有大学采用统一的内部评估标准,更看重大学的自主性与能动性,主张大学根据自身的发展目标、战略规划来探索适合自身的发展策略,并对实施结果进行自我评价。在大学自我评估的基础上,NIAD–UE 会介入并对学校进行诊断,从而确保每所大学都能选择最适合自身的发展路径,突出大学的自身特色。非认证性评估则通过国立大学法人评价委员会开展。该评价委员会的成员包括了来自产业界、媒体、财务审计等诸多领域的专家。他们会对大学制定的 6 年中期计划的实施全程进行评估与检查,不仅包括实施前的审查与核实评估,也包括实施过程中的年度评估,检查计划的执行进度和完成情况。若实际完成情况和目标计划之间存在差距,校方需要找出原因并明确责任。这项评估注重对大学进行绩效考核和经费使用情况进行监督,形成评估结果后会向社会公布。

(三) 评价结果的应用

日本政府会根据对国立大学的分类评估结果进行分类投入。在日本国立大学法人化改革后,政府对国立大学的拨款方式由改革前的"打包式"变为了竞争性、策略性拨款。日本国立大学的经费主要来源于五部分:运营交付金、学费、附属医院收入、竞争性经费和其他。在法人化改革后,日本政府通过"效率化系数"的名义,以每年 1% 的比例降低"运营交付金",将一部分经常性经费转化为竞争性、策略性拨款。2015 年底,文部科学省对大学的功能分类改革采取重点拨款补助的方式,从分配给各国立大学的运营拨款中预先减掉约 1%,并将这笔资金重点拨付给那些在大学功能改革中拿出优秀方案和积极举措的大学,2016 年开始对三种不同类型的大学实行不同功能的分类拨款。"世界一流卓越研究型大学"所获得的研究类经费权重占比更高。"优势学科和特色专业的教育研究型大学"所获得的教育类经费权重占比更高,而"地域发展贡献型大学"所获得的社会贡献类经费权重占比更高。

日本国立大学的功能分类改革在促进大学明确自身定位、提升日本大学产学研创新活动和创新能力、培养优质人才、增强地区经济发展水平和提升日本的国际竞争力等方面发挥了重要作用。根据2019年6月日本文部科学省发布的国立大学最新改革方针,未来,日本国立大学将继续沿着促进基础研究,引领创新;培养高水平优质人才,加快人才循环;加强地方和大学的协作,推动开放教育发展;建立严谨的管理制度;建设相互协作,网络化的国立大学;形成合理的国立大学规模等方面继续努力,[1]使国立大学能够更好地发挥自身特色,服务日本的经济社会发展。

从以上世界各国高校分类管理与分类评价改革的实践看,既有学校层面的评估,也有学科层面的评估,评估的核心指向是质量。高校分类评估是保障高校办学质量和学术水平的重要途径。评估机构一般不是政府机构,不接受政府的管理,属于典型的非官方中介组织,具有较强的专业性和独立性。部分国家将评估与拨款相关联,这本质上是将竞争机制引入高等教育管理,旨在提高高等教育的质量保障效果,提高高校自身的质量保障意识。上海市的高校分类评价属于政府评估,但是在众采各家之长的基础上,尽可能保证了专业性和独立性,旨在优化高等教育结构,推动高校科学定位、特色发展,引导高校立足内涵建设,实现分类发展、特色发展和错位发展。从评价的内容看,上海市的高校分类评价并不局限于质量评价,是对高校的全面性评价,并且将分类评价的结果与高校各类拨款紧密挂钩。从评价的方式看,上海市高校分类评价希望通过更加丰富的指标体系和更加权威的数据采集,为高校提供更加全面和专业的分析和诊断,也为政府调整高校经费拨款政策提供更加科学的依据。从评价组织模式来看,上海市高校分类评价采取政府主导、专业评估机构深度参与、社会第三方数据服务相配合的模式,评价更具科学性和客观性。

---

[1]陈晓婷.日本发布国立大学改革方针[J].世界教育信息,2019,32(16):74.

第三节　大学排名

大学排名是高等教育评估的一种手段,是外部对大学的一种比较性评价。大学排名参照共同使用的指标体系对大学办学质量进行评分,并以得分高低对大学进行排序,它的考查对象可以是全世界范围内的所有高校,也可以是一个国家甚至一个区域内的高校。尽管大学排名能够对高校的发展起到一定的导向作用,但是大学排名均采用有限的指标来评价大学,具有一定的片面性,容易导致大学的同质化发展,对我国高等教育的发展造成了诸多负面影响,多年来受到了来自社会各界的质疑与批判。2020年10月,《深化新时代教育评价改革总体方案》再次强调要扭转不科学的评价方式,对高校进行分类评价,反映出了对外部评价异化的纠偏。通过形成分类管理与评价的格局,引导高校科学定位,办出特色和水平,为教育现代化的发展提供全面支撑。以下分为三个部分介绍国内外知名的大学排名的情况以及如何正确看待大学排名。

一、国内大学排名体系

（一）软科中国大学排名

1. 基本情况

软科世界大学学术排名(ShanghaiRanking's Academic Ranking of World Universities,简称 ARWU)于 2003 年由上海交通大学高等教育研究院世界一流大学研究中心第一次发布。2015 年,该公司发布软科中国最好大学排名,评价对象是在评估前一年有本科毕业生且专任教师不少于 100 人的全国普通高等学校,共设置十个评价模块,细分

30个评价维度,使用百余项评价指标,涉及数百个评价变量。

在评价过程中,软科中国大学排名遵循"全面评估、分类评价"的原则,针对不同性质和不同类型大学的特点,采用差异化的指标体系进行排名,充分考虑到一些不从事科学研究的教学型大学,使其在一些单项指标排名中明确定位,软科通过多角度呈现中国最好大学的全局视野,对高校分类评价具有启发意义。

2. 分类标准

2022年软科中国大学排名中设置了1个综合性大学排名、6个单科性大学排名、2个非公办大学排名,以及艺术类高校名单。根据学校性质与类型,将2022年参评的1068所高校分别纳入11个排名类型中,这样的排名方式一定程度上考虑到了中国高等教育的特点,使高校之间具有可比性。

表3-10 2022年软科中国大学排名分类表

指标体系	排名分类	排名对象	数量
中国大学排名指标体系	主榜(综合性大学排名)	公办综合类、理工类、师范类、农业类、林业类高校	590所
(单科性大学排名)指标权重	医药类大学排名	公办医药类高校	85所
	财经类大学排名	公办财经类高校	55所
	语言类大学排名	公办语言类高校	16所
	政法类大学排名	公办政法类高校	33所
	民族类大学排名	公办民族类高校	12所
	体育类大学排名	公办体育类高校	6所
(非公办大学排名)指标权重	合作办学大学排名	中外合作办学及内地与港澳台地区合作办学高校	6所
	民办校排名	民办高校(不含艺术类)	208所
	艺术类高校名单	艺术类高校	49所

数据来源:软科中国大学排名。https://www.shanghairanking.cn/methodology/bcur/2022.

3. 指标体系

软科中国大学排名的指标体系设置办学层次、学科水平、办学资源、师资规模与结构、人才培养、科学研究、服务社会、高端人才、重大项目与成果、国际竞争力共十个评价模块,细分30个评价维度,84项评价指标。对综合性大学排名仅有一个指标体系,主要对590所高校进行评价,包括了公办综合类、理工类、师范类、农业类、林业类高校,因此主榜对高校的分类评价主要体现在评价指标的细化分类。

表3-11 2022软科中国综合性大学排名指标体系表

模块	维度	指标名称	权重
模块一:办学层次	办学层次	研本比	20
		本专比	20
模块二:学科水平	学科规模	硕士点数	10
		博士点数	10
	学科水平	国内顶尖学科Ⅰ	5
		国内顶尖学科Ⅱ	5
		国内一流学科Ⅰ	5
		国内一流学科Ⅱ	5
		国内优势学科Ⅰ	5
		国内优势学科Ⅱ	5
	学科精度	顶尖学科Ⅰ精度	5
		顶尖学科Ⅱ精度	5
		一流学科Ⅰ精度	5
		一流学科Ⅱ精度	5
		优势学科Ⅰ精度	5
		优势学科Ⅱ精度	5
模块三:办学资源	收入水平	学校收入(总额)	20
		学校收入(生均)	20
	捐赠收入	社会捐赠收入(总额)	10
模块四:师资规模与结构	师资规模	教师规模	10
		师生比	10

续表

模块	维度	指标名称	权重
	师资结构	教师学历结构	20
		教师职称结构	20
模块五:人才培养	新生质量	生源质量	80
	培养条件	国家一流专业(总数)	10
		国家一流专业(生均)	10
		国家精品在线课程(总数)	10
		国家精品在线课程(生均)	10
		国家教学名师(总数)	10
		国家教学名师(生均)	10
		教授授课率	10
		授课教授比例	10
	培养改革	国家教学成果奖(总数)	10
		国家教学成果奖(师均)	10
	学生科创	科创竞赛奖(总数)	20
		科创竞赛奖(生均)	20
	培养结果	本科毕业生就业率	20
		本科毕业生深造率	20
	杰出校友	造就学术人才(总数)	40
模块六:科学研究	科研人力	科研人员规模	10
	科研经费	科研经费(总额)	10
		科研经费(师均)	10
	科研项目	自科面上青年项目	5
		社科一般青年项目	5
		国家科研项目(总数)	10
		国家科研项目(师均)	20
	科研论文	国际期刊论文(总数)	10

续表

模块	维度	指标名称	权重
		国际期刊论文(师均)	10
		中文期刊论文(总数)	10
		中文期刊论文(师均)	10
模块七:服务社会	科技服务	企业科研经费(总额)	20
		企业科研经费(师均)	20
	成果转化	技术转让收入(总额)	5
		技术转让收入(师均)	5
模块八:高端人才	资深学术权威	资深学术权威(总数)	5
		资深学术权威(师均)	5
	中年领军专家	中年领军专家(总数)	5
		中年领军专家(师均)	5
	青年拔尖英才	青年拔尖英才(总数)	5
		青年拔尖英才(师均)	5
	国际知名学者	国际知名学者(总数)	5
		国际知名学者(师均)	5
	各类高端人才	高端人才(总数)	20
		高端人才(师均)	20
模块九:重大项目与成果	重大项目	自科重大项目(总额)	5
		自科重大项目(师均)	5
		社科重大项目(总数)	5
		社科重大项目(师均)	5
		国家重大项目(总数)	10
		国家重大项目(师均)	10
	重大成果	国家重大奖励(总数)	30
		国家重大奖励(师均)	30
		教育部科学技术奖	5

续表

模块	维度	指标名称	权重
		教育部人文社科奖	5
		教育部奖励（总数）	10
		教育部奖励（师均）	20
模块十：国际竞争力	国际化程度	留学生比例	5
		国际合作论文比例	5
	国际影响力	国际期刊论文质量	10
		国际期刊顶尖论文	10
		论文被引总次数	10
	世界一流标志	校友获国际权威奖	10
		高被引科学家	20
		Nature 和 Science 论文	20

数据来源：软科中国大学排名. https://www.shanghairanking.cn/methodology/bcur/2022.

（二）金平果中国大学排名

1. 基本情况

金平果中国大学排名由"中国科教评价网"研制并发布。自 2004 年以来，"中国科教评价网"每年发布《中国大学及学科专业评价报告》《中国研究生教育及学科专业评价报告》《世界一流大学与一流学科评价研究报告》《中国学术期刊评价研究报告》等一系列评价报告，逐渐形成了金平果排行榜的高校评价体系。

2020 年底，金平果大学排名顺应国家教育评价改革，重新构建了政治标准、业务标准和效益标准三结合的高等教育评价体系。在政治标准上从学校办学体制机制建设、课程思政建设、课堂教学情况、教师队伍建设四方面考查高校立德树人成效；在业务标准上从人才培养、科学研究和社会服务三个方面对高校进行考查；在效益标准上从学术影响力、经济影响力、社会影响力三个方面对高校进行考查。

2. 分类标准

金平果排行榜中涉及我国高校评价的榜单主要是中国大学及学科专业排行榜和中国研究生教育及学科专业排行榜。中国大学及学科专业排行榜专题中既包括中国本科院校竞争力总排行榜,也按照高校所在地区、类型、门类、学科、重点/一般、民办/独立、科技/人文等标准对大学进行评价。其中,中国本科院校的评价对象为2748所高校(不含中国港、澳、台地区)。中国研究生教育及学科专业排行榜涉及578所高校,对培养单位的研究生教育竞争力进行评价。

3. 指标体系

2021年金平果大学评价重构了"政治标准、业务标准、效益标准"三结合的教育评价体系。中国本科院校综合竞争力评价指标体系设3个一级指标,9个二级指标,34个三级指标。一级指标包括政治标准、业务标准和效益标准3个方面,二级指标包括立德树人、教学水平、科研水平、学术效益等9个方面,三级指标包括杰出人才、学生培养、新生质量、论文质量等34个方面。

表3-12 2021年金平果中国本科院校竞争力总排行榜指标体系表

一级指标	一级权重	二级指标	二级权重
政治标准	0.2	立德树人	0.4
		师风学风建设	0.3
		治理与制度建设	0.3
业务标准	0.4	师资队伍	0.2
		教学水平	0.45
		科研水平	0.35
效益标准	0.4	学术效益	0.6
		经济效益	0.2
		社会效益	0.2

数据来源:金平果中国大学排名. http://www.nseac.com/html/216/684737.html.

金平果中国研究生教育竞争力排行榜的评价指标体系分为4个一级指标、15个二级指标、56个观测点。其中一级指标为:办学资源、教研产出、质量与影响、学术声誉,二级指标包括:科研基地、一流大学、学位点、杰出人才、科研项目、科研经费,人才培养、科研成果、发明专利,学生获奖、论文质量、科研获奖、国家一流学科、ESI 全球前 1‰学科和上年度优秀学科等项内容。

表 3-13 2021 年中国研究生教育评价指标体系表

一级指标	一级指标权重	二级指标
办学资源	0.25	科研基地、一流大学、学位点、杰出人才、科研项目、科研经费
教研产出	0.3	人才培养、科研成果、发明专利
质量与影响	0.3	学生获奖、论文质量、科研获奖
学术声誉	0.15	国家一流学科、ESI 全球前 1‰学科、上年度优秀学科

数据来源:金平果中国大学排名.http://www.nseac.com/html/216/682514.html。

(三) 校友会中国大学排名

1. 基本情况

校友会中国大学排名由艾瑞深研究院中国校友会大学研究团队推出,该团队的前身是 1989 年中国管理科学研究院科学学所高等院校比较课题组,从 2003 年起以"校友、质量、影响与贡献"为主题特色连续 20 年发布校友会中国大学排名、中国大学一流学科排名、中国大学一流专业排名和中国大学教学质量排名等系列榜单。校友会 2022 中国大学排名评价指标体系做出了一些调整,包括优化调整三级评价指标权重设置、对一些重要指标加大权重与扩充。

2. 分类标准

校友会 2022 中国大学排名评价结果按照总榜、主榜和副榜进行呈现。在 2022 中国大学排名评价中,将综合类、理工类、农林类、民族类和财经类等类型高校纳入"主榜"进行全国综合实力评价和呈现。对艺术类、体育类、语言类、政法类、医药类和师范类等人才培养和学科专业相对单一的高校分别进行评价,依据同一评价指标体系综合实力得分给出各高校的"全国参考排名",纳入"副榜"进行呈现。其中,对中国科学院大学等办学情况较为特殊的高校单独进行评价,纳入"副榜"呈现。

3. 指标体系

校友会2022中国大学排名评价指标体系由思政教育、杰出校友、教学质量、高层次人才、优势学科专业、科研成果、社会服务、科研基地、科研项目、办学层次、社会声誉、国际影响力等12个一级指标构成,以服务国家"双一流"发展战略和提升高校服务国家地方经济社会发展能力为导向,涵盖了中国高校核心职能的具有代表性、标志性的700多项评测指标,涵盖国内外其他大学排名的质量指标。

表3-14　2022年校友会中国大学排名指标体系表

一级指标	权重	二级指标
思政教育	8	先进学生典型
		先进模范教师
		思政教育项目
		思政教育奖励
		思政教育荣誉
		思政教育基地
杰出校友	20	杰出学界校友
		杰出政界校友
		杰出商界校友
		杰出文学艺术家校友
		杰出运动员校友
		杰出青年创业精英校友
		杰出公益慈善人物校友
教学质量	10	教学成果
		一流教材
		一流课程
		教学工程项目
		教学基地资质
		创新创业教育

续表

一级指标	权重	二级指标
高层次人才	15	立德树人典型类
		荣誉称号类
		教育教学类
		科研奖励类
		基金项目类
		社会服务、文化传承创新类
优势学科专业	4	学科优秀率
		优势学科
		优势专业
科研成果	20	国家级科研奖励
		部省级科研奖励
		发明专利奖
		标准奖
		图书著作奖
		高水平论文
		国际科研奖励
社会服务	3	社会服务效应
		社会服务典型
		社会服务基地
科研基地	4	科研平台
		技术转化基地
		期刊出版社
科研项目	3	基金项目
办学层次	5	国家定位
		办学经费
		办学荣誉资质

续表

一级指标	权重	二级指标
社会声誉	5	慈善捐赠
		生源竞争力
国际影响力	3	国际化办学
		国际声誉
		国际排名

数据来源：校友会中国大学排名. http://www.chinaxy.com/2022index/news/news.jsp?information_id=4913.

在国内各大大学排行榜中，软科中国最好大学排名的指标体系比较复杂，评价模块较多，维度和具体指标的划分较为细致，其中评价指标权重占比最高的是人才培养，该榜也比较注重中国大学的国际竞争力指标。此外，该指标体系较为稳定，变动较少，能够参照该排名标准比较大学不同年份的排名位次。金平果大学排名评价体系近年来有较大调整，2021年的指标体系舍弃了SCI的数量指标，新选用了教育部公布的国家一流本科专业数和国家级一流课程数的观测点，突出本科培养及教学质量，同时，采用了2020年中国高考录取分数线的观测点，以提高生源质量的比重。在二级指标的实际占比中，学术效益占比最高。在最新的校友会大学评价体系中，杰出校友与科研成果权重占比最多，同时加大了"思政教育""教学质量"的指标权重。可以看到，一方面国内各大排行榜借鉴国际大学排名的指标，多采用可量化的指标；另外一方面，迎合了国内社会对于排行榜的需求，做出符合现实需求的调整。但是各大排行榜对指标的选取与赋权的差异可能也会导致同一学校在不同排行榜中显示的位次有较大差距。

二、国际大学排名体系

（一）U.S.News 世界大学排名

1. 基本情况

U.S.News 世界大学排名（U.S.News & World Report Best Global Universities

Rankings)由美国《美国新闻与世界报道》(U. S. News & World Report)于2014年10月28日首次发布。U. S. News世界大学排名是继U. S. News针对美国国内的本科排名、研究生院排名之后推出的具有巨大影响力的全球性大学排名。它的推出一方面是为了使得全球所有的大学都可以根据自己的国家和地区来衡量自己,并寻求与国际上的顶尖国家进行合作;另一方面也可以使得那些一直只在美国国内排名中的美国大学能够了解自身在全球大学中的位置。

该排名包括全球前500所大学,它采用科睿唯安公司提供的数据,设立了声誉指标、文献计量、国际合作3个一级指标和全球研究声誉、区域研究声誉、论文发表数、学术著作数、会议论文数、标准化引用影响力、论文总被引次数、前10％高被引论文数、前10％高被引论文比例、ESI前1％学科领域中的高被引论文数、前1％被引论文所占出版比例、与国际作者共同发表之研究论文数、与国际作者共同发表之研究论文比例、该校国际论文所占比例/所在国家国际合作论文所占比例14项二级指标。除了世界大学排名之外,U. S. News也对世界大学学科进行了排名。和世界大学排名相同,U. S. News世界大学学科排名同样采用了13项二级指标去给38个学科领域进行排名。

2. 指标体系

U. S. News世界大学排名指标体系有以下几大特征:第一,排名注重对学术研究和整体声誉的考查。其中,"全球研究声誉"这一指标反映了最近五年来全球最佳大学学术声誉调查的汇总情况;"区域研究声誉"这一指标在全球范围内只有U. S. News世界大学排名使用,反映了最近五年来在该地区最好的大学进行学术声誉调查的汇总,区域是根据联合国的定义来确定的,通过这一指标可以提升国际排名的多样性。第二,U. S. News排名十分强调对科研文献的计量,在"文献计量"指标中有9个二级指标,权重总计65％。其中,"论文发表数"用来衡量一所高校的整体科研实力;"学术著作数"用来重点衡量社会科学、艺术、人文科学的学术成果;"会议论文数"用来补充衡量一些领域中还未被记录和发表的重大突破;"标准化引用影响力""论文总被引次数"用来衡量大学学术研究的总体影响力;与高被引论文相关的4个二级指标则可以从多个层面去衡量大学优秀科研成果和卓越科研成果。这些指标充分反映了排名对于科研成果的重视程度,也充分显示出了排名对文献计量的全面考量。第三,U. S. News排名比较注重对大学国际合作情况的衡量,这也与它希望让大学以排名为参考去谋求国际合作的对象这一目标相符合。

表 3-15　U.S.News 全球最佳大学排名指标体系表

一级指标	二级指标	权重
声誉指标（25%）	全球研究声誉	12.50%
	区域研究声誉	12.50%
文献计量（65%）	论文发表数	10%
	学术著作数	2.50%
	会议论文数	2.50%
	标准化引用影响力	10%
	论文总被引次数	7.50%
	前10%高被引论文数	12.50%
	前10%高被引论文比例	10%
	ESI前1%学科领域中的高被引论文数	5%
	前1%被引论文所占出版比例	5%
国际合作（10%）	与国际作者共同发表之研究论文数	5%
	与国际作者共同发表之研究论文比例	5%
	该校国际论文所占比例/所在国家国际合作论文所占比例	

资料来源：U.S.News 世界大学排名．https://www.usnews.com/best-colleges/rankings．

（二）QS 世界大学排名

1. 基本情况

QS 世界大学排名（QS World University Rankings）为英国一家私人公司 Quacquarelli Symonds 所发表的年度大学排行榜。QS 公司最初与《泰晤士高等教育》增刊合作，两者于 2004—2009 年期间联合发表"泰晤士高等教育-QS 世界大学排名"。2010 年后，QS 公司以原有的方式继续公布自家的排行榜，泰晤士则采用新的方法，并自行推出"泰晤士高等教育世界大学排名"。目前，QS 公司与爱思唯尔合作发布排名，榜单涵盖世界大学排名与学科排名，另有亚洲、新兴欧洲与中亚地区、拉丁美洲、阿拉伯地区、金砖五国共五个持不同准则的地区排名。

2. 指标体系

QS世界大学排名指标体系包含6个评价指标,权重分布如下:学术声誉占40%,雇主声誉占10%,师生比占20%,师均论文引用数占20%,国际教师占比和国际学生占比各为5%。QS世界大学排名看重的是研究质量、教学质量、毕业生质量、国际化这四个方面,其排名原则和指标体系具有稳定性。

QS世界大学排名的一个突出特点是重视主观性评价指标。在所有评价指标中,学术声誉权重40%、雇主声誉权重10%,所占比例大且极具权威性。数据来源于行业人员的学术声誉调查,公信力较高。QS将重点放在从企业雇主的角度评价毕业生质量,但是由于指标体系主观性较强,综合性大学及一些历史悠久的大学相对处于更有利的位置。在科研成果这一指标的设置上,QS只赋予师均论文引用数20%的权重,这与QS的排名理念相一致:与理工科论文相比,人文社科论文的数量及被引次数明显是偏低的,这对于人文社科院校及其师生是不公平的,并且也会加剧社会舆论对不同学科的偏见。因此相比于科学计量,QS更加注重"主观性"的声誉在评估机构科研质量中的作用。

表3-16 QS世界大学排名指标体系

指标	权重	指标描述
学术声誉	40%	全球学者意见
雇主声誉	10%	雇主对院校毕业生之意见
师均论文引用数	20%	研究实力
师生比	20%	教学素质
国际学生占比	5%	学生的多元化程度
国际教师占比	5%	教师的多元化程度

资料来源:QS世界大学排名. https://www.qs.com/rankings/.

(三) THE 世界大学排名

1. 基本情况

泰晤士高等教育世界大学排名(Times Higher Education World University

Rankings,简称 THE 世界大学排名)为《泰晤士高等教育》周刊所发行的世界大学排名。此周刊原本与 QS 公司合作,于 2004—2009 年期间联合推出"泰晤士高等教育-QS 世界大学排名",在 2009 年排名之后,泰晤士报决定脱离 QS,与汤姆森路透社签署合作协议,并于 2010 年 9 月公布了 THE 世界大学排名。发展至今,此排行榜囊括了世界综合、学科、声誉,以及亚洲及金砖五国两个地区性榜单。

2. 指标体系

THE 发布的年世界大学排名包括五个一级指标,权重分布如下:教学(包括学习环境)占比 30%,研究(数量、收入、声誉)占比 30%,引用(研究影响力)占比 30%,国际合作(员工、学生和研究)占比 7.5%,行业收入(知识转化)占比 2.5%。一级指标下设有 13 个二级指标。

从指标体系设置可以看出 THE 世界大学排名指标体系设计的特点:首先,THE 世界大学排名指标选取的均衡性。从指标体系整体的设计来看,THE 既有反映教育投入的指标,如高校收入,又有反映教育产出的指标,如科研产量;既有定性指标,如教学与研究的声誉调查,又有定量指标,如师生比。第二,THE 主要排行的目的是反映高校的综合实力。THE 根据高校当前的实力进行评估,或者根据高校最新发布的一些统计数据加以排行,以指导学生和家长择校,同时也是高校检验教育效果和制定发展策略的重要凭借之一。因此 THE 指标体系涵盖的范围较为广泛,评价内容也较为全面,包括教学质量、学术声誉、研究实力等,另外还将国际化程度纳入考查范围之内,强调高校的国际化。可见 THE 可从各方面来反映社会发展对高等教育的要求和高等教育自身发展的规律。

表 3-17 THE 世界大学排名指标体系

一级指标	二级指标	权重
教学 (包括学习环境) (30%)	声誉调查	15%
	师生比	4.5%
	博士与学士比	2.25%
	博士占科研人数比	6%
	高校收入	2.25%

续表

一级指标	二级指标	权重
研究 （数量、收入、声誉） （30%）	声誉调查	18%
	科研收入	6%
	科研产量	6%
引用 （研究影响） （30%）	—	30%
国际合作 （员工、学生和研究） （7.5%）	国际生与国内生之比	2.5%
	国际教师与国内教师之比	2.5%
	国际合作	2.5%
行业收入 （知识转化） （2.5%）	—	2.5%

资料来源：THE 世界大学排名. https://www.timeshighereducation.com/world-university-rankings.

（四）ARWU 世界大学学术排名

1. 基本情况

软科世界大学学术排名（ShanghaiRanking's Academic Ranking of World Universities，简称 ARWU）于 2003 年由上海交通大学世界一流大学研究中心首次发布，是世界范围内首个综合性的全球大学排名。2009 年开始，ARWU 改由软科发布并保留所有权利。软科世界大学学术排名采用客观指标和第三方数据，包括获诺贝尔奖和菲尔兹奖的校友和教师数、高被引科学家数、在《自然》（*Nature*）和《科学》（*Science*）上发表的论文数、被科学引文索引（SCIE）和社会科学引文索引（SSCI）收录的论文数、师均学术表现等。

2. 指标体系

世界大学学术排名选择获诺贝尔奖和菲尔兹奖的校友折合数（简称"校友获奖"）、获诺贝尔科学奖和菲尔兹奖的教师折合数（简称"教师获奖"）、各学科领域被引用次数最高的学者数（简称"高被引科学家"）、在《自然》和《科学》上发表论文的折合数（简称

"N&S论文")、被科学引文索引(SCIE)和社会科学引文索引(SSCI)收录的论文数(简称"国际论文")、上述五项指标得分的师均值(简称"师均表现")等六个指标对世界大学的学术表现进行排名。

在进行排名时,校友获奖、教师获奖、高被引科学家、N&S论文、国际论文、师均表现等每项指标得分最高的大学为100分,其他大学按其与最高值的比例得分。如果任何一个指标的数据分布呈现明显的异常,则采用常规统计方法对数据进行处理。对大学在六项指标上的得分进行加权,令总得分最高的大学为100分,其他大学按其与最高值的比例得分。

表3-18 ARWU世界大学学术排名的指标体系表

一级指标	二级指标	权重
教育质量	获诺贝尔奖和菲尔兹奖的校友折合数	10%
教师质量	获诺贝尔科学奖和菲尔兹奖的教师折合数	20%
	各学科领域被引用次数最高的学者数	20%
科研成果	在《自然》(Nature)和《科学》(Science)上发表论文的折合数*	20%
	被科学引文索引(SCIE)和社会科学引文索引(SSCI)收录的论文数	20%
师均表现	上述五项指标得分的师均值	10%
* 对纯文科大学,不考虑N&S论文指标,其权重按比例分解到其他指标中。		

资料来源:软科世界大学学术排名. https://www.shanghairanking.cn/methodology/arwu/2022? event = YXJ3dS91X21ldGhvZA.

横向对比国际上流行的四大世界大学排行榜,四大世界大学排名都采用多维度评价,但评价指标的设置及其权重各不相同,差异较大。可以发现U.S.News世界大学排名最重视文献计量方面,QS世界大学排名最重视学术声誉方面,THE世界大学排名中教学与研究同等重要,ARWU世界大学学术排名比较重视诺贝尔奖、菲尔兹奖的获奖情况。在文献指标上,U.S.News、THE、QS指标体系侧重于文献质量,ARWU关注文献数量。声誉指标受到U.S.News、THE以及QS三大评价机构的重视,而ARWU更侧重于客观指标。师资与教学指标在ARWU中的权重较大,而在QS、THE及U.S.News中的权重相对较小,考查的内容尚未形成共识。在共性上,四大排行榜都重视大学的科研实力与声誉,文献和声誉指标的权重值相对较高,但国际化与科研收入指标权重相对较低。

三、正确认识大学排名

(一)大学排名的固有弊端与消极影响

前文所介绍的国内大学排名与国际大学排名尽管在评价指标的选取与指标的赋权上存在不同程度的差异,但从共性上来看都是根据科学研究和教学等标准,针对相关大学在数据、报告、成就、声望等方面进行量化评鉴,再通过分数加权后形成的排序。各大大学排行榜的出现是以一定的社会需求为基础的。首先,高校根据大学排名的评价结果能够了解自身的优势、劣势以及所处位置,从而适当调整办学方向、发展规划与组织机构。其次,家长和学生在择校的过程中能够参考大学排名评价结果来对不同的学校进行比较和选择,他们不是专业人士,大学排行榜无疑给他们提供了直观易懂的"坐标系"。另外高校的管理部门在制定政策、确定重点、分配经费、引导大学办学方向等方面需要不同维度的参考,大学排名无疑为各种社会资源的投入提供了较为直观的标准。

在巨大的社会需求下,大学排名已经成为一种全球现象,但是从大学排名诞生之初,各界对它的理性审视、批判与质疑也从未中断。近些年来大学排名所产生的负面效应愈发凸显,反映出各类大学排行榜存在的固有弊端。

第一,忽视高校之间的可比性。虽然国内外各种大学排名越来越多,但是,排名对大学之间的可比性缺乏足够的审视与斟酌,只是粗略对大学进行分类甚至没有进行分类,都是在默认不同国家与类型大学具有完全可比性基础上进行的统一排名。这有违2004年由联合国教科文组织、欧洲高等教育研究中心和华盛顿高等教育政策研究所共同讨论商定的高等教育机构排名的"柏林原则",整体排名没有认识到高等教育机构的多样性并考虑到它们不同的使命和目标。[1]当前的大学有应用型大学和研究型

---

[1]王雪燕.中国大学综合实力排行榜的实证分析与建议:基于高等教育机构排名柏林原则的视角[J].情报杂志,2019,38(3):6.

大学、公立大学与私立大学、综合型大学与单科型大学、以理工为主和以文科为主等分类,不同类型的大学在办学使命、战略定位、培养目标、教学方法以及课程设置等方面都存在差异,但是大学排行榜却并未重视这些差异。

第二,排名数据缺乏可靠性。尽管现有排名大部分数据来自权威数据库,但并非所有排名的数据都能由公共数据库提供。比如生师比、国际学生人数、硕博研究生数数据需由参评大学自行提供,而这种数据获取方式给了大学一定的自由度,却降低了大学排名的可信度。同时,多数大学排名仅仅公示指标计算方法、指标得分和最终排名,并不公开大学原始数据的相关信息,降低了排名数据、方法、过程与结果的透明度。此外,大学排名带有很强的商品属性,大学排名的供给方会通过排行榜获得自己的最大化利益。[1] 大学排名机构会借助排名向大学出售咨询、认证、数据类产品,容易催生大学排名机构与大学之间的利益输送,进行"钱名交易",这将极大影响排行榜的社会公信力。

第三,指标体系缺乏科学性。大学排名对大学办学质量的衡量主要通过指标体系反映出来,然而排名所采用的指标在反映大学教育质量上有其局限性。首先,大学排名所使用的文献计量学方法过于强调"取决于规模"的指标,这不利于小规模的院校。其次,当前的各大排行榜多使用可量化的指标,但是以基础文理学科为主干的大学与以应用工程学科为主干的大学之间的精神文化、学术氛围、人文情怀这些难以量化的特征没有被大学排名评价体系纳入,因而难以反映大学办学的全貌。最后,大学排名指标设置存在明显偏见。一方面大学排名在一定程度上更有利于英美大学,因为影响科学研究指标涉及的顶级刊物数据来源多为英文出版的国际期刊,这些指标不利于非英语国家大学参与排名;另一方面,大学排名中的指标更倾向于自然科学领域,一定程度上忽视人文社会科学领域。例如大学排名所依据的《自然》《科学》期刊主要涉及自然科学、生命科学、临床医学与物理化学等领域。

上文所述弊端导致了大学排名的异化,给高等教育带来了广泛的消极影响。

第一,大学排名导致大学办学急功近利。鉴于社会各界对大学排行榜的关注,一

---

[1] 段从宇,王燕.大学排名的演变、迷思与治理——基于市场逻辑的探讨[J].复旦教育论坛,2022,20(03):5-11.

些大学开始过度关注各大排行榜的排名结果,盲目按照排名的部分指标来建设一流大学。首先体现在盲目追求办学规模,追求体量发展,不重视内涵建设;其次体现在人才引进方面,为了以更好的师资条件参与排名,功利化引进人才,严重影响了高校的人才培养机制;最后体现在学科专业建设方面,许多高校将资源向热门学科专业倾斜,违背了学科专业建设的长期性、系统性原则。

第二,大学排名助长高校重科研轻教学。各类大学排名都非常重视可量化的科研成果,造成了大学围绕排行榜的指标,将科研考核的任务分解给各院系、教师和研究人员,作为绩效考核的重要依据。这使得高校教师把有限的精力都集中在科研工作上,削弱了教学的中心地位,加剧了高校普遍存在的"重学术研究,轻人才培养"的错误倾向。

第三,大学排名机构对评价权的抢占。大学内部评价作为高等教育质量保障体系重要组成部分有利于高校了解自身真实的发展情况。而大学排名作为一种外部评价迎合社会的短期功利需求,忽视了大学发展的科学规律,这样的外部评价为高校管理者所重视,通过绩效考核的方式传导到大学内部评价之中,导致大学的内部评价被削弱与异化,破坏了大学自主性。

(二) 高校分类评价对大学评价的回应

长期以来,不科学的大学评价加剧了高校发展的同质化问题,困扰着我国高等教育的改革与发展,为了从根本上解决教育评价指挥棒问题,扭转教育功利化倾向,构建符合中国实际、具有世界水平的评价体系,《深化新时代教育评价改革总体方案》中明确提出要"推进高校分类评价,引导不同类型高校科学定位,办出特色和水平"。该方案从政策层面进一步肯定了分类评价的重要意义。

首先,高校分类评价能够提升高等教育评价的科学性。分类评价主要以可比性的特点和优势提升高等教育评价的科学化程度。与用一把尺子量高校的大学排名不同,高校分类评价重视同类型高校间的可比性,在制定科学合理的分类体系的基础上根据不同类型的高校设计评价指标体系,以促进高校特色发展为价值取向,是破解高校"千校一面"、同质化办学的重要举措。

其次,高校分类评价能够调动高校发展的积极性。分类评价强调根据不同类型高校的办学定位、发展目标等制定与之相匹配的评价标准体系并实施评价,其评价结果更具针对性,并且更能反映出不同类型高校所存在的现实问题,也更有利于发挥评价活动的发展性功能,帮助高校实现以评促建,调动高校参与评价的积极性。

最后,高校分类评价能够推动政府对高校的分类管理。政府层面可以将高校分类评价结果有效转化为改革发展实践,将评价研究结果运用到优化高校资源配置、高校评先奖优、高校党政负责干部绩效考核和高校绩效工资分配动态调整之中。

可以看到,高校分类评价改革是当前对于外部评价固有弊端与消极影响的回应与纠偏。目前我国高等教育已经由大众化进入普及化阶段,走内涵式发展道路是高等教育改革的必由之路。高校应当扭转非理性、功利化发展的倾向,从关注硬指标的显性增长向更加关注软实力的内在提升转变。对高校的评价应在推进"双一流"建设过程中运用高校分类评价工具不断完善分类评价体系的绩效评估、诊断分析和价值发现等功能,使不同类型的高校都追求卓越、办出特色。

第四章

上海高校分类评价的依据和思路

上海高校分类管理评价的主要依据,是由上海市教育委员会、上海市发展和改革委员会、上海市人力资源和社会保障局、上海市财政局、上海市规划和国土资源管理局于2015年12月发布的《上海高等教育布局结构与发展规划（2015—2030年）》（以下简称《上海高教规划》）。它是上海高等教育实现中长期教育改革和发展规划纲要的目标,针对国内高校分类管理体系的缺憾,结合国际高校分类变化趋势,以及上海高等教育布局结构的实际和未来发展要求,就高校分类方法尝试理念更新和创新实践的探索,对于实现高校分类指导和分类管理的分类评价具有基本依据与现实指导的意义。

第一节　上海高校分类评价的目标与依据

关于高等教育或高等学校的分类,无论国际国内,目前在理论上是见仁见智,实践上也未有定论。出于不同的目的,可见不同的分类方法和分类标准。《上海高教规划》提出高校"二维分类",其目的一是为贯彻《国家中长期教育改革和发展规划纲要(2010—2020年)》明确提出的"建立高校分类体系,实行分类管理",落实国务院《关于开展国家教育体制改革试点的通知》提出的"探索高校分类指导、分类管理的办法,落实高等学校办学自主权"的改革试点项目。二是为保证《上海高教规划》的实施,必须建立旨在于适应高等教育多样化发展、克服高校同质化现象的分类指导、分类管理、分类评价体系,以促进高校各安其分、各守其职、各担其责,共同努力实现规划目标。

一、上海高校分类评价的目标

高等学校分类是高等教育规模扩张后的必然要求。分类本身不是目的,而是应通过分类使高校寻找到自身的客观定位。从这个意义上说,分类评价的目标是引导高等学校明确自身的定位,办出自己的特色,不趋同发展。分类评价的最终目的是超越分类,实现高等学校的个性化以及整个高等教育系统的多样化发展。就上海高等教育的改革发展而言,分类评价要实现的目标有以下几个方面。

(一) 确立不同类型高校的分类评价指标导向

突破原有单一维度的高校评价标准,构建符合上海经济社会发展需要和高等教育发展需要的以人才培养类型和学科体系为维度的高校分类评价标准体系。具体分述如下。

对学术研究型高校的评价侧重于：创新型人才培养质量；一流学科水平；协同创新参与水平；学术科研成果、科研经费；教师国际化水平、国际竞争力等。

对应用研究型高校的评价侧重于：学科专业型人才培养质量；优势学科集中度；科研成果、技术转化和社会服务能力与水平；国际交流与合作、国际专业认证等。

对应用技术型高校的评价侧重于：技术型人才培养质量；专业设置特色；应用型研究成果、专利数量；双师型教师队伍结构与水平；国际职业资格认证等。

对应用技能型高校的评价侧重于：技能型人才培养质量；专业设置特点和办学特色；校企合作广度与深度、服务地方与行业的贡献度；教师实践指导能力等。

（二）引导各类型高校在同类高校中争创一流

通过分类评价，改革高校评价体系和绩效考核体系。依据高校发展定位和建设的不同目标，对学术研究型高校、应用研究型高校、应用技术型高校和应用技能型高校给予不同侧重的评价导向，明确每一类型高校的发展要求和评价指标，并以此建立和逐步完善高校办学科学评价体系，引导和激励各类高校立足不同的办学定位办出特色、办出水平，在各自领域内追求卓越、争创一流。

（三）完善高等教育分类发展治理体系建设

转变政府职能，通过立法、科学规划、制定标准、组织评价、合理配置公共教育资源等途径，依法推进高校自主办学。进一步发挥市场的资源配置作用。通过与高校分类发展紧密对接的分类评价，制定差异化拨款投入机制。按分类发展和分类管理框架，坚持不同高校、不同发展定位、不同财政支持的高校分类管理原则，调整优化高校财政拨款结构，完善拨款管理制度，推动高校财政拨款逐步从"投入型"向"绩效型"转变。建立公办高校综合定额动态调整机制，制定分级分类拨款标准。根据办学水平、质量提升和产出效益的情况，动态调整实施。

（四）不断优化上海高等教育布局结构

以分类评价推动各类高校根据外部需求和环境变化要求，明晰定位与服务面向，找准努力与发展方向，集中各类内部资源，激励高校围绕培养符合高校发展定位的人才培养特色,不断提高质量。特别是要按照党中央、国务院引导和推进应用型高校加快转型发展的战略部署,推动上海部分本科高校主动适应和引领经济发展新常态,服务创新驱动发展的大局,加快向应用型转变;从而进一步优化完善上海高等教育结构,克服同质化倾向,确立生产服务一线紧缺的应用型、复合型、创新型人才培养机制的顶层设计和综合改革举措。通过分类管理和分类发展,鼓励高校找准服务面向的领域和行业,基于自身基础能力建立特色专业群,培养适应经济社会发展的特色人才,避免高校过度追求"大而全"。

二、上海高校分类评价的依据

分类依据的科学性决定着分类框架的优劣。上海高校二维分类体系在借鉴国外高校分类经验以及我国已有相关分类有益经验的基础上,构建了符合我国国情和上海高校发展现实的高校分类思路和分类指标体系,确立了上海高校分类评价的理论依据和现实依据。

上海高校二维分类指的是,以高校人才培养的类型及其主干学科门类(本科与研究生)或主干专业大类(专科)布局这两个维度,分别根据高校人才培养的主体功能和承担科学研究类型区分科学研究的服务对象的差异性,将其分为"学术研究""应用研究""应用技术"和"应用技能"四个类型;按学科门类或专业大类布局区分,分为"综合性""多科性""特色性"三种类别。由此形成纵横"十二格"的高等学校二维分类布局[1](表4-1):

表4-1 高等学校二维分类示意表

		按高校人才培养的主体功能和承担科学研究类型区分			
		学术研究	应用研究	应用技术	应用技能
按学科门类或专业大类布局区分	综合性				
	多科性				
	特色性				

---

[1] "应用技能"型高校主要为高职高专院校,因此就本科院校而言,可称为"九宫格"分类布局。

二维分类框架的作用在于引导高校更鲜明地展示自身特色,在多领域而非单一方面进行超越。借助于二维分类体系,各高校通过辨认彼此的相似性与差异性来确定归属,并在既定的单元框架内进行比较。以多维度的分类标准,从不同方面反映高校的特质,也便于选择从某一侧面对不同的学校进行比较,从而最大程度地避免同质化发展。

值得指出的是:高校二维分类中关于"学术研究型""应用研究型""应用技术型"和"应用技能型"的命名,只是一种分类符号。名称本身未必代表学校的属性,关键是名称所指代的类型被赋予的内涵。以"人才培养"这一高等学校最为核心的功能作为分类的经纬,这是高校二维分类的基本内涵。我们大可不必纠结于类型的名称,而是关注这四种类型高校的人才培养、科学研究、社会服务等功能是否存在差异性,高校的主体功能及其发展定位是否适应社会经济发展的多样性要求。

二维分类法将高等学校按照人才培养主体功能和承担科学研究类型等差异性(分类维度Ⅰ),以及主干学科门类(本科与研究生)或主干专业大类(专科)布局(分类维度Ⅱ)进行两维分类。

分类维度Ⅰ:以国际相关经验为参考,结合上海市高校现状,选取"研本比""应用型研究生比例(预期)""博士点集中度(一级学科)""基础性科研投入占比""师资结构特点""人才培养目标定位"等显著性强、相对易于考量的六项指标作为现阶段分类依据,将高校划分为人才培养的"学术研究、应用研究、应用技术、应用技能"四大类型(表4-2)。

表4-2 按人才培养主体功能的分类标准

指标	指标表述	学术研究型	应用研究型	应用技术型	应用技能型
研本比	研究生在校生/本科生在校生数	≥0.7∶1	≥0.2∶1	≥0	0
应用型研究生比例(预期)	应用型研究生数/研究生总数	>25%	>50%	>75%	0
博士点集中度(一级学科)	博士学位点数/学校学位点(含本硕博)总数	≥30%	>0	≥0	0

续表

指标	指标表述	学术研究型	应用研究型	应用技术型	应用技能型
基础性科研投入占比	基础研究投入经费/当年科研投入经费	≥30%	≥10%	≥0	—
师资结构特点		拥有一批具有国际影响力的一流教研人员	拥有一批具有海外学习研究经历的高水平教研人员	拥有一批具有行业、产业实践经历的高水平"双师双能型"教师	以符合"双师双能型"要求的教师为主体
人才培养目标定位		以培养学术研究人才为引领,可授予博士、硕士和学士学位	以培养应用研究与开发人才为重点,可授予博士、硕士和学士学位	以培养专业知识和技术应用人才为主体,一般可授予专业研究生和学士学位	培养专科层次操作性专业技能人才

分类维度Ⅱ:以上海市高校学科分布现状为基础,对主干学科进行定义,并根据主干学科(门类)(高职高专为专业大类)多寡分为主干学科布局"综合性、多科性、特色性"三大类别(表4-3)。

表4-3 按学科门类(专业大类)集中度情况的分类标准

分类	学科结构类型	综合性	多科性	特色性
指标	学科的主干学科(门类)(高职高专为专业大类)	≥7个	3—6个	1—2个

注:"主干学科"或"专业大类"规定:
- 本科院校:同时具有学士、硕士、博士学位授予权的学科(门类);本科或硕士在校生数占1/N以上的学科(门类),N为学校专业分布的学科门类总数。
- 高职高专院校:在校生数占15%以上的专业大类。

根据上述初步拟定的分类标准,上海各高校的办学定位均有"格"可循。四类高校的发展定位分别是:

学术研究型高校：以培养创新型学术研究人才为引领，承担知识、理论创新职能，以基础性研究、科学发现和科学原创为主。学科专业布局以"综合性""多科性"为主，师资队伍建设体现理论与知识创新的基本要求，拥有一批具有国际影响力的高水平教研人员；科学控制在校生规模发展，稳定培养规模，着力调整人才培养内部结构，推进留学生规模增长，不再承担专科层次人才培养。

应用研究型高校：以培养应用研究与开发、知识集成和理论应用创新人才为重点，以专业理论应用、技术原创等方面的研究为主；学科专业布局以"多科性""特色性"为主，师资队伍建设体现专业化理论与实践应用的结合，拥有一批具有海外学习研究经历的教研人员；稳步发展人才培养总规模，加快探索在线学习新途径，推进学科专业的国际认证，以增加应用型专业学位研究生为主逐步扩大研究生培养规模，适度增加本科生在学人数，扩大留学生规模。

应用技术型高校：以培养专业知识和技术应用型人才为主，以技术应用、生产工艺开发等方面的研究为主；学科专业布局按人才培养目标和服务面向对应的行业特性以"特色性"或"多科性"为主，师资队伍建设体现产教融合，拥有一批具有行业、产业实践经历的"双师双能型"教师；进一步扩大在校生规模，通过产学合作协同创新等人才培养模式改革，提升应用技术型人才培养能力，逐步形成应用技术型人才培养特色；提高本科人才培养比例，以应用型专业学位研究生为主合理增加研究生培养规模。

应用技能型高校：以培养操作性技能应用型人才为主，适当开展或参与技术服务及技能应用型改革与创新。专业布局面向行业、岗位以"多科型"为主，师资队伍以符合"双师双能型"要求的教师为主体，适度控制人才培养的总体规模增长，立足适应不同行业及工作岗位的新需求，按照市场人才的需求变化，动态调控人才培养的技能要求和培养方案，努力提供产业发展急需的高素质操作应用型人才。

这里必须强调的是："学术研究型""应用研究型""应用技术型"和"应用技能型"高校只是人才培养的类型之分，而非学校办学层次和水平之分。所以，表4-2、表4-3呈现的是分类指标，而非水平指标。

第二节 上海高校分类评价的基本功能

2017年12月28日,上海市第十四届人民代表大会常务委员会第四十二次会议审议通过了《上海市高等教育促进条例》,以地方立法形式公布了《上海高教规划》"根据人才培养主体功能、承担科学研究类型以及学科专业设置和建设等情况,建立健全高等学校分类发展体系,引导高等学校明确办学定位,培养适应经济社会发展的特色人才"的核心内容,并明确规定"按照(上海市公办)高等学校在分类发展体系中的定位,确定其办学规模、人员配置标准、财政经费投入等事项,并根据办学水平分类绩效评价结果进行动态调整",确立了高校分类评价在建立健全上海高等学校分类发展体系、实施高等学校分类管理中的法律地位。

分类管理要通过分类评价的手段,指导、促进高校分类发展;高校分类发展的结果又要通过分类评价的反馈,成为分类管理的依据。因此,在"分类管理—分类评价—分类发展—分类评价—分类管理"这一上海高等学校分类发展体系中,分类评价不只是一个重要环节,而且是这一闭环系统的关键"锁扣"——启动分类管理的有效实施,实现分类发展的最终目标。

一、基于上海高校发展研判的"规划引领"

合理规划地方高等教育发展规模与结构需要采用科学方法,更需要从地方经济社会发展战略要求、人口规模结构变化、高等教育结构与产业结构的相互关系和未来发展的实际需要出发,借助大数据分析和国际比较研究等手段,科学选择本地高等教育规模与结构发展的预测、分析及规划路径,从而保证地方高等教育发展规模与结构目标的设计真正发挥统领性、导向性、可靠性和可操作性作用。

上海高等教育规模与类型结构发展的规划目标,一是与区域发展功能定位相匹配。上海在国家区域发展战略框架中承担先行先试和率先改革发展的重任,特别在制度创新、科技创新、发展模式创新、治理体系创新等方面,被赋予全国改革开放排头兵和科学发展先行者的角色,承担加快建设"四个中心"和社会主义国际大都市、加快向具有全球影响力的科技创新中心进军的重大使命,需要科学合理规划和推动高等教育发展,尽早改变上海高等教育规模相对水平依然不高的发展短板问题。

按照高等教育规模发展与上海功能定位相匹配的规划路径,采用仿真模拟结合定性分析的方法,在分析研究高等教育规模与人口、人均GDP、从业人员接受过高等教育的比例等主要指标关系的基础上,研究主要行业人力资源需求的规模与结构,参照纽约、伦敦、东京等国际大都市高等教育毛入学率、每十万人口高等教育在校生数以及主要劳动年龄人口中大专及以上人口的比例等指标,并充分考虑办学体制改革、人才培养制度与高等教育发展模式创新带来的规模增量扩展空间,上海要稳步扩大高等教育规模。到2030年,上海高等教育人才培养规模达到140万人左右,其中普通高等教育规模超过90万人,继续教育(含网络教育)本专科规模接近50万人,上海高等教育步入普及化阶段(参见表4-4)。从相对规模上提升高等教育发展与城市功能定位的匹配度。

表4-4 2020、2030年上海高等教育人才培养规模目标(2013年列为参照)

年份	总规模 (万人)	普通高等教育在校生		继续教育(含网络教育)本专科	
		规模(万人)	占比	规模(万人)	占比
2013	94.6	64.0	67.6%	30.7	32.4%
2020	105.0	70.4	67.0%	34.7	33.0%
2030	140.0	91.0	65.0%	49.0	35.0%

注:其中,普通高等教育在校生包含专科、普通本科、研究生、留学生;继续教育(含网络教育)包括各类高校的继续教育本专科生和一年以上进修生。

二是与区域的转型发展相适应。转型升级提质增效是国家"十三五"规划中的一条主线。上海的发展先于全国进入"新常态",围绕认识、适应和引领新常态,特别在加快建设"四个中心"、进军全球科技创新中心以及推进创新驱动发展等方面,上海正逐步形成以现代服务业为主体、战略性新兴产业为引领、先进制造业为支撑的新型产业体系。为突出服务经济为主的产业结构特点,促进三、二、一产业融合,着力加快高端化、集约化、服务化发展和全面增强城市服务功能,上海需要合理调控不同学科门类、专业大类以及不同层次人才的合理结构,避免供给结构失衡方面的问题。

按照高等教育人才培养类型结构与上海产业结构及人力资源市场需求相对照的规划路径,采用定量结合定性分析的方法,通过研究不同学科类型人才供需关系、就业现状、就业前景以及类型可替代关系,根据上海高校学科发展现状和各学科发展成熟度及未来发展趋势,综合考虑未来行业人才需求结构及高校毕业生就业结构变化,将除军事学以外的十二个学科门类组合为医学、理工农、经管、法学、艺术学和文史哲教六大类别,统筹规划上海普通高等教育分学科在校生规模及结构。到2030年,上海普通高等教育的医学类在校生规模占比从2013年的6.3%增长到8.5%;理工农类学生占比从41.5%减少到38.5%;经管类学生占比从27.0%减少到25.4%;法学类学生占比从5.6%增长到6.2%;艺术类学生占比从7.4%增长到8.9%;文史哲教类学生规模基本保持稳定,以满足上海产业结构调整和转型发展对主要人才类型的结构性要求(表4-5)。

表4-5 2020、2030年上海普通高等教育学科结构目标(2013年列为参照)

年份	合计		医学	理工农	经管	法学	艺术学	文史哲教
2013	规模(万人)	63.96	4.05	26.57	17.25	3.61	4.75	7.72
	占比	100.0%	6.3%	41.5%	27.0%	5.6%	7.4%	12.1%
2020	规模(万人)	70.35	5.11	28.11	18.80	4.14	5.47	8.73
	占比	100.0%	7.3%	40.0%	26.7%	5.9%	7.8%	12.4%
2030	规模(万人)	91.00	7.71	35.04	23.07	5.60	8.12	11.45
	占比	100.0%	8.5%	38.5%	25.4%	6.2%	8.9%	12.5%

三是与新兴产业和新业态发展需求相适应。为抢占新一轮经济和科技发展的制高点和引导未来经济社会发展,世界各主要发达国家和经济体均选择了生物、新能源、新材料、物联网、云计算等不同的新兴产业作为突破口,加快发展战略性新兴产业,实施以复兴制造业为核心的"再工业化"的战略思路。我国在全面建设小康社会和努力实现可持续发展的关键时期,将节能环保、新一代信息技术、生物、高端装备制造、新能源、新材料、新能源汽车等产业作为重点培育和发展的战略性新兴产业。上海着眼于服务国家战略、构建新兴产业体系的全局性目标和总体部署,着力率先构建新兴产业体系和不断提高自主创新能力,结合推进产业结构优化升级和促进经济发展方式转变,将节能环保、新一代信息技术、生物、高端装备制造、新能源、新材料、新能源汽车等列为战略性新兴产业,作为新的经济增长点予以重点培育与发展。同时,围绕提升城市科技、文化创新能力和影响力,上海也在大力培育和发展一些知识密集、低耗费、环境友好、互联网+、综合效益明显且具有较强成长潜力的服务、文化及创意产业,要求上海高等教育为重点发展和培育产业提供学术研究、应用研究、应用技术和应用技能等不同类型和规格的适用性人才。

按照高等教育人才培养类型、规格与上海提升产业结构重心及人力资源市场需求相适应的规划路径,采用抽样调查、案例分析及系统数据模拟等分析方法,引入国际大都市人才培养结构比较,充分考虑提升上海人力资源开发水平和满足更多人群接受更多更高层次高等教育及其服务的实际需求,分析和确定不同层次各类人才规模增减变化,再将不同类型的人才供给与专、本、硕、博四个人才供给层次相交叉,适度提高上海高等教育人才培养结构重心。扩大研究生尤其是专业学位研究生培养规模,扩大留学生规模及其占普通高等教育规模的比例,进一步提高本专科规模中本科生的比例。到2030年,上海普通高等教育的研究生在校生规模占比从2013年的21.1%提高到27.3%;本科生规模占比从56.7%提高到58.8%;专科生规模占比从22.2%减少到14.0%,以满足上海现代服务业、先进制造业、战略新兴产业与其他重点培育产业未来发展对不同层次与类型人才的结构性要求(表4-6)。

表4-6 2020、2030年上海普通高等教育人才培养层次目标(2013年列为参照)

年份		合计	博士	硕士	本科	专科
2013	规模(万人)	63.96	2.88	10.60	36.27	14.20
	占比	100.0%	4.5%	16.6%	56.7%	22.2%
2020	规模(万人)	70.35	3.55	14.50	38.50	13.80
	占比	100.0%	5.0%	20.6%	54.7%	19.6%
2030	规模(万人)	91.00	4.80	20.00	53.50	12.70
	占比	100.0%	5.3%	22.0%	58.8%	14.0%

注:普通生包含专科、普通本科、研究生、留学生。

《上海高教规划》是现阶段上海高等教育布局结构与发展的行动纲领。要全面落实《上海高教规划》提出的发展任务和战略举措,进一步完善以人才培养主体功能和主干学科专业集聚度为主要区分标准的上海高等教育分类发展体系,分类评价是推进不同类型高校建设,促进错位竞争、特色办学和多样化发展,真正做到"一张好的蓝图一干到底,切实干出成效来"的关键步骤。

二、聚焦上海高校内涵发展的"问题导向"

《国家中长期教育改革和发展规划纲要(2010—2020年)》从我国高等教育发展实际和阶段性特点出发,提出了适应国家和区域经济社会发展需要、建立动态调整机制和不断优化高等教育结构的要求和任务。上海高等教育在改革发展中不断扩大规模、调整结构、优化空间布局,形成了不断适应全市经济社会发展整体布局的基本格局。但与上海的发展战略目标要求以及经济社会发展和人民群众的新需求对照,仍面临国际大都市匹配度、支撑能力、影响力和服务水平亟待提升的重大挑战,并在规模发展能级、人才培养结构重心、人才培养类型结构、人才培养体制、增量分配体系、资源配置格局等方面,存在一些问题与困难,需要科学规划、明确改革发展的目标与任务。

《上海高教规划》研制课题组以拟定的高校二维分类标准,对当年的上海高校人才培养类型结构进行分析(表4-7)发现,[1]上海不同类型高校的布局结构与社会经济发展所需的人才结构比例不甚协调:应用技能型院校占比过大,"多科性"与"特色性"的比例与学校类型也不匹配。这与当时上海高等教育发展自省的情况基本吻合。

表4-7 上海高校分类现状(2013年)

	综合性	多科性	特色性	合计
学术研究型	5.9%	1.5%	0.0%	7.4%
应用研究型	2.9%	11.8%	7.4%	22.1%
应用技术型	0.0%	8.8%	16.2%	25.0%
应用技能型	0.0%	8.8%	36.8%	45.6%
合计	8.8%	30.9%	60.3%	100.0%

通过对上海高校学科人才培养的现状与经济社会发展需求的比照分析发现,上海高等教育同样存在着学科人才培养的规模、层次、类型等结构不合理,与经济社会需求对接不到位等问题,不能有效满足上海经济创新驱动、转型升级发展的要求,不能对上海加快实现国际化大都市建设、四个中心建设、自贸区建设、具有全球影响力的科技创新中心建设和改善民生等一系列重要经济社会建设任务所需各类人才尤其是高层次人才提供强力支撑。

一是高校学科布局结构不尽合理。虽然上海高校总体数量较多,且学科分布相对较全,但从六大学科分类[2]的角度看,仍然存在着各类高校布局结构不合理的问题。

---

[1] 本节相关上海高校的数据均根据《上海高教规划》编制时所采用的2013年统计数据。

[2] 为体现"分类发展"的设计思路,便于宏观掌控上海高校分类规模发展目标,贯彻"分类管理"和"分类评价"的实施路线,根据各学科门类学生培养的目标及其服务面向,结合教育部有关规定、上海高校学科布局现状、高校二级学院设置状况等因素,《上海高教规划》将我国高等教育现行的12个学科门类合并为六大类:(1)文史哲(教);(2)经管;(3)理工农;(4)法学;(5)医学;(6)艺术学。

例如,缺少以培养本科生为主的医学类高校;作为国际大都市,独立设置艺术院校,特别是中高端特色艺术类院校数量偏少;经管类高校人才培养重心偏低。二是各类学科人才培养结构不适应新的发展需求。上海经济社会的转型发展给人才需求结构带来的最大要求是提升人才培养层次、扩大高层次人才培养规模。但是,从上海高校现有六大类学科人才培养的规模与层次结构看,普遍存在着规模不足、层次偏低的问题。例如,医学类人才培养一方面存在着本科规模偏小的问题:医学类博士、硕士层次人才培养规模占比为29.1%,专科层次人才培养规模达到了44.8%,而本科层次人才培养规模仅占26.1%;另一方面存在着医护人员培养不足的问题:2014年上海的医护人员总数为6.13人/千人,低于发达国家水平(如挪威24.89人/千人、荷兰16.73人/千人、美国11.22人/千人),同时医护比为1:1.17,既远低于WHO最低标准,也低于全球(1:2.9)及中低收入国家的平均水平(1:2.1)。艺术类研究生以上高层次人才培养比例仅占7%,而专科层次培养比例超过36%,这种层次结构无法为解决目前上海文化创意产业发展中存在的低层次人才竞争激烈、高层次人才稀缺的问题提供支持。经管类以金融从业人员为例,若按纽约和伦敦等国际知名金融中心的金融从业人员占从业人员总数12%的标准来计算,上海的金融从业人员数量还有很大缺口。同时,经管类研究生规模占比只有17.2%,比重也偏小,且八成以上的经管类研究生培养由非财经类高校承担。法学博士层次人才培养比重仅占2%,特别是法学中的公安类人才培养仅有专科层次,不能适应司法体制改革提出的更高要求。三是各类学科大多整体实力不强。上海高等教育学科整体水平在全国处于领先位置,但是与上海城市功能定位相比较,六大类学科仍然存在着整体水平不够的问题。例如,虽然上海高校设置的艺术学博士点已经覆盖了艺术学所有一级学科,但是布点学校比较少,从上一轮全国学科评估结果看,除了音乐与舞蹈学排名全国第二、戏剧与影视学排名全国第四外,其他一级学科均没有列入全国前五。经管类在现有7所独立设置的财经院校中,仅上海财经大学拥有博士学位授权点,而从学科评估结果看,上海没有一所高校的经管类一级学科排名进入全国前五,这与上海金融中心、国际贸易中心建设的要求很不相符。法学除了复旦大学的政治学排名全国第一、社会学排名全国第五外,法学一级学科仅有华东政法大学进入全国前五,其他高校的学科排名都不靠前,与上海城市发展要求存在差距。四是各类学科人才培养规格与需求对接不够。人才培养目标定位和培养规格最直接体现了高校在人才培养方面对接社会需求的程度,然而目前在六大类学科人才培养中,上海很多学科的人才培养规格与市场需求存在一定的差距。例如,法学人才培养的专门法及复合型法律人才的学科专业优势不突出,学生知识体系与职业能力和用人单位需求衔接性较差。特别是国际法、知识产权法、海商法等方面的法学人才培养能力仍不能满足上海国际化大都市及自贸区建设发展的需求。理工农类高校对人才需求和科技发展的贡献不显著,人才培养与产业发展对接程度不高,尤其针对当前战略新兴产业发展的要求,高校传统专业转型慢,人才培养与产业需求不相适应。

《上海高教规划》针对上述问题,提出高校分类管理、分类发展,以推动上海部分本科高校主动适应和引领经济发展新常态、服务创新驱动发展的大局,加快向应用型转变;从而进一步优化完善上海高等教育结构,克服同质化倾向,建立生产服务一线紧缺的应用型、复合型、创新型人才培养机制。

高校分类评价将进一步聚焦上海部分高校办学特色不鲜明、同质化办学倾向明显、盲目追求"高、大、全"、学科专业低水平重复设置等问题,进而引导高校改变将发展简单理解为变更层次的旧思维,加快重点领域和关键环节改革,走内涵式发展之路;通过分类评价,鼓励高校找准服务面向的领域和行业,基于自身基础能力建立特色专业群,培养适应经济社会发展的特色人才;通过分类评价,引导上海高校依据不同的人才培养目标定位和发展重点,在各自的分类"队列"中办出特色、办出水平。这是实现《上海高教规划》的顶层设计,全面推进综合改革的关键要素。

三、推进上海高教分类发展精准施策的分类评价

《上海高教规划》按照高等教育人才培养规模发展、结构调整、资源配置以及供给体系布局与上海高等教育发展阶段特点、培养能力现状、未来变革态势相结合的规划路径,在定量分析各类、各层次人才培养的规模分布现状以及制度和资源制约的基础上,结合上海加快推进学习型社会建设进程以及高等教育发展信息化、国际化、多元化、便利化的必然趋势,确定 2030 年学术研究、应用研究、应用技术和应用技能型四类

高校承担普通高等教育规模增量的比例,为未来合理安排高校基本建设项目、合理整合资源以及调整高等教育空间布局结构提供基础依据(表4-8)。

表4-8 上海高校面向2030年分类规划目标[1]

	综合性	多科性	特色性	合计
学术研究型	7%	2%	0%	9%
应用研究型	3%	15%	12%	30%
应用技术型	0%	13%	20%	33%
应用技能型	0%	5%	23%	28%
合计	10.0%	35.0%	55%	100%

为全面落实《上海高教规划》提出的发展任务和战略举措,进一步完善以人才培养主体功能和主干学科专业集聚度为主要区分标准的上海高等教育分类发展体系,上海市教委于2017年初组织启动上海二维分类评价指标体系研制工作,聚焦高校人才培养、科学研究、社会服务、文化传承创新和国际交流合作五大功能,研制不同类型高校分类评价指标,并据此开展分类评价。

2018年8月,由上海市委组织部、市教卫工作党委、市教委、市发展改革委、市财政局、市人社局等6部门联合出台《关于深入推进上海高校分类管理评价 促进高等教育内涵式发展的指导意见》,根据分类管理要求,结合评价结果的使用,对现行文件进行"废改立释",突出对不同类型高校的精准管理,真正实现高校"类型不同,要求不同,评价不同,支持不同",从而开启了上海将分类管理融入高等教育管理各个方面,分类统筹推进不同类型高校建设,促进错位竞争、特色办学和多样化发展的新历程。

---

[1]《上海高教规划》课题组以预测2030年上海高等院校总数为60所左右的建议目标,未正式对外发布。

第三节 上海高校分类评价的总体思路

主管《上海高教规划》编制工作的上海市领导在频度密集的汇报会上,多次强调:上海高等教育发展规模的规划目标,要在比照国际大都市高等教育发展规模和路径的同时,对上海产业结构及人力资源市场需求进行科学预测和论证,采用定量结合定性分析的方法,研究不同类型人才培养的供需状况、就业前景等关系,以满足上海产业结构调整和转型发展,充分考虑服务区域、服务全国的客观需求,制定人才培养层次、类型和学科结构目标。也一再强调:作为实现规划目标的战略举措,一是要以人才培养需求为导向,调整优化高校布局结构;二是要以教育治理现代化为目标构建高校分类发展体系。形成高校分类管理体系,确立不同类型高校的分类评价指标,促进上海高等教育分类发展、特色发展和多样化发展。根据这一总体思路,确立了上海高校分类评价的基本原则和基本定位。

一、高校分类评价的基本原则

分类评价的目的不在于固化学校类型,而是体现导向作用。在高校分类管理和评价体系的构建与实施中,上海注重发挥配套政策指导和资源配置对高校分类发展、分类评价的地方教育统筹和引导作用。

首先,坚持中国特色和上海特点,促进高校融入城市发展,是上海高校分类评价的基本导向。"区域教育作为一个不可或缺的子系统,既是国家宏观教育系统的一部分,其综合改革必须与国家教育的发展方向保持一致;又是区域社会大系统的一个重要方面,与区域经济、文化、政治等其他子系统存在千丝万缕的联系。"[1]高等教育的改革和发展既是地方整体发展的重要组成部分,也是实现整体发展目标的动力与支撑。各类型高校在国家和上海城市发展的一系列重大发展战略中承载不同的使命,具有不同的功能定位与发展目标。要建立和完善符合国际趋势并具有中国特色和上海特点的高校分类评价体系,形成分类发展、分类评估、分类配置公共资源的高等教育质量、绩效评价和特色发展导向新机制。引导高校按照上海高等教育发展规划确定的高等教育发展规模及结构目标,指导和帮助高校科学定位、特色发展,通过学校治理结构、学科专业设置、人才培养模式、师资队伍建设以及深化产教融合、校企合作等方面的改革探索,将一批高校建成培养一线技术技能人才和科技型创业人才的摇篮,有区域影响力的先进技术转移中心、科技服务中心、技术创新基地。发挥核心指标导向及引领作用,将服务上海经济社会发展和培养特色的应用型人才、满足地方行业企业及社会发展紧缺人才需求等重要内容设计为预期指标,引导高校聚焦服务国家战略和上海城市发展凝练人才培养和办学特色。

其次,坚持政府主导、高校自主、多方参与的学校发展目标定位及其科学评价,是上海高校分类评价的基本立场。"高校分类发展和合理定位,核心是学校有自主选择的权利。分类是主观判断,结构是客观实在。"[2]要坚持政府政策引导、高校自主选择、社会参与评估的原则,通过制度安排调动学校自主参与选择的分类,选择教学、科研、服务职能在自己学校的搭配,从而形成自己的办学目标和管理模式,实现特色发展,使高校不仅满足地方经济社会发展需求,还能凝练学校的区域优势和特色,使各类高校在整个高等教育体系中更加准确地找到自己的定位,各高校可以根据自身实际情况通过"分化、重组"找准自己在未来的位置。使各高校能对照自己在现有分类体系中的发展状态及位置,找出自身现状与高校分类体系中的目标位置之间的发展空间,制定出合理的发展或转型方向,进而引导高校为将来要承担的确定性任务的目标而不断改进和提高,实现各高校之间形成类型分明、层次清晰、目标明确的有序竞争;进而也促使高校内部为达到这种目标进行必要的变革。

---

[1] 杨清.教育理论研究者对区域教育综合改革的参与[J].教育发展研究,2015(11):27-32.

[2] 马陆亭.要用制度保证高校综合改革成果[N].社会科学报,2015-06-25,第005版.

建立引导高校分类发展的办学动态监测平台,紧扣不同类型高校的不同要求,突出人才培养质量、人才培养基础能力、办学特色和经济社会发展贡献等核心内容,研究开发学术研究、应用研究、应用技术和应用技能型人才培养高校的分类评价指标体系,引导和激励所有高校立足不同类型人才培养办出特色、办出水平。监测评价结果定期向社会公布,为公众了解、参与和监督高校办学提供服务和便利。

第三,坚持管办评分离的治理模式改革,是上海高校分类评价的基本策略。分类办学不仅是一种办学模式,更是一种基本的治理模式,需要多方共治。要推动以管办评分离为核心的治理改革,释放制度活力。分类管理要体现在制度上,政府要运用规划手段、分类评价、立法、标准和机制建设等途径破解高校办学风格趋同问题,进行分类培育、治理和评价,不断优化高等教育的结构和布局,以标准和机制建设推动与分类发展相匹配的资源配置策略和治理体系现代化。同时,政府宏观管理和高校自主办学相结合,即政府对每一类高校提出目标和要求,提供财政及政策支持,进行绩效评估,高校在宏观框架内实行自主管理和发展。

二、高校分类评价的基本定位

对高校进行分类管理,对高校和学科建设以及阶段性绩效考核采取分类评价,以更好地促进各类高校扎根于人才培养的根本使命,同时能够在各自的领域追求卓越、争创一流,这是国内外高校分类管理与评价实践的共同特点。从上海高校分类评价的实践效果看,高校对教与学的重视程度日渐提高,表明上海高校分类评价的定位基本上遵循了高等教育机构功能发挥的科学规律。

分类评价的主体,定位于充分发挥地方政府和高校主动性。分类评价的导向要将学校的建设和发展纳入区域重大战略,结合上海"四个中心"建设等重大工程、重大计划,主动明确对高校提出需求,更好服务地方经济社会发展。因此,地方政府和高校是分类管理、分类评价与分类发展的重要主体。地方政府对接区域重大战略,充分考虑周期性、过程性、效益性等目标因素,构建基于以评促建为导向的分类评价机制,实现教育统筹,以产出更多人才和成果。

分类评价的内容,定位在建设主体的成长性和建设的总体成效,通过进步程度、优秀率、投入产出绩效等指标予以体现。人才培养是高等院校的首要功能。坚持为党育人、为国育才,落实立德树人的根本任务,培养中国特色社会主义建设者和接班人,是高校回答"培养什么人、怎样培养人、为谁培养人"的根本遵循。在高校分类评价中,加大对涉及人才培养质量的指标设置和权重赋值,是落实习近平总书记在全国教育大会上"扭转不科学的教育评价导向,坚决克服教育评价'五唯'顽瘴痼疾"重要讲话精神的要求,也是推进高校坚持"以本为本",践行"四个回归"的重要体现。因此,在高校分类评价指标方面,要高度重视教学质量的评估。

对于高校的整体评价,可以有特色鲜明的分类指标体系,并明确每类评价的一流标准。上海的高峰高原学科建设、地方高水平大学建设都是遵循特色鲜明的分类指标体系,同时在分类评价遴选的原则下兼顾"一流"的标准。在高校分类评价的维度上,一是考虑按照人才培养主体功能来确定不同类型高校的评价标准;二是考虑综合性、多科性和特色性高校在评价指标体系上的差异和权重,形成各有侧重的评价指标和标准体系。

分类评价的方式,定位于"三结合",加强监测功能,减少评价频率。即强调学校自评和第三方评价相结合、定量评价和定性评价相结合、监测和评价相结合,在评价中,赋予高校充分的自主权,结合学校自评实行周期性、过程性、经济性、效率性、效益性的目标管理和目标考核。

同时,加强毕业生的学业目标达成度调查和雇主调查等第三方调查,体现不同类型学科人才培养过程与资源保障的成效导向。

第五章
上海高校分类评价的指标体系

  科学、合理的高校评价既能促进政府教育治理水平的提高,又能促进高校自身的内涵发展、特色发展。但不科学、片面的高校评价,也会对高校的改革和发展产生很大的负面影响,给高校教师和管理者带来很大的困扰,破坏良好教育生态,妨碍立德树人根本任务的全面落实,成为高校特色发展的拦路虎,不利于高校职能的充分发挥和教育目标的实现。教育评价涉及很多方面,包括评价主体、评价客体、评价指标体系、评价结果运用等,但其中最关键、最核心的是评价指标体系。

第一节 评价指标体系概述

指标体系是指由若干个反映事物本质特征和属性的既相对独立又相互联系的统计指标所组成的有机整体,通常由评价指标、指标权重和评价标准构成。构建指标体系就是将抽象的研究对象按照其本质属性和特征的若干方面分解成若干可观测、可操作的指标,并对指标赋予相应权重、明确指标评价标准的过程。构建评价指标体系是进行高校评价的前提和基础,也是评价高校整体办学水平和绩效的核心要素,对高校的改革和发展具有重要的导向作用。指标体系设计不当将导致错误的价值导向和管理缺失,设计科学、合理的指标体系是高校评价中的关键环节。

一、评价指标

评价指标是对评价活动内容或方面质的规定,它规定评价活动评什么、不评什么,是评价方案的核心部分。一般而言,评价指标有两种类型,一种是定量指标,另一种是定性指标。定量指标是一种具体的、可测量的、行为化的评价指标,是根据可测或可观察的要求而确定的评价内容。定量指标具有便于测量和定量处理、误差较小、信度较高的优点,但也存在设计困难、效度相对较低等缺点。同时,由于教育价值观念的多元,教育活动本身是极其复杂的,并不是所有的方面都可以用量化的指标直接表征,而这些方面对教育活动又可能是非常重要的,离开了这些方面的评价,教育评价就是不全面、不科学的,甚至可能对教育活动产生误导。这时就需要引入定性指标对这些缺陷加以弥补。定性指标是指不能直接量化而需通过间接途径实现量化的评估指标,定性指标往往是抽象的,不针对具体的外在行为表现,强调对事物的整体认知和把握。

如对难以做出定量评估的教育思想、教学态度等,一般可先进行模糊等级评价,然后再进行量化。定性指标具有易于制定、实用性强、效度高等优点,但也有误差较大、不易定量处理、易受评估者的主观因素影响等缺陷。除了目的比较单一的教育评价,如学生的学业水平评价外,一般教育评价都会兼采两种指标的优点而综合运用。

评价指标应该具有科学性、全面性、针对性和可操作性。所谓科学性,指的是指标必须反映事物的本质特征和属性,不能把反映事物非本质属性和特征的方面列为评价指标。所谓全面性,指的是指标必须反映事物的整体特征和属性,不能只反映某一方面或某些方面的特征和属性。教育是一种复杂的社会现象,高等教育因其高深学问的逻辑起点和承担职能的多样性而显得更加复杂。要反映不同类型高校职能发挥的整体情况,只使用少数指标往往是不够的,因为它只能反映某一或某些方面的本质属性和特征。如果片面地强调某一个或某些方面的指标,往往会产生错误的导向,因此,高校分类评价指标体系应该涵盖高等教育职能的所有方面,否则将不利于高校职能的全面发挥。所谓针对性就是要根据评价目的的不同,根据不同类型高校的发展目标,通过指标设定来引导、鼓励正确的发展方向,同时直面高等教育改革和发展过程中出现的种种不良倾向,通过指标设定等途径予以纠偏。前者如针对学术研究型高校建设世界一流大学的目标,设定"高水平论文发表"等指标;后者如针对应用研究型高校甚至应用技术型高校忽视本科教学等弊端,设定"本科教学质量保障体系"指标等。所谓可操作性指的是指标的内涵和外延必须明确,统计的时点和范围必须清晰,能够实际计量或测算。不能因为片面地追求理论解释上的完美,将过于抽象的分析概念或理论范畴引入指标体系,对一些虽然重要但现阶段还无法实际测定的指标也只能忍痛割爱。

为了突出评价指标的导向作用,在开展教育评价时往往会设定关键绩效指标(key performance indicator,简称为KPI),这些指标往往与学校目标定位和发展战略契合度高,在指标体系中居于核心地位,对学校改革和发展具有举足轻重的作用。对特别关键、突破法律法规底线的指标可设立"一票否决"制度,即如果该指标未完成,无论其他指标是否完成,均视为未完成预定目标。

评价指标的设计有三种方法可以选择。一是从内涵分析入手,抓住事物的本质属性,然后把这一属性的现象性外观表现确定为指标。二是从分析事物间的相互联系开始,抓住事物变化后产生的效应,把事物变化所产生的效应确定为指标。三是抓住事物的全部属性或相关属性,把因素群作为相关指标。相比而言,第一种方法最简捷、最有效,第三种方法最不经济。[1] 上海高校分类评价指标设计时主要采用了第一种方法。

伴随着高等教育从精英化到大众化再到普及化的快速转型,高等教育内涵发展引起了国家乃至社会各界的关注。那么什么是内涵式发展?内涵式发展是与偏重于数量和规模扩张的外延式发展相对而言的发展,它更加强调高等教育立德树人的本质属性,更加强调高等教育职能的全面发挥,更加尊重不同学校学科、专业之间的差异。为此,在设计上海高校分类评价指标的过程中,确定了三个基本原则,即突出中国特色,聚焦高校职能,体现学科专业特色(后文专题论述)。基于以上三个原则,列出与高等教育五大职能相关的指标60余个,请各高校从中找出最关键的指标,经过多轮次的汇总、分析,把一些非本质、非关键、不具操作性的指标剔除后,形成分类评价指标。

二、指标权重

在评价指标确定之后,就进入了各指标权重分配的阶段。权重是每项评价指标在指标体系中相对重要程度的表示形式,是一个相对的概念,是指标体系的重要组成部分。不同的评价指标,在判断评价对象达到预定目标程度的过程中,所起的作用是不相同的,因此在指标体系中所处的地位也不相同。为了使每项指标发挥其应有的作用,就要赋予不同的评价指标以不同的权重。如果说指标表明了哪些要素是有价值的,权重则表明这个价值到底有多大,权重在某种意义上表明了单个指标在指标集中的地位。

权重在指标体系中具有重要意义,权重的分配在某种程度上可以影响甚至改变评价的结果,因此,权重分配是否科学在某种程度上影响着评价活动本身的科学性。

对不同分类评价指标的赋值同样也会影响到高校分类评价的最终结果。因此,各高校都非常重视指标筛选和权重赋值,都广泛运用特尔斐法,邀请市内外高等教育管理和评价方面的专家,对不同指标的权重进行赋值,并在校内进行了广泛深入的研究和论

---

[1] 陈玉琨. 教育评价学[M]. 北京:人民教育出版社,1999:35-36.

证,最后经过学校党委会和校长办公会议决策后上报市教育行政部门。在收集到所有高校的指标权重后,教育行政部门对不同类型高校给出的指标权重进行加权处理后,再次运用特尔斐法,邀请市内外专家对每项指标的权重进行微调,最后形成指标权重。可以这么说,每一项指标权重都是同类型高校共同博弈的结果。也正因为所有高校都参与了博弈,高校对指标权重的认同度较高,对分类评价结果的认同度也比较高。

三、评价标准

评价标准是指对教育质量要求所作的具体规定,是人们在评价活动中应用于对象的价值尺度和界限。根据评价的标准,教育评价可以分为相对评价和绝对评价。相对评价是根据所要评价对象的整体状态确定评价标准,以被评价对象中的某一个或若干个为基准,通过把各个评价对象与基准进行对照比较,判定出每个被评价对象在这一集体中所处位置的一种评价方法。我国高等教育发展史上"211工程"建设高校、"985工程"建设高校评价和目前正在进行的"双一流"高校和"双一流"学科评价是相对评价的例子。相对评价的目的在于区分评价对象的相对优良程度,以便择优重点扶持和建设。相对评价标准是建立在同类对象的整体数据之上的,这个标准不是一成不变的,而会随着评价对象整体水平的变化而变化。高考是相对评价的绝好例子,每年高考的录取分数线都不是固定不变的,而是随着全体考生分数的变化而变化,高考录取的结果不取决于某个考生的绝对分数,而取决于这个考生分数在考生群体中的位序。

绝对评价是在被评价对象的整体之外,确定一个客观标准,将被评价对象与这个客观标准进行比较,以判断其达到标准程度的一种评价方法。绝对评价标准是既定的,不会随着评价对象整体水平的变化而变化。学生学业水平考试是绝对评价的例子,60分作为及格线是既定的,不会随着评价对象整体分数的提高而提高,也不会因为整体分数的降低而降低。如果所有的学生都达到了60分及以上,就可以说100%的学生都及格了。尽管在某些特殊的场合,可能有相当一部分学生都达不到这一水平,那也只能说他们不及格,而不能随意改变60分及格这个标准。

上海高校分类评价因为涉及在不同类型中择优扶持和重点建设的问题,在每种类型约 40 个三级指标中,就有超过 30 个指标采用了相对评价标准,即以同类高校中的最优者作为满分基准,其他高校与基准相比进行折算得分。以学术研究型高校评价指标为例,党对高校全面领导的落实情况、立德树人根本任务落实情况、本科生生均课程数、国家级精品开放课程数、师均科研经费、师均新增国家级科研项目数、教授为本科生授课比例、优势学科数、国家级教学成果奖获奖数、决策咨询报告采纳数等指标都采用相对评价标准。

与此同时,也有极少部分指标采用绝对评价标准,如生师比指标。生师比,是指按一定统计方法计算的在册学生数与在编教师数之比,是本科教学评估中用来衡量高校办学水平高低的重要指标。它在一定程度上体现了高校人力资源利用效率,也从一个侧面反映了高校的办学质量。生师比是高校办学过程中的一把双刃剑,过高不利于高等教育质量的提升,过低又造成资源浪费、效益低下。教育部在《普通高等学校基本办学条件指标(试行)》一文中,分综合、师范、民族院校,工科、农、林院校,医学院校,语言、财经、政法院校,体育院校,艺术院校六大类型,分别对本科院校生师比的合格标准做出了明确的规定,分别为 18、18、16、18、11、11,在具体本科教学评估的实践中,又在生师比合格标准的数值上减去 2,将其作为生师比"优秀"的标准。为了既给高校未来发展预留空间,又不至于浪费宝贵的人力资源,指标体系中分别将 16、16、14、16、9、9 设定为相应类型高校生师比"优秀"的绝对评价标准。

第二节　上海高校分类评价指标体系设计的基本原则

大学从来不是脱离社会而孤立存在的,其产生和发展离不开一国的历史文化传统、社会发展需要和客观现实条件。"文艺复兴让欧洲人的理性精神开始摆脱中世纪的蒙昧和神学的羁绊,在此基础上首先在意大利,随后在法国、英国、荷兰等地诞生了博洛尼亚、巴黎、牛津等近代大学;德国洪堡倡导的研究型大学的出现,与德意志民族统一和德国的崛起密切相关;美国大学的异军突起,也与美国在20世纪的崛起及其世界霸权相辅相成。"[1]可以这么说,不同的历史文化传统和社会现实需要造就了不同国家的高等教育形态,因此,对不同国家高等教育进行评价时也需要遵循不同的评价原则。上海高校分类评价遵循的基本原则主要有三个,即突出中国特色、聚焦高校职能、体现学科专业特色。

一、突出中国特色

高等教育发展水平是一个国家发展水平和发展潜力的重要标志。实现中华民族伟大复兴,教育的地位和作用不可忽视。我国有独特的历史、独特的文化、独特的国情,决定了我国必须走自己的高等教育发展道路,扎实办好中国特色社会主义高校。2018年9月,习近平总书记在全国教育大会上,提出了"教育是国之大计、党之大计"的重要论断,把教育摆在了前所未有的战略地位,把教育与国家的前途命运、党的前途命运紧紧联系在一起。这是对新中国70多年来教育改革发展经验的深刻总结,丰富和发展了中国特色社会主义教育理论,为新时代中国高等教育教育发展指明了方向,提供了根本遵循,必须始终牢牢坚持。

坚持中国特色社会主义高等教育发展道路,就不能按照外国人的做法,亦步亦趋,依葫芦画瓢,否则就永远只能是缺少自己灵魂的追随者。那么,什么是中国特色社会主义高等教育发展道路? 2018年9月10日,习近平总书记在全国教育大会上,对中国特色社会主义教育改革发展提出了"九个坚持"的要求,即"坚持党对教育事业的全面领导,坚持把立德树人作为根本任务,坚持优先发展教育事业,坚持社会主义办学方向,坚持扎根中国大地办教育,坚持以人民为中心发展教育,坚持深化教育改革创新,坚持把服务中华民族伟大复兴作为教育的重要使命,坚持把教师队伍建设作为基础工作"。这是对中国特色社会主义发展道路最权威的阐述,在"九个坚持"中居于核心和统领地位是"坚持党对教育事业的全面领导,坚持把立德树人作为根本任务,坚持社会

---

[1] 韩震.扎根中国大地办世界一流大学[N].光明日报,2016-12-13(13).

主义办学方向"。

中国特色高等教育的内涵是多维度的。首先,中国特色社会主义高等教育是在党的全面领导下的高等教育,因为中国特色社会主义最本质的特征是中国共产党领导,中国特色社会主义制度的最大优势也是中国共产党领导。党政军民学,东西南北中,党是领导一切的,是最高政治领导力量。党的十九大把"坚持党对一切工作的领导"作为新时代坚持和发展中国特色社会主义基本方略的第一条,并将其写入党章。加强党对教育工作的全面领导,是办好教育的根本保证,关乎教育的性质,关乎教育的兴衰成败。坚持党对高校的全面领导,就要坚决落实好党委领导下的校长负责制,坚持高校党委的领导核心地位,牢牢把握党委对高校的领导权,将党的领导贯穿办学治校全过程,保证党委履行党章等规定的各项职责,把握学校发展方向,决定学校重大问题,监督重大决议执行,保证以人才培养为中心的各项任务完成。同时,建立健全党委统一领导、党政分工合作、协调运行的工作机制,保证校长依法独立负责地行使职权。

其次,中国特色社会主义高等教育是坚持立德树人、培养社会主义事业建设者和接班人的教育。教育在本质上是一种培养人的社会活动,"培养什么人"是教育的首要问题。每个国家、每一个政党都是按照自己的政治要求来培养人,古今中外无一例外。我国宪法规定,中国是工人阶级领导的、以工农联盟为基础的人民民主专政的社会主义国家,社会主义制度是中华人民共和国的根本制度。在全国教育大会上,习近平总书记强调,我国是中国共产党领导的社会主义国家,这就决定了教育必须把培养社会主义建设者和接班人作为根本任务,培养一代又一代拥护中国共产党领导和社会主义制度、立志为中国特色社会主义奋斗终生的有用人才;并强调要把立德树人融入思想道德教育、文化知识教育、社会实践教育各环节,学科体系、教学体系、教材体系、管理体系要围绕这个目标来设计,教师要围绕这个目标来教,学生要围绕这个目标来学,凡是不利于实现这个目标的做法都要坚决改过来。

基于以上认识,在研制高校分类评价指标时,特别单列了"党对高校全面领导的落实情况、立德树人根本任务的落实情况(含文化传承创新的落实情况)"两个定性指标,并赋予最高的权重,使其成为评价高校办学质量和水平的关键核心指标。

二、聚焦高校职能

自 1088 年世界上第一所大学——意大利博洛尼亚大学诞生以来，历经近千年沧桑，几乎所有的社会机构、社会组织都发生了革命性变化，唯有教会和大学的组织形态基本保持稳定。当然，随着大学走出"象牙之塔"，从社会的边缘走向了社会的中心，高等教育从精英高等教育阶段迈入了大众化高等教育甚至普及化高等教育阶段，大学的职能也不可避免地发生了重大变化。

人才培养是高校最古老的职能，甚至在相当长的一段时间内被认为是大学的唯一职能。英国著名教育家约翰·亨利·纽曼（Jonh Henry Newman）认为，大学是学者、教师和学生共同追求真理的社区，其唯一功能是通过教学培养人才，大学的基本功能应定位于教学而非科研，教学与科研应该截然分开，科研不应该在大学进行，而应由国家建立专门的科研机构来承担。"我对大学的看法如下：它是一个传授知识的场所。这意味着，一方面，大学的目的是理智的而非道德的；另一方面，它以传播和推广知识而非扩增知识为目的。"[1]纽曼对大学功能的认识虽然是片面的，但不可否认的事实是，不管大学怎么变化，培养人才始终是大学的基本的和第一的功能。"从最早的博洛尼亚大学到巴黎大学，再到牛津大学和剑桥大学，回顾这些大学的发展史，不管是培养能力，还是探索规律，都是要培养传承真理的人——这既是高等教育发展的基本思路，也是它的主要功能之一。"[2]

19 世纪初，德国著名教育家威廉·冯·洪堡（Wilhelm von Humboldt）摒弃了传统大学将知识传授作为大学主要功能甚至唯一功能的观念，将科学研究置于首要地位。他认为："大学的任务应是科学研究与教学的统一，既传授知识，亦从事科学研究；大学教师不仅能进行教学活动，还应具备从事科学研究、推动科学进步的能力，大学生则应

---

[1] [英]约翰·亨利·纽曼.大学的理念[M].杨慧林，金莉，译.北京：中国人民大学出版社，2012：Ⅰ.
[2] 袁振国.排行榜重"指标"，大学育人功能如何提升[N].文汇报，2017-05-19(6).

在教师的指导下参加教师所进行的科研工作,同时接受系统的专业理论知识。"[1]他秉持"大学自治、学术自由、教学与科研相结合"三大原则,建立了以柏林大学为代表的新大学,科学研究第一次成为大学职能,知识创新和发现成为现代大学的重要任务之一。洪堡的办学思想和柏林大学的创建,使德国高等教育率先走出了欧洲高等教育危机,不仅影响着欧洲高等教育近代化,而且成为世界各地群起效仿的典范。如美国吸取了德国改革的经验,诞生了霍普金斯、普林斯顿、哈佛、耶鲁等一批世界级研究型大学。

高校服务社会思想的诞生源于美国19世纪促进西部农业发展的需要。美国著名高等教育专家克拉克·科尔(Clark Kerr)认为"公共服务的概念始于美国的赠地学院运动"。1784—1787年联邦政府连续颁布了三大土地法案,以优惠的土地政策吸引大批移民西迁。随着"西进运动"的推进,耕种面积不断扩大,迫切需要大量懂得实用农业技术的农业劳动力。1862年,美国颁布了《莫里尔法案》,规定联邦政府依照每州国会议员人数,按3万英亩/人的标准拨给各州联邦土地,并将这些赠地所得的收益在每州至少资助开办一所农工学院(又称"赠地学院"),主要讲授有关农业和机械技艺方面的知识,为工农业的发展培养所需的专门人才。法案实施后,联邦政府共拨地1743万英亩用于赠地学院的建设,截至1922年,美国共建立了69所赠地学院。其中有28个州单独设置了农工学院,其余的州将土地拨给已有的州立学院成立州大学或在州立大学内添设农工学院。1904年,范·海斯(Charles R. Van Hise)出任威斯康星大学校长,他在就职典礼发表了"为州服务"(service to the state)的主旨演讲,明确提出威斯康星大学是一个为州服务的机构,应该为威斯康星州的改革目标服务,成为全州所有人的大学,州的边界就是大学校园的边界。由此,世界高等教育的职能从教学、科研扩展到社会服务,形成了高等教育的三大职能。

2011年4月,胡锦涛同志在清华大学百年校庆大会上提出:"不断提高质量,是高等教育的生命线,必须始终贯穿高等学校人才培养、科学研究、社会服务、文化传承创新各项工作之中。"把文化传承创新与大学传统的三大功能并列提出,这既是对大学职能的新拓展,也是对教育发展规律的新认识。教育的根本职能是对文化的继承和传播。受教育者在接受一种教育的时候,就是在接受一种文化。作为教育的最高层次,

---

[1] 顾明远.教育大词典(外国教育史)[M].上海:上海教育出版社,1991:249.

高等教育不仅具有承传文化的职能(培养人才),还应具有发展文化的职能。

2017年,中共中央国务院《关于加强和改进新形势下高校思想政治工作的意见》,将"国际交流合作"与"人才培养、科学研究、社会服务、文化传承创新"并列为高校的重要使命,也可以将其理解为中国特色社会主义高等教育的第五项职能。随着经济全球化和高等教育国际化的全面推进,世界各国越来越清醒地认识到,高等教育的发展越来越依赖于自身的开放程度,高等教育国际化已经成为衡量一个国家在国际化社会中教育发达程度的一个重要标志,国际合作与交流成为高校的重要职能之一。纵观世界高等教育发展的历史,加强国际文化交流与合作是建设世界一流大学的必由之路,也是世界一流大学的基本特征。哈佛、斯坦福、麻省理工、加州伯克利、牛津、剑桥之所以成为世界一流大学,与其高度重视国际合作与交流密不可分,全方位、深层次、多形式的国际合作与交流,不仅极大地增强了这些学校的综合办学实力,而且使它们在世界范围内赢得了良好声誉,使其成为举世公认的世界一流大学。

高校的五大功能是一个有机的整体,任何有意或无意地单独强调某一方面的功能的做法都是狭隘和有害的。因此,在高校分类评价指标设计中,高校的五大功能都必须在指标中有所体现,缺一不可。在高校五大功能中,居于核心地位是人才培养功能,科学研究、社会服务、文化传承创新、国际合作与交流都应该围绕人才培养来展开,不能脱离人才培养。据此,分类评价指标中反映人才培养功能的指标和权重都应该处于核心地位。当然,尽管从总体上来说高校的职能是相同的,但在不同类型高校,其职能的具体内涵是有差异的,不能一概而论。

三、体现学科专业特色

如何评价高校办学质量和绩效是一个世界难题,国内外从来没有一个评价及其标准能够获得大家的一致认可。目前世界上知名度比较高的高校评价主要有《美国新闻与世界报道》的世界大学排名、上海交通大学的世界大学学术排名、英国 Quacquarelli Symonds(QS)的世界大学排名及《泰晤士报》的世界大学排名等。这些大学排行榜在指标体系设计上各具特色,在一定程度上满足了社会公众对高等教育的知情权。但它们有一个共同的缺陷就是"用同一把尺子衡量所有高校",即对所有的学校评价指标都是一样的,而这也往往成为高等教育理论界和实践层面共同诟病之处。在高等教育进入普及化阶段的今天,社会、学生对高等教育的需求日益多元,高校办学基础、目标定位、学科专业差异很大,高校分类发展、特色发展已经成为必然趋势,如果仍然用一把尺子来衡量所有的高校显然是不科学,也不可取的。

上海现有高校60余所,虽然在总量上看并不多,但类型各异,不同类型高校之间差异很大。即使是同一类型的高校,在办学历史、办学规模、学科专业等方面也存在很大的差异。比如,同样是学术研究型高校,在办学历史上,既有复旦大学、上海交通大学等办学历史悠久的百年老校,也有上海科技大学、上海纽约大学等办学历史十年左右的新建高校;在办学规模上,复旦大学、上海交通大学都是专任教师3 000多人、学生规模数4万—5万人的巨型研究型高校,而上海科技大学和上海纽约大学则是专任教师规模只有数百人、学生规模只有数千人的小规模研究型高校;在学科专业分布上,复旦大学和上海交通大学学科专业门类齐全,其中复旦大学覆盖了哲学、经济学、法学、教育学、文学、历史学、理学、工学、医学、管理学、艺术学等11个学科门类,拥有一级学科博士学位授权点37个,设有本科专业76个;上海交通大学涵盖经济学、法学、文学、理学、工学、农学、医学、管理学和艺术等9个学科门类,拥有42个一级学科博士点,设有本科专业67个。而上海科技大学和上海纽约大学只覆盖了文学、理学、工学、管理学等少数学科,专业数量较少,设有10个左右的本科专业;上海科技大学只有1个一级学科博士点,上海纽约大学本部尚无博士点,目前依托美国纽约大学开设了8个博士研究生专业。

在应用研究型、应用技术型、应用技能型高校中,也同样存在较大的差异。比如,在应用技术型高校中,在办学历史上,既有上海电力大学、上海工程技术大学等办学历史较长的本科院校,也有上海兴伟学院等办学历史较短的新升格本科院校;在办学规模上,上海工程技术大学专任教师有1 400多人、学生规模数逾2万人,而上海兴伟学院则是在校学生数(2021年)不足200人的小型学院;在学科专业分布上,上海工程技术大学有9个一级学科硕士点,设有62个本科专业;上海兴伟学院无硕士学位授权点,只设有5个左右的本科专业。

高校分类评价虽然是综合评价,需要对高校人才培养、科学研究、社会服务、国际合作与交流、文化传承与创新五大职能的发挥情况进行整体判断,但这不等于可以忽视高校学科专业之间的差异。如果评价指标过于共性化,缺乏必要的个性化指标,既无法准确反映当前学校发展的现状,更可能会导致学校办学模式的趋同化,导致千校一面,没有特色。

为了在反映整体共性的同时,更好地突出个性,鼓励高校特色发展、内涵发展,在研制分类评价指标时采取了三个策略:一是单设"办学特色"三级指标,且赋予三级指标中最高的权重10。在具体评价时,引导学校以案例的形式,展现自身在人才培养、科学研究、社会服务、国际合作与交流等方面的办学特色,一方面鼓励学校结合实际工作,不断总结提炼自身特色,另一方面,又引导学校把特色做到实处,避免出现空谈特色的现象。二是设置个性化评价标准。如对"博士学位专任教师占比"这个三级指标,根据国内外不同学科博士学位授权点设置和上海高校的实际情况,对综合类、体育类、艺术高校分别设置了85%、50%、30%的满分标准,这样既给不同类型的学校留下了未来的发展空间,又保证了同一类型中不同高校之间的可比性。三是设置权重可选指标。即在保持二级指标权重不变的基础上,允许学校根据自身的实际情况,选择不同的三级指标权重。比如,在学术研究型和应用研究型两种类型的评价指标中,"社会服务"这个二级指标的权重总分都是"6"分,但在"技术转让当年实际收入""决策咨询报告采纳数"两个三级指标中,分别设置了"3分/3分""2分/4分""4分/2分"三组权重供高校选择。这种设置较好地满足了不同学科专业类型高校的实际需要,也更能体现这些高校的办学特色。

第三节 指标体系产生的过程

分类评价指标体系的研制是一项复杂的系统工程,需要政策的指引,需要实践经验的借鉴,也需要广集众智,反映各方利益诉求。只有这样,才能使分类评价指标既与现有政策保持一致,符合高等教育改革和发展方向,又能得到各方的共同认可和接受,从而保证分类评价工作的顺利实施。上海高校分类评价指标体系的研制经历了多轮次研究先行、民主公开、多方博弈等过程。

一、研究先行：夯实指标体系研制的政策依据和实践基础

上海市人民政府教育督导委员会办公室组织有关专家对现行涉及高校分类管理的文件进行了梳理，其中国家层面文件8个、市级层面文件5个，共13个文件中明确提到要推进高校分类管理工作。

在国家层面，早在1993年，中共中央、国务院颁布的《中国教育改革和发展纲要》就提出，要"制订高等学校分类标准和相应的政策措施，使各种类型的学校合理分工，在各自的层次上办出特色"。"为了迎接世界新技术革命的挑战，要集中中央和地方等各方面的力量办好100所左右重点大学和一批重点学科、专业，力争在下世纪初，有一批高等学校和学科、专业，在教育质量、科学研究和管理方面，达到世界较高水平。"在高等教育整体基础比较薄弱的情况下，为了尽快缩小我国与发达国家高等教育水平之间的差距，国家决定对部分基础较好、水平较高的高校进行重点建设，并由此启动了"211工程"建设，可见，当时的分类标准是区分"重点建设"和"非重点建设"两种类型。之后启动的"985工程"建设，基本上也是沿用这一思路。通过重点建设，尤其是"985工程"建设，从根本上提高了我国高等教育的整体水平和国际竞争力，缩小了与世界一流大学的差距，有力地推动了科教兴国和人才强国战略的实施。具体表现为："人才质量获得国际认可，培养了一批高质量、高层次的优秀人才；队伍建设跃上新的台阶，汇聚了一批国际水准的学术大师和中青年学者；自主创新能力快速提升，产出了一批代表国家水平的重大科研成果；科技创新平台建设成效显著，承担了一批国家重大科研任务；促进哲学社会科学繁荣，完成了一批有价值的政府咨询报告和政策建议；重点建设模式日趋成熟，引领了众多国家和地区的重点建设计划。"[1]但与此同时，不同类

---

[1] 学位管理与研究生教育司."985工程"十年建设成效[EB/OL].[2011-12-30] http://www.moe.gov.cn/s78/A22/xwb_left/moe_843/201112/t20111230_128827.html.

型高校之间身份固化,"马太效应"日益显现,高校之间的差距不断扩大,高等教育公平竞争的生态遭到破坏,并由此在社会上产生了"院校歧视",导致高等教育社会流动功能的弱化。"如果评价导致分类固化、阶层固化、声望固化,削弱了大学和学术的竞争,结果会非常不利于高校的特色发展,这一点是要防止的。"[1]据此,中央全面深化改革领导小组会议于2015年8月审议通过《统筹推进世界一流大学和一流学科建设总体方案》,决定统筹推进建设世界一流大学和一流学科。2017年1月,教育部、财政部、国家发展和改革委员会印发《统筹推进世界一流大学和一流学科建设实施办法(暂行)》,将"211工程""985工程"及"优势学科创新平台"等重点建设项目,统一纳入世界一流大学和一流学科建设。这一变化的实质是弱化院校的层次分类,强化了学科的层次分类,而且每五年一轮,滚动淘汰,不搞终身制,这给了一部分"双非"高校(非"211工程"高校、非"985工程"高校)的强势、特色学科发展的空间,给了它们脱颖而出的机会,无疑是一种进步。但不管是"211工程""985工程"还是"双一流"建设工程,都只是涉及少部分高校,如何促进大多数高校的特色发展,迫切需要新的分类管理的思路和举措。为此,国家在政策层面做出了一系列制度设计,为高等教育分类改革和发展指明了方向。《国家中长期教育改革和发展规划纲要(2010—2020年)》强调"建立高校分类体系,实行分类管理。发挥政策指导和资源配置的作用,引导高校合理定位,克服同质化倾向"。《国民经济和社会发展第十三个五年规划纲要》提出"推进高等教育分类管理和高等学校综合改革,建立分类管理、差异化扶持的政策体系"。《国家教育事业发展"十三五"规划》提出要"推进高等教育分类发展、合理布局"。中央全面深化改革领导小组审议通过的《关于深化教育体制机制改革的意见》强调,要"研究制定高等学校分类设置标准,制定分类管理办法,促进高等学校科学定位、差异化发展"。

为了落实上述相关文件精神,在《上海市教育综合改革方案(2014—2020年)》确定的十大领域52项具体改革任务中第一项就是"建立基于战略规划的市级统筹机制。明确上海高等教育中长期发展目标和定位,合理调整高校数量、规模、层次和类型,作为政府对高校中长期投入和评价的重要依据"。并先后出台了《上海高等教育布局结构与发展规划(2015—2030年)》等一系列与高等教育改革和发展相关的规划。上海

---

[1] 朱永新,袁振国,马国川.重构教育评价体系[M].太原:山西教育出版社,2019:(22).

教育综合改革的第二项具体任务是"建立健全高校分类管理体系。构建高校二维分类标准体系。引导每所高校明确在二维分类体系中的办学定位,坚持特色办学,在各自领域和类型中追求卓越、争创一流"。国家和上海层面的重要政策制度安排,为上海市加快实施高校分类管理工作提供了依据。

同时,研究兄弟省市高校分类评价的具体实践。在国家层面相关政策的引导下,部分省市在推动高等教育分类发展方面都进行了许多有益的探索和实践,浙江、广东、云南、河南等省份都是省政府层面出台推动高等教育发展的意见,省教育厅出台分类评价管理或考核办法。

在对兄弟省市高校分类评价进行广泛调研的同时,上海市教委专门组织包括发展改革委等政府部门、教育研究专家和高校代表组成的考察团,对美国加州高等教育规划的文本内容、研制过程、实施机制进行了系统的考察和研究。国内外高等教育分类管理和评价的具体实践为上海高校分类评价提供了有益的借鉴和参考。

二、民主公开:充分听取相关方意见建议

上海市人民政府教育督导室自2017年2月启动上海高校分类评价指标体系研制工作以来,在前期研究成果的基础上,先后召开了百余次会议推动此项工作。其中处室相关会议二十余次,各种类型高校代表相关会议二十余次,其他工作会议约70次。在此基础上,于2017年5月形成了高校分类评价指标体系,之后开始征求各方意见,对指标体系进行修改完善。

首先,是充分听取高校的意见。分别于2017年6月和12月,两轮次在全市所有高校进行了全覆盖式的意见征集。两次征集到高校意见近400条,其中第一次约300条,第二次约100条。高校的积极参与充分表明了高校对分类评价指标研制的高度重视,第二次意见数量明显减少也表明高校对指标的认可度在不断提高,共识逐步形成。意见征集后,根据学术研究、应用研究、应用技术和应用技能四种类型,分门别类地进行了汇总,对高校的意见进行了逐条分析。之后,又分七个批次与二十多个对分类评价指标高度重视、意见比较集中的高校进行了面对面的交流和沟通。本着"持之有据,

尽量采纳"的原则,采纳了其中80％以上的意见和建议,对无法采纳的意见和建议都通过多种形式说明不能采纳的理由和依据。

比如,有学术研究型高校提出,因为同类型高校规模差异很大,为提高不同规模高校之间的可比性,建议尽可能采用"占比指标""人均指标"。为此,在体现教育国际化水平时采用了"在校学历教育国际学生占比"指标,在反映教师科研水平和能力时,采用了"师均科研经费""师均新增国家级科研项目数"等指标。在应用研究型高校科研评价指标中,原来设有"科技经费拨入总额与专任教师和研究与发展全时人员数的比值"这个指标,在征求高校意见的过程中,除理工类高校外,有多所高校都提出"现在关于项目的拨款与评价参考的是《普通高等学校科技统计年报(人文社科类)/(理工农医类)》的规定,不完全合理。没有充分考虑人文社科专业在科研项目方面的独特贡献,应考虑分类评价或者依照人均项目数量或者人均完成项目数量进行评价",据此,将此项指标修改为"师均科研经费"和"师均新增省部级及以上科研项目数"两个三级指标,兼顾了理工农医类高校和人文社科类高校的平衡。又如,有应用技术型高校提出该类型高校教授人数相对较少,如果像学术研究型和应用研究型高校一样,只采用"教授为本科生授课比例",无法反映学校对教学的真实重视程度,建议将原来"教授为本科生授课比例"改为"教授、副教授为本科生授课比例"。对此建议予以完全采纳,并同时根据应用技能型高校的特点,将相关指标修改为"高级职称人员、技术技能大师为学生授课比例"。对应用技能型高校,原来设有"生均公开发表论文数"这个三级指标,在征求意见的过程中,有高校提出"高职院校培养目标,不能以公开发表论文作为导向,这一指标设计与培养高素质技能型人才的应用技能型院校培养目标不一致。从实际情况来看,高职院校几乎没有学生能公开发表论文,这一指标设计失去了相应价值"。据此,删除了该指标。同样,针对应用技术型高校设置了"学生重要奖项数",在原来的内涵解释中是指"由教育部高教司、学位与研究生教育发展中心、全国研究生教育学会及各学科专业委员会(含全国专业学位教育指导委员会)以及部分国际学术组织发起或组织的各类竞赛等",在征求意见的过程中,有高校提出,因为高职高专院校的管理部门不是教育部高教司、学位与研究生教育发展中心等,建议改为"由教育部职业教育与成人教育司、各行业职业教育教学指导委员会以及部分国际学术组织发起或组织的各类竞赛等"。对此意见,予以完全采纳。

其次，听取委办局和科研院所的意见和建议，包括市发展改革委员会、市财政局、市人力资源与社会保障、市编办、中共上海市教育卫生工作党委和市教委、市教育科学研究院的意见。其中市教育卫生工作党委和市教委征求意见十余轮次，十八个相关职能处室参与了分类评价指标的研制和修改。其他委办局征求意见2轮次。对委办局提出的意见，只要持之有据，也是能采尽采。比如，在"生师比"这个指标中，原来的评价标准是同类型高校中生师比最低者为最优，其他高校根据与最优高校的占比计算分值。在征求意见过程中，市人力资源与社会保障、市编办提出，这个评价标准会引导高校过分追求编制数量、盲目进人，也无法真正体现办学绩效。完全采纳意见后，将评价标准修改为以教育部本科教学水平评估中生师比"优秀"者为最优。

最后，是向市领导专题汇报，并根据领导指示进行修改。在此过程中，市领导高度重视，先后四次召开市政府专题会议，专门讨论分类评价指标研制工作，并就如何做好分类评价指标研制工作做出具体批示："高校分类评价需要各高校来实施落实，要统一高校思想，请市教委反复听取各类高校意见。""高校分类管理涉及人、财、物等资源保障和政策支持，高校类型不同，关键资源的支撑也要有所不同，这些在编制过程中也要逐步清晰，下阶段要征求横向部门，如发改、财政、人保等部门意见。""要主动摊开指标，充分听取与高等教育密切相关一些部门的意见，如发改、财政、人保、编办等。""要开门听意见，征求所有高校书记和校长的意见，认真讨论，统一认识。"根据市领导的批示，如前所述，进行了大范围的意见征集工作，并据此对指标体系进行了多轮次修改完善。

根据市领导"指标要有针对性，针对高校教育教学中存在的现实问题，以问题为导向，提出解决现实问题的指标"的批示，针对性地提出了部分指标。如，针对高校党的领导尤其是二级学院党的领导弱化、对立德树人重视不够的现象，设置了"坚持党对高校全面领导的落实情况""立德树人根本任务落实情况"两个三级指标，且赋予较高的权重；针对高校发展同质化的现象，设置了"办学特色"等体现特色的指标，使其成为高校分类评价的KPI；针对普遍存在的重科研轻教学的现象，设置了大量的与人才培养相关的指标，如"教授为本科生授课比例""生均课程数""生均精品课程数""教学成果奖获奖数""教学质量保障体系"等系列教学指标，强化教学在分类评价工作的重要地位;针对高校重外延轻内涵的倾向,在量化指标中设置了大量人均指标,如"师均科研经费""师均新增国家级科研项目数""师均高水平论文数"等。

为最大程度上凝聚高校共识,在2017年和2018年几次高校党政负责干部会议上,高校分类评价都是重要议题之一,在2018年秋季高校党政干部会上更是把分类评价当作唯一的主题,进行了专题研讨。在历次会议上,市委、市政府分管领导都多次强调了高校分类评价对推动上海高校特色发展、内涵发展,推动上海教育治理体系和治理能力现代化的重要意义,强调高校分类评价结果将与资源配置、高校党政领导绩效考核挂钩。

2018年5月25日,上海市教育综合改革领导小组第50次专题会议审议并原则通过了《关于深入推进上海高校分类管理评价 促进高等教育内涵式发展的指导意见》。8月8日,市委组织部、中共上海市教育卫生工作党委、市教委、市发展改革委、市财政局、市人力资源和社会保障局六个委办局联合下发了高校分类评价的该文件。至此,分类评价指标研制工作告一段落。

三、多方博弈:第四代教育评价理论的成功实践

教育评价发展至今已经历经四代,前三代分别以测量、描述、价值判断为标志。与前三代教育评价理论相比,第四代评价理论更加重视评价过程中对不同利益群体的价值差异进行协调,并视之为评价工作的关键问题,认为评价结果在很大程度上取决于所有参与评价者的意见一致性程度如何。人们认为第四代评价理论比以前任何一种都更切合实际。上海高校分类评价是第四代教育评价理论的成功实践。具体表现为,在指标设计、权重分配、评分标准设置以及实施评价的过程中,都广泛征求了分类评价利益相关方的意见,让其都充分表达了各自的利益诉求,包括市委市政府相关委办局、全体高校、教育研究机构、教育评估专业机构、校外专家、高校毕业生、企事业用人单位等。指标设计、权重分配、评分标准设置时各方参与情况前文已有充分表述,不赘述。以分类评价具体实施为例,一是所有高校都积极参与开展自评;二是组织相关委办局根据日常管理工作情况和指标完成情况,对部分定性指标进行评价;三是由专业教育

督导评估机构组织包括市内外专家在内的专家组,根据评估机构整理的材料,对部分指标进行评价;四是开展了毕业生对学校教育教学质量满意度调查;五是开展了企事业单位对各高校毕业生满意度的调查;最后,评价结论反馈给所有高校和相关委办局。可以这么说,整个分类评价过程,是一个多方、多轮次共同参与的"心理构建过程"。也正因为如此,分类评价的结果得到了各方的认可,分类评价的导向作用日益显现。

第四节 指标体系的构成

上海高校分类评价指标是上海高校分类评价的核心要素和分类管理的重要抓手,对上海高校的改革和发展具有重要的导向作用。上海高校分类评价指标包含学术研究型、应用研究型、应用技术型和应用技能型四种类型,每一种类型都由一级指标、二级指标和三级指标及上百个观测点构成。根据高等教育形势发展变化情况,指标体系整体保持稳定,局部不断迭代优化。本文介绍的指标体系是2018年公布的《上海高校分类评价指标(试行)》。

一、指标内涵与解读

《上海高校分类评价指标(试行)》(以下简称《评价指标》)设计了学术研究型(附表1)、应用研究型(附表2)、应用技术型(附表3)和应用技能型(附表4)四种类型的高校评价指标。评价指标由三级指标体系组成,含有4个一级指标、13个二级指标、40个左右三级指标。4个一级指标分别是"办学方向与管理水平""办学条件与资源""办学质量与水平""办学声誉与特色"。"办学方向与管理水平"下设"办学方向""管理水平"

2个二级指标,"办学条件与资源"下设"师资队伍""教学资源""支撑平台""科研项目"4个二级指标,"办学质量与水平"下设"学生发展""学科专业""创新成果""国际交流""社会服务"等5个二级指标,"办学声誉与特色"下设"办学声誉""办学特色"等2个二级指标。不同类型的评价指标,其三级指标数量和内涵均有所区别。学术研究型、应用研究型、应用技术型和应用技能型高校评价指标的三级指标数量分别为37个、38个、42个和38个。

四种类型评价指标中有15个相同的三级指标,分别是"党对高校全面领导的落实情况""立德树人根本任务的落实情况""文化传承创新的落实情况""规划管理水平""教学质量保障水平""财务管理水平""生师比""生均图书流通量、生均电子资源访问量""创新创业示范基地数""师均科研经费""学生国(境)外学习、实习占比""技术转让当年实际收入""毕业生满意度""社会捐赠收入占比""办学特色"。这体现了不同类型高校在落实高等教育人才培养、科学研究、社会服务、文化传承与创新、国际合作与交流上有共同的要求。

学术研究型和应用研究型高校以培养研究型人才为主,在办学功能上有相近的评价要求。因此,学术研究型和应用研究型评价指标设有26个完全相同的三级指标,约占各自指标总数的2/3。如师资队伍建设上,两种类型的评价指标均强调教师的博士学位比例("博士学位专任教师占比")和国(境)外学习工作经历["具有国(境)外学习工作经历的专任教师占比"]。在人才培养上,均强调课程数("本科生生均课程数")和教授为本科生授课("教授为本科生授课比例")。但由于人才培养的根本目标不同,两类高校的评价要求也有明显差异。学术研究型高校以培养学术研究人才为主,在部分指标的选择上,倾向采用国家级的高水平办学指标。例如,教学、科研、实验平台("国家级教学、科研、实验平台数")、科研项目("师均新增国家级科研项目数")、学生获奖("学生获国家级奖项数")、科研奖项("获国家级科研奖项数")等指标均明确指明仅统计国家级。少数指标采用国际上可比较的观测点,例如"高层次人才数"包含了汤森路透公司发布的"全球高被引科学家"。应用研究型高校以培养应用研究与开发的人才为重点,在指标的选择上,涵盖了省部级的办学指标,例如教学、科研、实验平台("省部级及以上教学、科研、实验平台数")、科研项目("师均新增省部级及以上科研项目数")、学生获奖("学生获省部级及以上奖项数")、科研奖项("获省部级及以上科研奖项数")等指标均包含省部级观测点。

应用技术型和应用技能型高校均以培养实践型人才为主,在办学功能上有相近的评价要求。因此,应用技术型和应用技能型高校评价指标设有28个完全相同的指标,约占各自三级指标总数的2/3。如在师资队伍上,均强调双师型教师("双师型专任教师占比")、从企业聘请一线人员当教师("企业兼职教师占比")以及教师参加企业实践("专业教师人均企业实践时间")。科学研究上,均强调承担来自行业和企业的项目("师均企事业单位委托项目数")。但由于人才培养的根本目标不同,两种类型高校的评价要求也有明显差异。应用技术型高校以培养专门知识和技术应用人才为主,部分指标设计上强调知识传授的质量,如对教材的要求是规划教材、精品教材("省部级及以上规划教材、精品教材数"),授课教师("教授、副教授为本科生授课比例")上强调教授、副教授上课。应用技能型高校主要培养操作性专业技能人才,因此指标设计上更注重与企业对技能型人才需求相结合。如对教材的要求是校企合作("公开出版的校企合作教材数"),授课教师上除了高级职称人员外,同时技术技能大师同样受到重视("高级职称人员、技术技能大师为学生授课比例")。

应用研究型和应用技术型评价指标有28个完全相同的三级指标,约占各自三级指标总数的2/3。如在教学资源上,均强调"省部级及以上精品课程数""省部级及以上规划教材、精品教材数"。在创新成果上,均强调"教学成果奖获奖数""获省部级及以上科研奖项数"。但由于应用研究型和应用技术型高校人才培养目标不同,两种类型高校的评价要求有明显差异。应用研究型高校更加重视学科专业和教师的学术水平。如关注教师的学位结构("博士学位专任教师占比"),将知名社会第三方学术评价机构认定的人才作为高层次人才("高层次人才数")的观测点之一。与应用研究型评价指标相比,应用技术型高校评价指标更注重与工作实践相结合。如将"职业技术界比较公认的人才,包括国家级和省部级技术技能大师、教育部职业教育指导委员会主任委员和委员"作为"高层次人才数"的观测点之一。对教师的学位结构不做观测,而注重教师的来源结构("企业兼职教师占比")和企业实践时间("专业教师人均企业实践时间")。

上海高校分类评价聚焦高校人才培养、科学研究、社会服务、文化传承与创新、国际合作与交流五大功能,这直观地体现在指标评价的设置中。

在高校五大功能中,居于核心地位是人才培养功能。因此,反映人才培养的相关指标及其权重在评价指标中的占比最大。在"办学方向与管理水平""办学条件与资源""办学质量与水平""办学声誉与特色"4个一级指标中,均有反映人才培养的相关指标。如"办学方向与管理水平"一级指标下含有"立德树人根本任务的落实情况""教学质量保障水平"2个人才培养相关三级指标。"办学条件与资源"一级指标下含有"生师比""生均课程数"等多个人才培养相关三级指标。学术研究型、应用研究型、应用技术型和应用技能型评价指标分别含有人才培养相关三级指标17个、17个、17个和16个,占各自三级指标总数的40%以上,其中学术研究型、应用研究型的人才培养指标数量占各自三级指标总数的45%左右。

科学研究相关指标数量少于人才培养相关指标。学术研究型和应用研究型高校评价指标中,含"师均科研经费""师均高水平论文数"等科学研究相关三级指标8个,约占指标总数的21%。应用技术型和应用技能型高校评价指标中,人才培养科学研究相关三级指标分别有8个和7个,约占三级指标总数的18%,比例低于学术研究型和应用研究型高校评价指标。

社会服务相关指标数量相对较少。学术研究型和应用研究型高校评价指标各有2个社会服务相关三级指标,分别是"技术转让当年实际收入"和"决策咨询报告采纳数"。应用技术型高校评价指标有3个社会服务相关三级指标,除了"技术转让当年实际收入"和"决策咨询报告采纳数"以外,还有"社会培训人时数"。应用技能型高校评价指标有2个社会服务相关三级指标,是"技术转让当年实际收入"和"社会培训人时数"。

四种类型评价指标中均含有"文化传承与创新的落实情况",表征高校文化传承与创新功能。

与上海建设社会主义现代化国际大都市的目标相匹配,四种类型评价指标均设置了3个国际合作与交流相关三级指标,但指标不完全相同。学术研究型高校评价指标的国际合作与交流相关指标为"在校学历教育国际学生占比""学生国(境)外学习、实习占比""国(境)外办学机构(项目)数"。应用研究型同样关注"在校学历教育国际学生占比""学生国(境)外学习、实习占比",但取消了"国(境)外办学机构(项目)数",而采用"与国(境)外高校学分互认高校数"。应用技术型关注"在校国际学生占比""学生国(境)外学习、实习占比""与国(境)外高校学分互认高校数"。应用技能型同样关注"学生国(境)外学习、实习占比""与国(境)外高校学分互认高校数",但用"在校国际学生数"取代了"在校国际学生占比"。

评价指标为百分制,四种类型的评价指标不完全相同,因而指标的权重设置也有一定的差异。"办学方向与管理水平"与"办学声誉与特色"一级指标的权重完全相同,分别为24分和18分。"办学条件与资源"和"办学质量与水平"一级指标的权重不完全一样。学术研究型和应用研究型评价指标的"办学质量与水平"权重相对较高,均达到30分以上,而"办学条件与资源"的权重相对较低,不到30分。应用技术型和应用技能型评价指标的权重设置则恰恰相反,"办学条件与资源"权重相对较高,均为30分,而"办学质量与水平"的权重相对较低,均为28分。

四种类型评价指标中,"办学方向与管理水平"与"办学声誉与特色"这两个一级指标下的二级指标权重完全相同。"办学条件与资源"与"办学质量与水平"及其下二级指标的权重则有侧重。如应用技术型和应用技能型的"师资队伍""支撑平台""学科专业"二级指标权重相对较大。而学术研究型和应用研究性权重较大的指标除了"师资队伍"和"学科专业"以外,还有"教学资源"和"创新成果"。

表 5-1 一级指标和二级指标的权重

一级指标	二级指标	指标权重			
		学术研究型	应用研究型	应用技术型	应用技能型
A. 办学方向与管理水平	A1. 办学方向	15	15	15	15
	A2. 管理水平	9	9	9	9
	合计	24	24	24	24
B. 办学条件与资源	B1. 师资队伍	8	10	13	13
	B2. 教学资源	7	8	6	6
	B3. 支撑平台	4	4	7	7
	B4. 科研项目	4	4	4	4
	合计	23	26	30	30

续表

一级指标	二级指标	指标权重			
		学术研究型	应用研究型	应用技术型	应用技能型
C. 办学质量与水平	C1. 学生发展	7	6	5	6
	C2. 学科专业	8	8	8	7
	C3. 创新成果	8	7	6	6
	C4. 国际交流	6	5	4	3
	C5. 社会服务	6	6	5	6
	合计	35	32	28	28
D. 办学声誉与特色	D1. 办学声誉	10	10	10	10
	D2. 办学特色	8	8	8	8
	合计	18	18	18	18

《上海高等教育布局结构与发展规划（2015—2030年）》根据高校主干学科门类（本科与研究生）或主干专业大类（专科）建设情况,将高校划分为"综合性、多科性、特色性"三个类别。不同高校,由于主干学科门类或主干专业大类不同,其办学关键指标也有较大的区别。例如,通常情况下,理工科为主的研究型高校其科研经费总额将明显高于同水平的文科为主的研究型高校,而文科为主的研究型高校的决策咨询报告数量一般高于同水平理工科研究型高校。

为了更充分地考虑不同学科专业类型高校之间的差异,更切实地鼓励不同学科专业类型高校特色发展,评价指标在部分具有学科专业特色的指标权重界定上,做了创新性的特别处理。在权重设置时,固定二级指标的权重,该二级指标下的三级指标权重不固定,而是给出几组不同的权重组合,由高校根据自身实际情况自由选择。

以学术研究型"社会服务"二级指标为例。"社会服务"下设"技术转让当年实际收入"和"决策咨询报告采纳数"2个三级指标。这2个三级指标具有明显的学科专业特色:主干学科门类为文科的高校,其技术转让收入普遍低于相同水平的主干学科门类为理工科的高校,而其决策咨询报告采纳数通常高于相同水平的主干学科门类为理工科的高校。学术研究型评价指标将"社会服务"二级指标的权重分别设为6分,下设的三级指标则给出了3种组合(表5-2)。参评高校可以根据自身实际情况自由选择任意一组指标权重。除了"社会服务"二级指标以外,"科研项目"指标也采用了同样的处理方法以避免学科差异对分类评价的影响。其他三种类型的二级指标"科研项目"和"社会服务"均采用了同样的权重设置方法,详见表5-3、5-4和5-5。

表5-2 权重可选指标(学术研究型)

二级指标	三级指标	Ⅰ组分值	Ⅱ组分值	Ⅲ组分值
B4. 科研项目（4分）	P18. 师均科研经费	2	3	1
	P19. 师均新增国家级科研项目数	2	1	3
C5. 社会服务（6分）	P32. 技术转让当年实际收入	3	4	2
	P33. 决策咨询报告采纳数	3	2	4

表5-3 权重可选指标(应用研究型)

二级指标	三级指标	Ⅰ组分值	Ⅱ组分值	Ⅲ组分值
B4. 科研项目（4分）	Q18. 师均科研经费	2	3	1
	Q19. 师均新增省部级及以上科研项目数	2	1	3
C5. 社会服务（6分）	Q33. 技术转让当年实际收入	3	4	2
	Q34. 决策咨询报告采纳数	3	2	4

表5-4 权重可选指标(应用技术型)

二级指标	三级指标	Ⅰ组分值	Ⅱ组分值	Ⅲ组分值
B4. 科研项目（4分）	R21. 师均科研经费	2	3	1
	R22. 师均企事业单位委托项目数	2	1	3
C5. 社会服务（5分）	R36. 技术转让当年实际收入	2	2	1
	R37. 决策咨询报告采纳数	1	1	2
	R38. 社会培训人时数	2	2	2

表5-5 权重可选指标(应用技能型)

二级指标	三级指标	Ⅰ组分值	Ⅱ组分值	Ⅲ组分值
B4. 科研项目 (4分)	S20. 师均科研经费	2	3	1
	S21. 师均企事业单位委托项目数	2	1	3
C5. 社会服务 (6分)	S33. 技术转让当年实际收入	3	4	2
	S34. 社会培训人时数	3	2	4

二、指标来源与采集方法

评价指标的主要数据来源有四个方面。一是来自政府高等教育行政管理部门的督察与评价结果。如"党对高校全面领导的落实情况""立德树人根本任务的落实情况""文化传承创新的落实情况""财务管理水平"等4个指标来自上海市教委相关部门的检查评价结果。二是来自专家组的评价结果。如"规划管理水平""教学质量保障水平""办学特色"等3个指标均由教委邀请的专家组根据高校提交的相关材料进行评价打分。三是来自第三方高等教育评价机构的调查与评价结果,即采信公开发布、可公开获取、社会认可度较高的国内外第三方评价结果。如"优势学科数"采用了教育部学位与研究生教育发展中心全国一级学科评估结果、美国科技信息所(ISI)基本科学指标数据库(Essential Science Indicators,简称ESI)的学科排名以及QS公司的世界大学排名。"毕业生满意度"则采用了上海教育科学研究院的毕业生满意度调查结果。四是高校办学的各项基本数据。如"生师比""高层次人才数"等。

指标采集过程充分考虑到数据采集工作的实际,尽量不额外增加高校的负担。根据指标不同来源,采取了多种采集方法。一是从现有统计报表中采集。尽可能采用《教育事业统计报表(高等教育)》《高等教育质量监测国家数据平台(本科院校)》《普通高等学校科技统计年报》等现有统计报表口径。例如"生师比"直接采用了《高等教育基层统计调查表》报表数据。二是从公开平台上获取。第三方高等教育评价机构的调查与评价结果从第三方的官方网站上获取。部分高校办学基本数据是对全社会公开的,如"国家级教学成果奖获奖数""获国家级科研奖项数"等指标,均从相应管理部门的网站上获取。三是高校提供。评价指标的观测点总数达到上百个,其中很多观测点无法从统计报表和公开平台中获取。这些数据和材料均由高校提供,如"规划管理水平""办学特色"的相关材料,"教授为本科生授课比例""学生获国家级奖项数"等数据,均来自参评高校。

三、指标体系的特点

相比其他高校评价指标,该评价指标呈现综合评价与单项评价相结合、主观评价与客观评价相结合、结果性评价与发展性评价相结合三大特点。

综合评价指采用多角度指标对评价对象的整体水平、质量进行全面评价。上海高校分类评价紧紧聚焦高等教育"人才培养""科学研究""社会服务""文化传承创新"和"国际合作与交流"五大功能,突出问题导向,形成高校办学水平和办学质量的整体评价。单项评价指对某单项办学水平进行评价。评价指标由三级指标体系组成,每一个一级指标和二级指标都形成对高校单项办学水平的评价。4个一级指标分别构成对高校"办学方向与管理水平""办学条件与资源""办学质量与水平""办学声誉与特色"四个角度的评价。13个二级指标分别构成对高校"办学方向""管理水平""师资队伍""教学资源""支撑平台""科研项目""学科专业""创新成果""国际交流""社会服务""办学声誉""办学特色"的单项评价。上海高校分类评价是综合评价与单项评价相结合,既评价了高校整体办学水平和办学质量,实现了分类评价的基本目标;也可以对高校某单项办学水平进行评价,供政府相关的教育行政管理部门参考。

评价指标中包含主观评价指标和客观评价指标。主观评价指标包括"党对高校全面领导的落实情况""立德树人根本任务的落实情况""文化传承创新的落实情况""规划管理水平""教学质量保障水平""财务管理水平""毕业生满意度""办学特色"等8个三级指标,约占三级指标总数的20%,权重为36%。其中"办学特色"指标的权重达到8%,是所有三级指标中权重最大的单项指标。主观评价的评价主体包括政府高等教育行政管理部门、专家组等。如"党对高校全面领导的落实情况""立德树人根本任务的落实情况""文化传承创新的落实情况""财务管理水平"是相关政府高等教育行政管理部门日常督察与评价结果,"规划管理水平""教学质量保障水平"由专家组根据高校提交的相关材料进行主观评价,"毕业生满意度"由第三方机构对毕业生和用人单位的满意度调查而来。其余80%是客观评价指标,其权重为64%。客观评价指标中既有总量指标,如"高层次人才数""省部级及以上精品课程数"等,也考虑到高校实际规模和学科特点,突出质量、效益导向,设置了人均指标,如"生师比""博士学位专任教师占比""师均企事业单位委托项目数"等,做到同类型高校可比较、可参照。上海高校分类评价是主观评价与客观评价相结合,以客观评价为主,主观评价为辅,既保证了评价的客观、公平、精确,也使得某些无法用数字反映的办学成效得以在主观评价中反映出来。

结果性评价指对高校办学的阶段性成果和水平进行恰当的评价,即是对一段时期内的高校办学成效进行的评判。上海高校分类评价正是基于过去一年各高校的办学情况对上海高校的办学情况进行的评判和比较。发展性评价是一种以评价对象为主体、以促进评价对象的发展为目的评价。发展性评价强调发展的连续性,重视对对象过去状况的考查,以促进发展为目标,重视评价结果对评价对象的作用。上海高校采用的不是截面数据,而是过去一年的增量数据,有效地反映了高校发展的动态。基础不好的高校,如果在过去一年中有非常突出的办学成果,也能在上海高校分类评价中有良好的表现。因此,上海高校分类评价是结果性评价与发展性评价的有机结合,既注重对高校现有办学水平和办学绩效的客观评价,也充分关注高校的动态发展,引导高校立足自身定位,不断提高办学水平和办学质量。

附表1　上海高校分类评价指标(学术研究型)

一级指标	二级指标	三级指标	分值
A. 办学方向与管理水平（24分）	A1. 办学方向（15分）	P1. 党对高校全面领导的落实情况	5
		P2. 立德树人根本任务的落实情况	5
		P3. 文化传承创新的落实情况	5
	A2. 管理水平（9分）	P4. 规划管理水平	3
		P5. 教学质量保障水平	3
		P6. 财务管理水平	3
B. 办学条件与资源（23分）	B1. 师资队伍（8分）	P7. 生师比	2
		P8. 高层次人才数	3
		P9. 高层次教学、研究团队数	1
		P10. 博士学位专任教师占比	1
		P11. 具有国(境)外学习工作经历的专任教师占比	1
	B2. 教学资源（7分）	P12. 本科生生均课程数	3
		P13. 国家级精品开放课程数	2
		P14. 国家级规划教材、精品教材数	1
		P15. 生均图书流通量、生均电子资源访问量	1
	B3. 支撑平台（4分）	P16. 国家级教学、科研、实验平台数	3
		P17. 创新创业示范基地数	1
	B4. 科研项目（4分）	P18. 师均科研经费	*
		P19. 师均新增国家级科研项目数	*
C. 办学质量与水平（35分）	C1. 学生发展（7分）	P20. 教授为本科生授课比例	3
		P21. 学生获国家级奖项数	2
		P22. 生均高水平论文数	2
	C2. 学科专业（8分）	P23. 学科专业布局优化数	2
		P24. 入选"双一流""高峰高原"学科数	3
		P25. 优势学科数	3

续表

一级指标	二级指标	三级指标	分值
	C3. 创新成果（8分）	P26. 国家级教学成果奖获奖数	3
		P27. 师均高水平论文数	2
		P28. 获国家级科研奖项数	3
	C4. 国际交流（6分）	P29. 在校学历教育国际学生占比	3
		P30. 学生国(境)外学习、实习占比	2
		P31. 国(境)外办学机构(项目)数	1
	C5. 社会服务（6分）	P32. 技术转让当年实际收入	*
		P33. 决策咨询报告采纳数	*
D. 办学声誉与特色（18分）	D1. 办学声誉（10分）	P34. 生源质量	4
		P35. 毕业生满意度	4
		P36. 社会捐赠收入占比	2
	D2. 办学特色（8分）	P37. 办学特色	8
合计			100

附表 2　上海高校分类评价指标(应用研究型)

一级指标	二级指标	三级指标	分值
A. 办学方向与管理水平（24分）	A1. 办学方向（15分）	Q1. 党对高校全面领导的落实情况	5
		Q2. 立德树人根本任务的落实情况	5
		Q3. 文化传承创新的落实情况	5
	A2. 管理水平（9分）	Q4. 规划管理水平	3
		Q5. 教学质量保障水平	3
		Q6. 财务管理水平	3
B. 办学条件与资源（26分）	B1. 师资队伍（10分）	Q7. 生师比	2
		Q8. 高层次人才数	3
		Q9. 高层次教学、研究团队数	1
		Q10. 博士学位专任教师占比	2
		Q11. 具有国(境)外学习工作经历的专任教师占比	2
	B2. 教学资源（8分）	Q12. 本科生生均课程数	3
		Q13. 省部级及以上精品课程数	2
		Q14. 省部级及以上规划教材、精品教材数	2
		Q15. 生均图书流通量、生均电子资源访问量	1
	B3. 支撑平台（4分）	Q16. 省部级及以上教学、科研、实验平台数	3
		Q17. 创新创业示范基地数	1
	B4. 科研项目（4分）	Q18. 师均科研经费	*
		Q19. 师均新增省部级及以上科研项目数	*
C. 办学质量与水平（32分）	C1. 学生发展（6分）	Q20. 教授为本科生授课比例	3
		Q21. 学生获省部级及以上奖项数	2
		Q22. 生均公开发表论文数	1
	C2. 学科专业（8分）	Q23. 学科专业布局优化数	2
		Q24. 入选"双一流""高峰高原"学科数	2
		Q25. 入选上海市应用型本科试点专业数	2
		Q26. 优势学科数	2

续表

一级指标	二级指标	三级指标	分值
	C3. 创新成果（7分）	Q27. 教学成果奖获奖数	3
		Q28. 师均高水平论文数	2
		Q29. 获省部级及以上科研奖项数	2
	C4. 国际交流（5分）	Q30. 在校学历教育国际学生占比	2
		Q31. 学生国（境）外学习、实习占比	1
		Q32. 与国（境）外高校学分互认高校数	2
	C5. 社会服务（6分）	Q33. 技术转让当年实际收入	*
		Q34. 决策咨询报告采纳数	*
D. 办学声誉与特色（18分）	D1. 办学声誉（10分）	Q35. 生源质量	4
		Q36. 毕业生满意度	4
		Q37. 社会捐赠收入占比	2
	D2. 办学特色（8分）	Q38. 办学特色	8
合计			100

附表3　上海高校分类评价指标(应用技术型)

一级指标	二级指标	三级指标	分值
A. 办学方向与管理水平（24分）	A1. 办学方向（15分）	R1. 党对高校全面领导的落实情况	5
		R2. 立德树人根本任务的落实情况	5
		R3. 文化传承创新的落实情况	5
	A2. 管理水平（9分）	R4. 规划管理水平	3
		R5. 教学质量保障水平	3
		R6. 财务管理水平	3
B. 办学条件与资源（30分）	B1. 师资队伍（13分）	R7. 生师比	2
		R8. 高层次人才数	2
		R9. 高层次教学团队数	1
		R10. 双师型专任教师占比	3
		R11. 企业兼职教师占比	2
		R12. 专业教师人均企业实践时间	1
		R13. 具有国(境)外学习工作经历的专任教师占比	2
	B2. 教学资源（6分）	R14. 生均课程数	3
		R15. 省部级及以上精品课程数	1
		R16. 省部级及以上规划教材、精品教材数	1
		R17. 生均图书流通量、生均电子资源访问量	1
	B3. 支撑平台（7分）	R18. 省部级及以上教学、科研、实验平台数	3
		R19. 创新创业示范基地数	1
		R20. 产学研合作项目(基地)数	3
	B4. 科研项目（4分）	R21. 师均科研经费	*
		R22. 师均企事业单位委托项目数	*
C. 办学质量与水平（28分）	C1. 学生发展（5分）	R23. 教授、副教授为本科生授课比例	3
		R24. 学生获省部级及以上奖项数	1
		R25. 生均公开发表论文数	1

续表

一级指标	二级指标	三级指标	分值
	C2. 学科专业（8分）	R26. 学科专业布局优化数	2
		R27. 入选"双一流""高峰高原"学科数	1
		R28. 入选上海市应用型本科试点专业数	3
		R29. 一级学科评估前50％学科数	2
	C3. 创新成果（6分）	R30. 教学成果奖获奖数	3
		R31. 师均论文数、著作数	1
		R32. 获省部级及以上和行业科研奖项数	2
	C4. 国际交流（4分）	R33. 在校国际学生占比	2
		R34. 学生国（境）外学习、实习占比	1
		R35. 与国（境）外高校学分互认高校数	1
	C5. 社会服务（5分）	R36. 技术转让当年实际收入	*
		R37. 决策咨询报告采纳数	*
		R38. 社会培训人时数	*
D. 办学声誉与特色（18分）	D1. 办学声誉（10分）	R39. 生源质量	4
		R40. 毕业生满意度	4
		R41. 社会捐赠收入占比	2
	D2. 办学特色（8分）	R42. 办学特色	8
合计			100

附表4 上海高校分类评价指标(应用技能型)

一级指标	二级指标	三级指标	分值
A. 办学方向与管理水平（24分）	A1. 办学方向（15分）	S1. 党对高校全面领导的落实情况	5
		S2. 立德树人根本任务的落实情况	5
		S3. 文化传承创新的落实情况	5
	A2. 管理水平（9分）	S4. 规划管理水平	3
		S5. 教学质量保障水平	3
		S6. 财务管理水平	3
B. 办学条件与资源（30分）	B1. 师资队伍（13分）	S7. 生师比	2
		S8. 高层次人才数	2
		S9. 高层次教学团队数	1
		S10. 双师型专任教师占比	3
		S11. 企业兼职教师占比	2
		S12. 专业教师人均企业实践时间	3
	B2. 教学资源（7分）	S13. 实践课时占比	3
		S14. 省部级及以上精品课程数	1
		S15. 公开出版的校企合作教材数	2
		S16. 生均图书流通量、生均电子资源访问量	1
	B3. 支撑平台（6分）	S17. 省部级及以上教学、科研、实验平台数	2
		S18. 创新创业示范基地数	1
		S19. 校企合作项目(基地)数	3
	B4. 科研项目（4分）	S20. 师均科研经费	*
		S21. 师均企事业单位委托项目数	*
C. 办学质量与水平（28分）	C1. 学生发展（6分）	S22. 高级职称人员、技术技能大师为学生授课比例	3
		S23. 学生获重要奖项数	3
	C2. 学科专业（7分）	S24. 专业布局优化数	2
		S25. 产教融合专业数占比	3
		S26. 入选重点专业(一流专业)数	2

续表

一级指标	二级指标	三级指标	分值
	C3. 创新成果（6分）	S27. 教学成果奖获奖数	3
		S28. 师均论文数、著作数	1
		S29. 获省部级及以上和行业科研奖项数	2
	C4. 国际交流（3分）	S30. 在校国际学生数	1
		S31. 学生国（境）外学习、实习占比	1
		S32. 与国（境）外高校学分互认高校数	1
	C5. 社会服务（6分）	S33. 技术转让当年实际收入	*
		S34. 社会培训人时数	*
D. 办学声誉与特色（18分）	D1. 办学声誉（10分）	S35. 生源质量	4
		S36. 毕业生满意度	4
		S37. 社会捐赠收入占比	2
	D2. 办学特色（8分）	S38. 办学特色	8
合计			100

第六章

上海高校分类评价的工作流程

  上海高校分类评价是一项理论性很强的研究性工作,同时也是一项极具操作性的实务性工作。前期在上海市教育行政主管部门的统筹领导、协调组织下开展了数年扎实的基础理论研究,最终以"规划-立法-行政"三者相统一的制度设计予以确立。2018年,中共上海市委组织部、中共上海市教育卫生工作委员会、上海市教育委员会、上海市发展和改革委员会、上海市财政局、上海市人力资源和社会保障局等6部门联合印发《关于深入推进高校分类管理评价促进高等教育内涵式发展的指导意见》(以下简称《指导意见》),正式以红头文件的形式进入实质性操作程序。截至目前,上海市高校分类评价工作已经开展了五年。这五年的工作流程与时俱进,因时而变,因势而导,因策而调,不断在优化和完善,但总的方向不变,基本操作流程越来越规范、合理。本章拟就上海高校分类评价的实施工作流程进行介绍。

第一节 总体情况

上海市结合国内外最新的经验做法,经过自身实践的积累,围绕上海高校分类评价逐步构建并形成了一套行之有效的模式。

一、实施主体

在很长一段时间内,全国各省市的高校整体性评估大都是由教育厅(教委)的高等教育管理部门组织实施。而教育督导部门的主要职能是督政、基础教育领域督学。

十八大以后,中国教育督导工作得到加强。2012年国务院《教育督导条例》印发,明确提出教育督导机构要"对各级各类教育实施教育督导"。2014年国务院教育督导委员会办公室印发《深化教育督导改革转变教育管理方式意见》,明确提出"建立督促地方政府依法履行教育职责的督政机制、指导各级各类学校规范办学提高教育质量的督学体制、科学评价教育教学质量的评估监测体系,形成督政、督学、评估监测三位一体的教育督导体系,为促进教育事业科学发展、办好人民满意的教育提供制度保障","建立教育督导部门归口管理、专业机构提供服务、社会组织多方参与的专业化教育质量评估监测体系,对各级各类教育进行科学、系统、权威的评估监测,为改进教育教学、管理、决策提供依据和支撑"[1]。也就是,各级各类教育的评估监测要由教育督导机构进行归口管理。2020年中共中央办公厅、国务院办公厅印发《关于深化新时代教育

---

[1] 国务院教育督导委员会办公室.关于印发深化教育督导改革转变教育管理方式意见的通知[EB/OL]. http://www.gov.cn/guowuyuan/2014-02-18/content_2614066.htm.

督导体制机制改革的意见》就此再次强调:"在评估监测方面,建立教育督导部门统一归口管理、多方参与的教育评估监测机制,为改善教育管理、优化教育决策、指导教育工作提供科学依据。"[1]

上海按照国家要求,深化了教育督导体制机制改革。2015年,上海落实国家要求,出台了《上海市教育督导条例》,明确将各级各类教育纳入督导范围。2020年上海市《关于深化新时代教育督导体制机制改革的实施意见》明确:"评估监测方面,构建覆盖区域教育发展状况和各级各类教育质量的评估监测体系,建立教育督导部门统一归口管理、专业机构全面参与的教育评估监测工作机制,动态监测和科学评价区域教育发展状况、各级各类教育质量,有效服务政府教育管理和学校依法自主办学。"各级各类教育的评估监测逐步归口至上海市人民政府教育督导委员会办公室。

2016年,上海高校分类评价职能转至上海市人民政府教育督导委员会办公室,随即指标研制工作启动。2018年,上海高校分类评价正式由上海市人民政府教育督导委员会办公室组织实施。这种职能设置,有利于保持评价的相对独立性。而上海市人民政府教育督导委员会办公室在组织实施中,通过搭建各种平台,使各类主体充分参与其中,形成了共建共享的评价机制。

随着评价改革的深化,需要开展充分的前瞻性研究,需要更加精细的实施流程。因此,上海市教育督导办不断壮大工作队伍,将整项工作划分为研究和实施两个组成部分,分别由上海市教育科学院和上海市教育评估院承接,同时在上海市高校设立了11个研究实践基地,共同参与到这项工作中来。

二、实施周期

评价周期是评价的重要要素,它决定着评价工作的强度、评价导向的及时性、评价

---

[1] 中共中央办公厅、国务院办公厅印发《关于深化新时代教育督导体制机制改革的意见》[EB/OL]. http://www.gov.cn/zhengce/2020-02/19/content_5480977.htm.

结果的运用方式。周期越短,评价传导的压力越大,导向就越符合最新形势,越能推进工作;积累的数据越多,评价结果运用的可选择性就越强。当然,也会消耗更多的人力物力,容易导致各方面负担较大,出现应付现象。评价周期长,有利于高校长期布局,培育重大成果,但缺点就是强度不够、实效性差。

目前国内官方的评估监测周期也不一样。有的实行的是年度评价,比如"双一流"评价;有的实行的是两年一轮,比如教育部督导局的职业院校评估;有的是四年一轮,比如教育部学位中心学科评估;还有些评估实行的是"年度监测+五年一轮的实地评估"模式,比如教育部的省级人民政府履行教育职责的评价。

上海高校分类评价在启动之初实行年度评价。之所以实行年度评价,是因为一方面起到监测作用,将结果与对高校的年度考核紧密挂钩;另一方面是为了强力矫正过去高校办学中普遍存在的追求高大全、研究型综合性的意识,尽快解决高校内部治理、自我评价能力弱的问题。但是随着分类评价工作的深化,工作量逐步加大,部分高校提出了优化评价周期的意见建议。

上海市人民政府教育督导委员会办公室高度重视高校的意见建议,于2021年组织力量进行调查研究,最终形成四种方案:一是所有高校两年一评价;二是根据五年规划实施,实行中期评价和五年目标完成评价;三是将高校进行分类,学术研究型和应用研究型高校因为发展基础好、自我评价能力强、偏重基础研究实行三年一评,应用技术型和应用技能型高校则实行一年一评;四是实行大小年制度,大年实行全指标评价,小年实行部分指标评价,具体做法是对全部指标进行分类,需要经过长期建设才能见效的指标在大年进行评价,而不在小年进行评价。

经征求各方面意见建议,上海市最终确定实行大小年制度,周期是两年。也就是,自2022年开始,一年实行小年评价,下一年实行大年评价,如此循环往复。

三、实施原则

上海高校分类评价涉及在沪全部高校,评价内容复杂,对高校的影响很大,如果没有科学严谨的实施办法,就无法得到各方认同,产生实效。在多年的实践探索中,上海在实施高校分类评价中,牢牢把握了如下几个原则。

第一,民主协商,求得共识。根据第四代评估理论,评估是建构性、达成共识的过程。因此,评价标准的修订完善、评价流程的设计优化都要充分征求政府部门、高校、专家学者等各主体的意见建议,求得最大公约数。

第二,实事求是,公平公正。虽然评价是一种价值判断,具有主观性,但是这种主观判断必须建立在客观事实之上,否则就丧失了公信力和对学校的发展引导力。为此,必须要在数据的真实性、评价标准的公正性、专家评价的客观性上下足功夫,力求评价结果能够真实展现学校改革发展的实际,为结果有效使用打下坚实的基础。

第三,公开透明,阳光操作。在很多评价中,从评价标准到评价结果,都是不对外公开的。这表面上能够避免"打招呼""递条子"等外界干扰,但实际上形成了"暗箱",由于没有各方面的监督,更加容易导致"徇私枉法",也更容易引起高校的不信任。因此,要坚持阳光评价,将操作过程、数据材料、评价结果予以充分公开,邀请高校充分参与到各个环节中。

第四,运用结果,推进改进。评价工具的研发、评价程序的开展,其最终目的是得到评价结果,而得到评价结果的目的,是运用结果,改进工作。因此,要充分运用评价结果并在政府部门和学校中落实,促进政府改进宏观政策、优化资源配置,督促高校加强整改、提升自我管理和自我发展能力,从而进一步优化上海高等教育的结构布局,实现高质量发展。

第五,减轻负担,深化服务。中共中央、国务院《深化新时代教育评价改革总体方案》指出:"严格控制教育评价活动数量和频次,减少多头评价、重复评价,切实减轻基层和学校负担。"为了减轻高校负担,就必须坚持尽可能减少对高校正常办学活动的干扰,减少数据和材料的重复填报,加强政府已有数据材料的使用,做好公开数据的爬取与归集。"不干扰"是在评价事务上尽量少麻烦学校,而不是要对学校"敬而远之"。特别是在评价结果形成以后,要结合需求,对高校进行针对性指导,帮助高校改进不足、找准优势、破解难题、提升质量。

第二节 操作流程

根据教育评价的基本规律,结合本地实际,上海打造形成了一套行之有效的闭环操作流程。这个流程包括五个环节:一是广泛征求意见,形成年度方案;二是公布评价标准,开展统一培训;三是高校开展自评,准备数据材料;四是精准采集数据,确保数据质量;五是多元定性评价,力求公平公正。经过这五个环节后,评价结果才出炉面世。本节详细介绍分析这五个环节的具体做法。

一、制定年度方案

自上一年度10月份进行评价结果集中反馈完成后,下一年度上海高校分类评价方案研制便开始了。这其中最为重要的就是广泛征求意见建议,对指标进行进一步优化完善。

众所周知,任何改革越到后面越难。教育评价是改革进入深水区之后遇到的"硬骨头"。究其原因是教育评价触及办学导向,触及深层次办学理念,触及教育评价深层次矛盾。具体到高等教育领域则更为复杂和多元,因此只设计一套科学合理的指标体系就可以高枕无忧,是极为错误的想法。"指标优化永远在路上"这一理念,才是我们必须坚持的指导思想。但也不能年年大变,更不能推倒重来。因此,自2019年开始正式评估以来,上海市按照"总体框架不变、指标适度调整、稳定高校预期"的原则,每年都会对上年度评价指标进行优化。之所以不大变,是因为要稳定高校预期,之所以要适度变化是因为要落实国家和地方的新要求新任务,要解决一些实践中发现的问题。

以2020—2021年为例说明。落实国家和地方要求是指标调整的主要依据。为落实《深化新时代教育评价改革总体方案》，上海市对整个指标体系做了适度调整：一是在"立"方面做出新探索。切实把立德树人根本任务作为评价的根本标准，全面提升了人才培养类指标的权重，丰富了指标内涵，增加了美育、体育、心理健康、劳动和国防等考查点；加强评价工具研发，委托第三方探索开展高校服务全民终身学习情况评价等。二是在"破"方面加大力度。深入贯彻"破五唯"要求，不再对"高层次人才数""具有国（境）外工作学习经历的专任教师占比"等进行评价，推出代表性教师评价、代表性成果评价等。为落实上海科创中心建设有关要求，加强对高校创新策源能力的考查，设置了高质量专题、成果转移转化情况等指标。

  实践中存在的问题是优化指标体系的重要动力。经过一段时间的运行，很多学校提出意见建议，认为自己的很多特色不能在指标体系中展现。引导高校办出特色是上海高校分类评价的重要使命。因此，经过深入研究，上海市在对高校进行共性评价的基础上，构建了类型特色、学科特色、学校特色三个维度的特色表达指标体系。类型特色指的是学术研究、应用研究、应用技术、应用技能四个类型的特色，也包括四个类型之中的亚类型特色，比如应用技术型和应用技能型高校中的民办高校和公办高校以及公办高校中的市属高校、区属高校和行业高校，这些高校也都有类型特征，各类型的高校都有自己专属的特色指标。学科特色主要是针对单科性或者多科性高校来说的，比如艺术类高校。这类学校的创新不能仅仅用学术创新来衡量，还应该根据艺术创作来评价，因此上海在标志性成果、高质量作品等指标中设立了单独的艺术学科模块。如果学校认为类型特色指标、学科特色指标，仍然不能表达自身的特色，那么可通过自选指标权重、自设特色定量指标和自述定性指标进行表达。部分指标的内涵需要根据新发现有所改变。比如：规划教材数，除了教育系统评选，卫生健康系统、农林系统等领域也有类似的评选，因此也要考虑纳入；校企合作项目数出发点是好的，但是如果纯考查数量，就会带来很多注水项目合同，但这些项目合同核实起来有很困难，因此上海市将考查重点放在学校校企合作制度的设计和落实上，将制度和成效一并考查。

  除了评价标准外，年度方案的内容还涉及评价实施方式的变化以及重要时间的安排。当然，年度工作方案，并不是市教育督导部门自己确定，而是要经过一个复杂的征求意见建议的流程。

  一是深入开展高校实地走访。开展这项工作十分重要，它既是政府深入了解高校真实情况的一个环节，也是高校向政府反映意见的一个良性渠道。调研规则制定应该是双向良性沟通的过程，政府不了解实情，评价的"指挥棒"作用就很难发挥，甚至起到反作用。因此，每年反馈会结束之后，市教育督导机构充分利用各种机会深入到四类型高校认真进行实地调研。在实地调研中，既对上一轮评价过程中好的经验与做法进行总结，又虚心听取高校对评价工作中存在不足的批评和建议。收集与整理好坏两方面的各种意见，已经成为工作惯例。

二是针对性开展评价专题研究。除了向高校层面进行意见征询，市教育督导机构还向有志于对分类评价研究的单位和个人发布竞争性课题，甚至将个别重大分类评价课题列入上海市人民政府决策咨询研究课题范畴，面向全市公开招标。比如，上海市高校分类评价的类型区分度研究课题就被列入其中。另外，还以文件通知的形式向高校征求专题评价方面的研究成果。2021年上半年，市教育督导机构收到了24所高校的32个方案，采纳或部分采纳了20条建议。通过这个环节，市教育督导机构发现了一批有研究兴趣、研究能力、研究成果的青年教师。

三是征求政府部门意见建议。上海高校分类评价涉及的市教委相关职能部门有20多个，系统外的市政府直接相关委办局有组织部、人力资源与社会保障局、发展改革委、财政局等多个部门。市教育督导机构还需要与这些政府部门进行对接，听取对下一轮指标体系的修改意见，相当耗费时间和精力。可喜的是，随着上海高校分类评价的影响力和辐射力在不断增强，很多职能部门也开始期待将部门工作通过分类评价这个"指挥棒"去推进，因此配合度越来越高。在这个过程中，相关部门的评价意识和评价能力也得到了加强。

四是经上海市高等教育督导评价专家委员会论证。通过实地走访不同类型高校，开展四类型高校专题调研，并听取政府相关职能部门意见之后，初步拟定下一轮的指标体系优化方案，并邀请上海市高等教育督导评价专家委员会相关专家进行论证。高等教育督导评价专家委员会这些专家都是高等教育领域的资深专家，对上海市高校的基本情况非常熟悉，长期从事相关管理与研究工作，提供的意见和建议十分中肯。对于这些意见和建议，我们都会认真听取、研究、分析、吸纳。

五是面向全部高校对指标体系进行书面意见征询。在以上四个步骤完成之后，我们初步形成了下一年度的指标体系优化方案。然后通过下发文件通知的形式，要求全部高校以书面意见的形式反馈对新一轮分类评价指标的意见。这个过程实际上是高校重新学习、消化和理解的过程,也是高校与政府达成共识的一个过程。随着这项工作的逐步完善,越来越多的高校能准确理解优化指标的导向,明白政府的意图,当然也能合理合法地争取到学校的正当利益。这个方案中还有个权重博弈的环节。各高校可以根据方案中的权重方案自主选择对自身有利的权重,最后我们加权求平均之后,在同一类型中形成一个博弈后的权重。

六是上海市教委主任办公会和市教卫工作党委会审议通过。在前面五个流程走完之后,市教育督导机构形成了本年度的分类评价工作方案,提交上海市教委主任办公会和市教卫工作党委会审议,通过之后公开发文开始启动。至此,从内容到形式,从指标到方案,从下到上,再从上到下,已经完成了一个完整的指标优化流程,进入到下一个环节——培训环节。

二、开展宣讲培训

马克思指出:"理论一经掌握群众,也会变成物质力量。"同样,分类评价的程序只有被高校掌握,才能得到高效率的实施,评价标准只有被高校掌握,才能引发学校的改革。这就需要加强分类评价的宣讲培训,让信息对称、让意图有效传递。

上海高校分类评价宣讲培训有两种模式:一是集中宣讲培训。宣讲培训会一般安排在每年的5月份,参加的对象是学校负责评价的机构负责人,大都为发展规划部门。主要安排是:详细介绍方案的具体内容,特别是指标变化情况、工作时间节点,还会演示信息采集系统的操作变化;邀请学校代表做经验交流,分享信息上报工作机制和分类评价指标要求落实情况。二是个别实地解读。根据学校的需求,市教育督导机构也会组织工作团队上门进行一对一指导。不少学校还会组织职能部门和院系主要负责人一起参加。实地解读会一般交流比较热烈。真理愈辩愈明,大家在交流乃至争论中相互启发、加深认识、明确导向。在市教育督导机构组织完培训后,学校一般也会召开内部培训会,进行层层宣讲落实。

在宣讲培训中,市教育督导机构特别重视两个原则。一是信息透明。评价标准和操作程序全部透明化,使高校能够精准把握、高效落实,主动接受高校的全程、全方位的监督。二是充分交流。带着真诚沉入学校职能部门和院系进行解读交流,不回避学校提出的问题,在和学校交流中,强化评价的公信力和权威。

三、学校开展自评

各层面培训结束后,学校开始对照指标统计相关数据,撰写有关材料,对学校上一年度的工作进行全面总结、检视。除了提交数据材料外,学校还需要按照要求提交自评报告。

学校自评在评估实践中是一个非常常见的程序。但是,不同的评估项目有不同的自评要求。总的来说,自评环节反映的是对学校自评工作及其结果的客观呈现,它是学校内部评估的总结与提炼,而不是学校各部门上报材料的汇总,一定要在扎实的内部评估基础上由各部门协同完成。自评报告既要写出成绩,也要找出差距、分析成因以及将采取哪些措施加快学校发展,促进学校质量的稳步提高。

对于自评报告的要求,上海市高校分类评价也有一个探索过程,大体经历了三个阶段。

第一阶段是学校总体自评报告,实行时间是 2018 年。自评报告内容为三个板块和若干附件,并要求高校以出具承诺书的形式确保内容的真实性和合法性。三个板块包括:

一是学校发展现状。在这个部分,要求学校主要从办学定位、师生情况、学科专业建设等角度回应学校的基本发展现状。特别是近一年来,学校在发展中出现的情况。

二是取得的成效与经验举措。该部分通过数据和事例相结合的方式,呈现学校在被评估年度内所取得的成效,重点突出新进展、新突破、新成效。并围绕这些成效深入分析其成功的经验。实事求是地挖掘这些成效背后的经验,这一过程不是简单的经验总结,而是跳出经验和举措,从教育教学规律层面找到成功的"密码"和"钥匙",形成自己学校特有的模式、路径和理论等。

三是问题分析与改进措施。该部分在体量结构上应占到三分之一左右的篇幅,这在自评报告篇幅中予以了明确要求。在上海高校分类评价的自评报告要求中规定,总报告的字数不超过5 000字,其中"问题分析与改进措施"部分的字数不少于1 500字。之所以这么明确说明问题与改进的措施,其实是落实"以评促建、以评促改"的原则。评估不是目的,而是手段,在这个环节得到了很好的体现。

这个阶段的自评报告在整个指标体系中是不占权重的,是作为学校的一份整体性的说明,能够让专家在给学校其他定性指标评价时做重要参考和判断依据。具体的定性指标还是需要学校另行提供相应的文字佐证材料,比如,"规划管理水平""教学质量保障水平""学科专业布局优化数""毕业生满意度""办学特色"等提出了提供相应的文字材料的要求。这些附件则是完全针对高校分类评价指标体系中的定性指标的要求设置的。为了公平起见,同样对这些附件的名称、内涵要点、描述字数等都做了明确的规定。这些附件材料可以供专家在相应主观指标下做综合研判,并给出相应的定量评分。

第二阶段是2019年到2020年,学校不再需要单独撰写面上的学校自评报告,只需要对每个具体的定性指标提供所要求的文字材料以及相应的佐证材料(含数据)。

第三阶段是自2021年开始,为落实《深化新时代教育评价改革总体方案》,引导高校落实要求、树立正确的评价导向、提升自我评价能力,高校自评这一环节重新被引入到评价中,作为一级指标赋予权重,实行大年评价(两年评一次)。主要观测点包括:学校年度工作自评,列举主要成绩和存在不足,并提出整改思路;分类评价落实情况,主要考查学校结合分类评价精神,建立健全内部评价体系;坚决破除"五唯",落实《深化新时代教育评价改革总体方案》的主要举措。

设置自评环节和自评指标,目的就是让学校及时、正确、客观地了解自己的办学实际水平,以便发现不足、找准问题、研究对策、实现提升,确立新的一轮发展和努力方向。这也是著名的戴明环"PDCA"循环理论[1]的实践过程。

---

[1] 戴明环,也叫PDCA循环,或者叫质量环,分别代表着质量管理中的四个重要环节,即制定绩效计划(P)、绩效沟通与辅导(D)、绩效考核与反馈(C)、绩效诊断与提高(A),是管理学中的一个通用模型,最早由休哈特(Walter A. Shewhart)于1930年构想,后来被美国质量管理专家戴明(Edwards Deming)博士在1950年再度挖掘出来,并加以广泛宣传和运用于持续改善产品质量的过程中。它是全面质量管理所应遵循的科学程序。全面质量管理活动的全部过程,就是质量计划的制定和组织实现的过程,这个过程就是按照PDCA循环,不停顿地周而复始地运转的。

四、采集和核查数据

高等教育现代化进程离不开教育评价的推动。教育评价是数据密集型工作,教育评价结果的科学性、客观性,乃至公信力如何,在很大程度上取决于高质量数据的占有量。因此,如何建立规范高效的数据采集机制、核实机制,一直是上海高校分类评价工作的重要课题。

上海高校分类评价的定量指标数据采集来源有三种情况。一是公开采信机构或第三方数据。这些数据均已公开发布,可公开获取。社会认可度较高的政府或者第三方发布的评价结果,比如国家级省部级科研基地、"双一流"学科、"高峰高原"学科、国家和上海市教学成果奖等,这些数据通常由市教育督导机构组织爬取归集。二是教育行政部门提供。教育行政部门掌握了详实的日常管理数据和专项管理数据,这些数据在政府内部应该充分共享、流动,发挥更大作用,减少重复采集,比如《高等教育质量监测国家数据平台(本科院校)》《普通高等学校科技统计年表》《教育事业统计报表(高等教育)》中的有关数据。三是高校填报的数据。有些特色类指标的数据,特别是学校自定的指标,其他地方无法采集,只能由高校自行填报。上海高校分类评价数据采集工作坚持能够其他渠道采集到的,就尽量不麻烦学校的原则,学校的工作量逐年下降。

数据采集技术进步也十分重要。2018年,上海高校分类评价试测之时,数据采集手段比较传统,主要通过提交纸质材料和EXCEL电子表格的形式完成。对所有数据的处理主要以手工处理为主,主要原因是指标的统计口径、数据来源、数据字节、数据计算等相当繁杂的细节还没设计到位。试测后,各方面条件相对成熟,2019年上海高校分类评价工作实现了数据治理上的重大进展,正式建设启用了上海高校分类评价系统,使数据采集、分析走上了智能化之路,大大提升了工作效率。自2020年开始,我们在启动分类评价系统平台的基础上,进一步加大数据核验的力度。首先制定的办法就是建立数据公示制度。公示制度是一项开展数据治理的良策,通过这一手段,近两年来高校数据填报的准确性和真实性得到了大大提高,填报质量大大提升。

加强数据的核查清洗是提升数据质量的重要保障。为进一步提升数据质量,市教育督导机构会组织力量对学校的数据及其佐证材料通过多种手段进行多轮核查。除了要求学校加强数据自我核查、提交承诺书外,采取的主要手段还有:在上海高校分类评价系统设置敏感的异常数据报警机制;组织力量对全部数据明细进行多轮人工核验;建立同类型高校数据公示机制,前后开展两轮公示,鼓励学校相互监督,了解兄弟高校发展情况。对于通过以上手段发现的异常数据,要求提交佐证材料;佐证材料仍达不到要求的,要求学校当面解释说明,无法解释的,有关数据予以删除,对于存在重大数造假嫌疑的,启动教育督导问责程序。

以上举措增强了评价结果的科学性、权威性,营造了公平竞争、风清气正、公开透明的评价氛围。

五、多元定性评价

定性指标是上海高校分类评价指标的重要组成部分,权重近60%,成为彰显学校办学特色的重要途径。这里的定性指标并非都是文字材料,而是文字材料和定量指标的融合,为专家科学评价提供更为全面的视角。

定性指标评价根据评价主体、内容和方式不同,可以分为四种情况。

一是由教育主管部门各职能处室牵头负责的评价。比如党对高校全面领导落实情况、立德树人根本任务落实情况、财务管理水平等。各职能处室会制定更加详细的标准,组织专家开展评价。

二是由市教育督导机构组织的专家评价。涉及的指标有学科优化布局情况、教学质量保障情况、办学特色、学校自评、发展规划水平等。此类评价又可成为集中评价。主要实施方式是,组织全国各方面专家来沪集中,在进行培训后,将专家根据专长进行分组,然后请专家"背靠背"对相关指标进行打分。每个指标分为若干要点,专家要对每个要点进行赋分,并给出总分。专家可以进入"上海高校分类评价系统"中的专家工作室进行线上打分,也可以采用书面的形式线下打分。每个指标的评价专家不少于

10人,最终得分取平均值。集中评价耗费时间较长,一般要连续工作三天以上,专家劳动强度比较大,每天要阅读10余万字的评估材料,还需要做相应的数据分析和比较。

三是市教育督导机构组织的实地督导。为了防止数据和材料失真,市教育督导机构还会组织实地督导。2019年在集中评审阶段后,市教育督导机构组织专家分4组,对4所不同类型高校开展了实地进校督导。2020年,为了进一步摸清区属高校和行业高校党对高校全面领导的落实、立德树人根本任务的落实、财务管理等有关情况,组织市教育行政部门有关处室、相关方面专家,赴5所高校开展实地督导,形成督导报告。为了进一步核实或补全数据资料,或者确认评估材料中的一些重要细节,市政府教育督导机构在评价期间会随时安排一些实地专项督导。

四是高校互评。为了进一步促进高校相互交流、学习,提升高校的参与度,自2021年开始,上海高校分类评价实施了高校互评机制,邀请高校的主要负责人对同类型高校的部分定性指标进行评价。经过调查,高校互评对开拓高校领导的办学思路起到了良好的作用,高校领导评价质量也较高,与专家评价结果相差无几。

专家队伍的遴选事关整个集中评审工作的成败。为了保证该项工作的公正性、权威性和专业性,专家遴选慎之又慎,严格遵守利益回避原则。凡是与高校有利益关系的专家,或者曾经在上海某高校工作过的专家都需要在评审时进行回避。为了进一步摆脱高校地域上的利益相关性,专家队伍还进一步拓展到了外省市。前两次的评审过程中,邀请的专家除上海专家外,还有江苏、云南、浙江、安徽、山东、新疆等多个省地的专家,其中市外专家超过1/3。自2020年疫情暴发以来,邀请外省市专家非常难以操作。2021年邀请了北京、江苏等外省市个别专家进行线上评审。除了在技术层面对专家的回避原则进行硬核操作之外,还从道德层面对专家(包括评估工作人员)提出硬核要求,即要求每一位专家(包括评估工作人员)在评审之前需要签署一份《专家道德承诺书》,通过相应的程序确保评审公平公正。评价结束后,市教育督导机构还根据评价质量,组织力量对专家进行星级评价,评价结果较差的,不再纳入专家库。

第三节 上海高校分类评价的结果呈现与使用

评价是一种工具,本身不存在价值,其价值在于对现实的改造上。要想在评价与现实之间构建起桥梁,驱动后者变革,就必须高度重视结果的呈现、反馈和使用。缺少这个环节,就是为评价而评价,不但会造成资源的巨大浪费,还会引起评价方与被评价方的矛盾。多方式呈现评价结果、多领域运用评价结果,是上海高校分类评价的重要特点。

一、评价结果呈现

经过以上五个环节工作后,所有的定量数据和专家评分,都会在上海高校分类评价平台进行智能化分析,自动形成基础的评价结果。上海高校分类评价主管部门组织力量,对基础评价结果进行深度再加工,形成各种各样的分析报告。

一是免费为学校量身打造的分析报告。报告内容主要包括分类评价当年进展情况、同类型高校的总体情况、学校全部指标的评价结果以及部分单项评价的详细数据、非评价指标的参考数据以及对学校改革发展的建议。值得一提的是,为了更立体地展示学校的发展成效,报告将评价结果分为综合评价、增值评价和效益评价三个维度。其中综合评价是按照上一章提到的指标体系,通过数据测算和专家评价计算得分,重点考查学校的综合实力;增值评价通过将某年的综合和效益评价排名结果与上一年进行对比,目的是考查学校在本类型中的进步情况;效益评价是将指标体系中可均量的总量指标均量化(分母包括学科数、专业数、专任教师数、学生数)处理后,与其他指标得分重新计算得出的结果,重点考查学校剔除规模因素后的发展水平。三个结果的价值导向不一样,各有各的长处。一校一报告,数据详实,基本上将所有的评价结果呈现给学校,方便学校全方位了解外部发展环境、明确自身优势不足,受到了学校的欢迎。同时,全部的一校一报告也会在整个教育主管部门内部分享。

二是供政府内部使用的专报。主要是为教育部门主管部门领导和分管市领导打造的分析报告。主要包括年度工作情况、四类型高校近年度表现(含综合评价、增值评价、效益评价三种结果)、评价过程中发现的问题及其建议、下一步工作考虑。同时,专报中也会附一些相关的专题研究成果。上海高校分类评价专报成为政府了解高校整体发展情况的重要载体。

三是供高校间相互交流的案例汇编。围绕着定性指标,学校都会提交不少文字材料,比如学科优化布局、改革发展典型案例、内部评价体系建设等。这些文字材料蕴含着学校可供借鉴的办学智慧。为了促进经验交流,推进上海高校整体性改革,分类评价实施部门每年都会将这些文字材料进行梳理,汇编专家评价好、打分高的典型案例,供各高校改革发展参考。专家们也会对这些材料进行深入研究,探索上海高等教育改革发展的新趋势、新思路。

从总体上看,分类评价结果坚持多维度呈现,力求立体化展现高校的改革发展全貌,坚持客户导向,围绕着不同需求打造不同的载体。

二、评价结果反馈与使用

加强结果运用已经成为督导评价改革的重要内容。《深化新时代教育评价改革总体方案》就提出:"完善评价结果运用,综合发挥导向、鉴定、诊断、调控和改进作用。"[1]导向主要是通过结果去激励对象,鉴定主要是依据评价结果去选拔对象,诊断主要是通过结果去把握对象的基本现状,调控主要是根据评价结果去优化资源配置、规划布局,改进主要是评价对象运用结果去提升自身。

---

[1] 中共中央、国务院印发《深化新时代教育评价改革总体方案》[EB/OL]. http://www.gov.cn/zhengce/2020-10/13/content_5551032.htm.

同年,中共中央办公厅、国务院办公厅印发的《关于深化新时代教育督导体制机制改革的意见》对结果的运用做了更加详细的规定,提出了8条具体要求。这8条具体要求,可以概括为四个方面:一是社会公开,就是将督导结果向社会媒体公开,保障人民群众的知情权,接受人民群众的监督;二是反馈整改,通过"规范反馈制度""强化整改制度""健全复查制度"三个环节,充分发挥督导评价的督促、改进作用;三是评选激励,就是依据评价结果进行资源配置、评选考核;四是问责惩戒,依据督导评价结果和有关规定,对失责人员或者单位进行严肃约谈、通报批评、责任追究。[1]之所以将督导评价的结果与问责结合起来,是为了增强督导的权威性,让教育督导"长出牙齿"。可见,结果的运用如何,是否要充分运用,直接关系到一个督导评价项目是否具有权威性、是否能得到重视、是否能发挥作用。

为了赋予上海高校分类评价以权威性、实效性,上海高度重视分类评价结果的运用,通过各项制度予以保障。2018年实施的《上海市高等教育促进条例》就明确提出:"市教育、发展改革、人力资源社会保障、编制、财政等部门应当按照市人民政府举办的高等学校(以下简称地方公办高校)在分类发展体系中的定位,确定其办学规模、人员配置标准、财政经费投入等事项,并根据办学水平分类绩效评价结果进行动态调整。"通过立法的形式规定评价结果的使用办法,不但使得结果使用有了依据,还使结果使用有了强制性。其中对于各责任主体的明确,更使结果的跨部门使用成为必须。

上海高校分类评价结果的使用主要包括如下四个方面。

第一,深度反馈评价结果。每年都会召开一次分类评价的高校集中反馈会。教育主管部门主要领导、相关职能处室负责人,高校领导、分管部门负责人,以及承担和参与评价任务的专家学者出席会议。会议的主要议题是介绍年度评价的结果、遴选高校代表经验交流、邀请专家作前沿报告、研究未来改革举措。反馈会上还将"一校一报告"和典型经验汇编印发给各高校。

第二,将评价结果与资源配置、评选考核挂钩。为了更好地落实《上海市高等教育促进条例》关于分类评价结果使用的规定,《指导意见》做了更加详细论述,明确提出:

---

[1] 中共中央办公厅、国务院办公厅印发《关于深化新时代教育督导体制机制改革的意见》[EB/OL]. http://www.gov.cn/zhengce/2020-02/19/content_5480977.htm.

"加强部门协同,将分类评价结果在市委、市政府相关部门间共享。根据工作推进情况,适时通过政府门户网站等平台公开发布评价结果,落实社会公众对高校改革发展成效和办学水平的知情权和监督权。""发挥分类评价结果导向作用,内涵建设经费、民办教育专项资金等市级财政投入按照分类评价结果进行分配。建立与分类评价结果相匹配的高级职称职数设置和绩效工资分配动态调整机制。将分类评价结果作为高水平建设高校遴选、高校党政负责干部选拔调整和绩效考核的重要依据。不断扩大分类评价结果运用范围,加大分类评价结果与资源配置'挂钩'力度,逐渐实现'硬挂钩'。"这里主要是从社会公开、资源配置、考核评选三个方面对结果使用作出规定。这些规定大都得到了落实。这一方面使高校十分重视分类评价工作,另一方面也使得政府实现了对高等教育的精准调控。

第三,教育督导问责依据。2021年,国务院教育督导委员会印发《教育督导问责办法》,对教育督导问责的情形、形式、程序作出具体规定,对于学校应该问责的情形进行了列举。2022年,上海市落实《教育督导问责办法》,制定了《教育督导问责实施细则》,明确将对学校的评估评价结果作为对学校进行问责的依据;如果学校对评估评价中发现的问题整改不力,也要进行问责。

第四,经验分享与交流。数据中呈现的问题,往往是高校管理不当导致的。因此搭建交流平台,让新思路和先进经验在不同高校中进行流转,是提升高校办学质量的重要路径。因此,市教育督导机构经常组织高校举办各种类型的研讨活动,比如,一年一度由各类型高校领导和专家参加的研讨会、一月一次由高校评价部门负责人和青年专家参加的基地沙龙活动。在这些活动中,高校都会分享经验、提出困惑,然后深度讨论、激发灵感、达成共识。同时,为了加强兄弟省份间的交流,市教育督导机构还会组织专家撰写论文、著作。

总起来看,上海高校分类评价的结果使用力度比较大,主要包括政府运用和学校运用两个方面。这一方面提高了评价的权威性,使高校加强了对这项工作的重视,把政府评价与自身评价结合起来;另一方面通过评价结果来进行资源分配、评选考核,政府实现了对高校发展的精准调控。

第七章

上海高校分类评价结果在高校的应用

上海高校既是分类评价的评估对象,又是分类评价中自我评价环节中的评估主体,还与政府及社会各利益团体间有不同的价值取向和利益需要,因此也成为了分类评价及高等教育多边治理中的一支重要力量。分类评价注重的是对高校内涵发展的研判,注重激发高校自我发展、自我激励的能力。分类评价给予了高校足够的改进与创新空间,给各高校在目标规划、未来发展中设置了足够的自主权。

故此,分类评价一方面引导不同类型的高校错位竞争、特色发展,另一方面引导各高校在相应的轨道中落实人才培养的特殊性、科学研究的针对性、服务社会的适切性和院校管理的规范性,而高校对这项工作的重视程度、理解程度、应用程度,是衡量其成效如何、成功与否的不二标准。本章拟从实施分类评价以来综合实力强劲与进步明显的高校中选取若干典型案例,以期对上海高校近年来主动运用分类评价的成果建立健全自我评价机制、促进高校特色内涵发展的相关情况进行更为全面的展示和更为深入的研究。

第一节 学术研究型高校

《上海高等教育布局结构与发展规划(2015—2030年)》指出,"学术研究型"高校以培养学术研究人才为引领,可授予博士、硕士和学士学位,学校以"综合性""多科性"为主。学术研究型高校大都为国家"双一流"大学,它们的建设水平如何事关上海的"国家任务"落实、地方原始创新能力的强弱、卓越全球城市建设的进程。上海高校分类评价在实施过程中,特别关注该类型高校的参与,着力引导其以评价为工具,提升自身办学水平,有效服务上海经济社会发展。

一、情况概述

学术研究型高校学科门类齐全、综合实力强,"双一流"高校是其中坚力量,在上海分类评价工作与国家"双一流"建设精神愈加同频共振的情况下,学术研究型高校对于分类评价工作也越来越重视,逐年推进建立起了与之相适应的治理机制。主要体现在如下几个方面。

1. 健全学校内部分类评价机制

学术研究型高校对于分类评价工作的响应,首先在于以分类评价为抓手建立健全学校内部分类评价机制。

同济大学将分类评价思路落实到二级学院"双一流"建设绩效评估中,将学院分为理工医类、人文社科管理类,对不同学科设计不同的评价体系进行考核,同时学习上海高校分类评价各级指标中体现出的从管理层面到成果产出、从客观数据到主观评价、从全面考核到细化均值、从定性定量分析到引入特色加分项目等前瞻性设计理念,细化改进校内绩效评估指标，以评价结果为参考，确定学院"双一流"建设经费、领导班子考核、奖励性绩效、研究生招生指标等，发挥绩效评估的正向激励作用，并根据评估结果每年发表《同济大学一流大学建设白皮书》。上海外国语大学探索构建符合外语类院校发展规律、具有外语类院校特色的分类评价体系，初步形成由学科分类发展、人才分类评价、科研综合评价三条主线构成的评价系统，制定教学科研单位《"双一流"建设考核办法》，做到过程评价与结果考核相结合、定量考核与定性考核相结合、基础性参考指标与发展性参考指标相结合、存量考核与增量考核相结合、分类标准与共性标准相结合。

2. 推动实现学校内部分类管理

学术研究型高校以分类评价工作推动学校在人才培养、学科建设、科学研究、队伍建设等方面实现内部分类管理。

坚持以质量为核心，深化人才培养模式改革。华东师范大学修订本科人才培养方案，开设本科"菁英班"，建立本科生荣誉学位制度，完善学术型研究生与专业学位研究生双重培养体系，探索博士研究生长学制培养，创新教师教育育人模式，提升创新创业教育质量。上海财经大学持续完善"3*3"卓越财经人才培养模式，推进本科生导师制，优化学术型研究生选拔和退出机制，加强应用型研究生培养中校企合作和行业导师建设，开设实务课程和双师同堂课程，并将智库思政作为科研育人的重要突破口和创新点。东华大学牵头制定国家纺织类专业首个本科教育培养标准，实施"纺织+"多学科协同人才培养模式，开设拔尖创新人才实验班，推进卓越工程师教育培养2.0计划，并建立校外第三方专业认证与校内自主专业认证相促进的"双轮驱动"质量保障格局。

调整优化学科专业布局，推动学科分类发展。一是调整学科专业布局。华东师范大学以学校学科布局链对接社会需求产业链为出发点，调整学科的校区空间布局，以学科群推动学部制改革，并着力加强一流学科培育力度，以一流学科建设带动学科整体发展。华东理工大学加强对形势政策及产业变革趋势的预判，在国家安全、人工智能、健康大数据等领域设立新的学科布局。东华大学围绕"一体两翼"+"引擎"学科总体布局，持续调整优化学科专业结构。二是加强学科交叉融合。上海财经大学以优势特色学科为主体，积极探索新文科、新商科建设，成立交叉科学研究院，以共建实验室、合作研究等方式促进产学研深化合作。东华大学大力推进新工科建设,并先后成立"先进低维材料中心""国际时尚科创中心""现代纺织科创中心"等三个学科科研平台,推动学科交叉融合。三是强化学科动态管理。华东理工大学实施重点学科建设项目筛选和动态管理机制,建立政策引导、过程监管、第三方数据评价的学科管理模式。

完善科研管理体制机制,服务国家区域发展战略需求。一是对接国家战略需求。华东师范大学构建校院二级科研管理模式,重点实施"国家战略精准对接工程",落实学校"三年行动计划",推进原创性、集成性卓越成果突破。东华大学对接国家五大类科技计划体系,成立重大科研项目预研专家组,提升重大科研项目承接能力。二是加强学术研究转化。上海财经大学深化实施"两个行动计划",加强上财特色新型智库建设,着力推动科研成果转化。上海外国语大学增设政策咨询、社会服务等工作量计算标准,将教师参与社会服务工作(如为国际组织提供口笔译服务等)折算为相应的科研工作成绩,鼓励教师将学术研究转化为社会服务。

贯彻落实破"五唯"精神,强化师资队伍建设。一是合理下放学院选人用人自主权。华东师范大学合理界定和下放人才评价权限,推动具备条件的学部、院系自主开展评价聘用(任)工作。东华大学推进人才特区建设,扩大学院选人用人自主权。二是加强教师队伍分类管理和评价。华东师范大学健全以质量和贡献为核心的分类管理评价体系,力推"代表作制"。上海财经大学打造2.0版"常任轨"管理机制,推进"双轨融合",分类、分层次、分学科设置教师考核内容和考核方式。东华大学实施准聘长聘、短期聘用、短期合作等多种灵活的分类管理机制。

3. 优化完善大学内部治理体系

各高校坚持以分类评价要求不断完善顶层设计,优化大学内部治理体系。

将分类评价结果与学校发展规划充分结合。上海大学把握定性与定量评价、投入与产出评价、外延式发展评价与内涵式发展评价的度量,举一反三,结合学校五年规划、中长期规划,及时调整和优化学校相关工作,并以分类评价数据填报为依托,建立专职统计人员队伍,推动学校大数据平台建设,逐步打通学校各部门间的信息孤岛。华东师范大学加强分类规划、分类引导,将"十三五""十四五"规划体系与年度工作要点、重大专题会议、机关院系评估考核捆绑,推进规划落地执行。

利用分类评价结果完善学校治理组织架构。上海财经大学健全以学术委员会为核心的学术管理体系,形成"1+6+N"的学术治理组织架构。东华大学全面推行校院两级管理,深入推进综合改革和人才强校核心战略,加强校、院学术组织建设,体现分类指导,推进二级单位绩效考核。

二、典型案例1:复旦大学

1. 落实思路

学校高起点部署,通过立机制、改导向、促转变推进教育评价方式改革。坚持以分类评价为抓手,针对不同主体、不同学科、不同阶段特点,分类设计评价标准、评价方法、激励举措,科学统筹、精准施策。通过落实各项改革攻坚任务,推动学校立德树人落实机制更加完善,引导教师潜心育人、创新报国的评价制度更加健全,促进学生全面发展的评价办法更加多元,为建设中国特色世界一流大学提供坚强制度保证。

2. 具体举措

第一,高质量实施学校"十四五"发展规划。

构建"十四五"规划指标体系。牢牢盯住"内部提效、结构发展、高质量增长"的"十四五"发展主线,重点突出国家使命担当和面向国际重大挑战的大学贡献力,强调人才、项目、成果的贡献价值和国际影响,强化各个学科发展目标。制定指标分解方案,将指标分解到二级单位,明确分年度任务,确保所有指标落实到位、落实到岗。

建立"双一流"成效评估机制。制定"双一流"建设年度绩效评估方案,通过"目标—落实—考核"的闭环管理机制,督促各二级单位围绕"双一流"建设六大任务统筹布局、强化落实。年初,学校层面下达各单位年度建设目标,年末,组织开展绩效评估。通过评估各单位的"双一流"年度重点工作、发展规划的年度关键任务、各单位重点改革任务的完成情况,激发各单位内驱动力,推动学校事业高质量发展。

推进"多规合一"工作。瞄准"第一个复旦"建设要求,针对人、财、物等重要发展要素,统筹学生培养、师资队伍、科学研究、学科发展、空间保障等板块规划的落地实施。根据"十四五"任务分解内容,明确各二级单位的学科规划、科研规划,在此基础上,明确二级单位"十四五"期间的学生规模和师资队伍规模,最终确定二级单位的空间规划,实现"多规合一"。

第二,深化教育评价改革,健全和完善评价体系。

构建以特色、质量和贡献为导向的学科评价体系。健全学科建设成效评估体系,强化人才培养中心地位,不唯论文收录数、引用率或奖项数等数量指标,突出学术成果的原创性、前沿性、突破性、贡献度。强化学科动态监测体系建设,建设"双一流"建设与学科管理综合数据平台,动态监测学校事业发展和建设成效。

完善教育教学评价,深化学生培养体系改革。改进课程教学评价,健全课程评价机制和人才培养质量保障体系,推动将教学评价结果应用于教师职称晋升和评奖评优。深化招生制度改革,突出分类考核、综合评价。完善就业与招生计划、人才培养联动机制,完善就业质量评价反馈机制。

改进科研评价,完善学术科研成果评价机制。健全适应文社理工医不同学科特点和融合创新要求的评价标准,根据学科特点,加强分类评价,注重过程评价和结果评价、短期评价和长期评价、定量评价和定性评价相结合,注重对原创性、代表性成果的科学评价。合理设置评价周期,加强对长期研究项目、重点团队和研究基地的稳定支持。

改革教师评价,完善绩效评价激励制度。强化师德师风第一标准,把师德要求和政治标准作为引进招聘、职称评审、提拔选任、导师评聘、岗位聘任的首要标准。持续推进综合准入标准基础上的代表性成果评价制度,丰富代表作形式,进一步完善对代表性成果质量、贡献、影响等方面的要求。

改革学生评价,深化"三全育人"综合改革。坚持德智体美劳五维育人,探索构建学生综合素质评价体系,创新过程性评价办法。完善德育评价,改进体育、美育和劳动教育评价。严格学业标准,完善过程性考核与结果性考核相结合的学业考评制度。

3. 取得实效

第一,构建制度体系,推动评价改革落到实处。整体层面出台《复旦大学深化新时代教育评价改革方案》,为树立科学的教育评价导向、加快建设"第一个复旦"、推进学校治理体系和治理能力现代化进一步明确行动指南。制定《复旦大学关于教授为本科生上课的若干规定(试行)》《复旦大学研究生教育督导工作方案(试行)》《研究生课程质量评价标准》,健全人才培养质量保障体系。制定《复旦大学赋予科研人员职务科技成果所有权或长期使用权试点实施方案》《复旦大学"双一流"突出成果绩效奖励方案》,改进科研评价方法。出台《复旦大学"三全育人"体系下的教师评价机制改革实施方案》,制定实施《"双一流"绩效实施方案》,深化教师职称制度改革。印发《"三全育人"综合改革试点工作方案》,出台《复旦大学关于加强新时代美育工作的实施细则》《复旦大学关于加强新时代体育工作的实施办法》,制定《关于促进毕业生服务国家战略、进一步加强招生就业培养联动的实施意见》,健全学生综合素质评价体系。

第二,二级联动凝聚发展合力,推进学校事业高质量发展。学校层面启动"多规合一"工作,整体评估规划目标推进情况,统筹学科建设、人才培养、师资队伍建设、科学研究、国际合作、社会服务等各个板块的发展方向和速度,确保"十四五"各项重点任务落地落实。62家院系、实体机构和18家附属医院根据总规划完善本单位规划,推动规划体系进一步完善。稳步开展2021年"双一流"成效评估工作,组织74家二级单位准备相关评估材料(共358份),邀请校领导及职能部处进行评分,激发各单位内驱动力。

第三,以质量、贡献为导向,奋进建设"第一个复旦"。坚持"破五唯",以成果质量、贡献为导向,加快建设中国特色世界顶尖大学。2021年,学校启动新一轮"双一流"建设,入选20个"双一流"建设学科;坚持人才第一资源,全年引进各类高层次人才同比增长27%;坚持创新第一驱动力,获国家自然科学奖一等奖,实现历史性突破;完成"习近平新时代中国特色社会主义思想研究工程"和"当代中国马克思主义研究工程"一期建设,产出成果20卷;主动对接国家重大战略和经济社会发展,参与国家实验室建设,建设张江复旦国际创新中心;以青浦校区筹划建设为抓手,对接融入长三角一体化;合作共建复旦—欧洲中国研究中心,服务"一带一路"建设;积极落实联合国可持续发展目标,为推动全球可持续发展作出贡献,2021年影响力排名居世界第27名,在SDG7(经济适用的清洁能源)单项中排名世界第一。

三、典型案例2:上海交通大学

1. 落实思路

学科是高校教学、科研、人才培养、服务社会、文化传承与创新等多个方面的综合体现,是研究型大学办学的龙头。上海交通大学充分借鉴上海市对高校分类管理评价的思路,不断完善学科建设模式,更加尊重各学科不同的发展阶段和发展特点,坚持学科建设分类指导、分类管理,在学科建设实践中采用分类施策、分类评价,有效规避以一把尺子衡量所有学科的弊端,激励各学科健康快速发展,夯实顶尖的世界一流大学建设基础。

2. 具体举措

做好学科的分类施策。面向未来,把学科建设与学校长远发展目标相结合,出台《上海交通大学"十四五"学科建设规划》(以下简称《学科规划》)《上海交通大学新一轮"双一流"建设方案》(以下简称《建设方案》),制定了新一轮建设学科方案,完善了学科群建设的模式,优化了重点投入机制与管理办法和保障机制。《学科规划》和《建设方案》根据学科性质,对不同学科提出了不同的建设要求。基础学科更加强调面向国际学术前沿,应用学科加强服务好国家重大战略需求,生命医学学科强化守护人民生命健康,哲学社会科学学科坚持推进人类社会和人类文明的发展。同时,根据学科的建设状态和发展水平,采取针对性举措。例如,赋予高水平的一流学科更多的自主权,激发学科活力,推进学科建设结构性变革和系统性提升,鼓励高水平学科积极参加国际竞争与合作,尽早建成世界顶尖学科。

加强学科的分类评价。根据不同的学科特点,分组设计不同的院系评价指标体系。按照学科性质以及学科发展阶段将学院分为工科类、理科及生命学科类和人文社科三大类,分别设计不同的指标体系进行考核。在指标采选上,切实考虑不同学科特点,采用不同的指标体系,如理工科及生命学科类指标强调世界一流大学可比,人文社科类则强调国内领先。充分尊重学院的办学自主权,由学院根据自身发展定位和发展重点,自己设定若干个特色指标,鼓励学院办出特色。在评价过程中,坚持主观评价和客观评价相结合,对部分指标开展专家评估。

3. 取得实效

学校在建一级学科58个,其中一级学科博士点52个,博士点涉及理、工、农、医、经、管、文、法、艺、教、交叉等11个学科门类,在建学科一级博士点覆盖率达到90%,综合性大学学科布局结构更加合理。在全国第四轮学科评估中,共获得25个A类学科,居全国高校第四位,18个学科被认定为国家"双一流"建设学科,学科整体水平进入世界百强,学科综合实力明显提升。5个学科获评教育部A+学科,7个学科被遴选为上海市Ⅰ类高峰学科,一批学科跻身世界一流行列,部分学科领域进入世界一流前列,学科高峰日益凸显。

四、典型案例3:同济大学

1. 落实思路

按照《深化新时代教育评价改革总体方案》要求,结合同济大学人才培养质量保证体系的持续改进和完善,强化体美劳育在本研贯通人才培养体系中的重要作用,明确人才培养质量保证体系中的关键要素和质量要求,改进体美劳育的理论课程和实践教学的评价方法。以学生成长为中心,以学生体美劳意识和能力培养为导向,持续改进体美劳育的教学和实践活动,促进学生德智体美劳全面发展。

同济大学新修订人才培养质量保证体系2.0,设有"体育、美育、劳育[3.3.10]"和"第二课堂[3.3.9]"二级项目,对应共有6个关键要素,并针对各关键要素提出了各项质量要求,用于指导修订相应教学管理文件以及体美劳育理论课程和实践教学。体美劳育课程评价做到课内与课外结合、理论与实践结合。理论课程将线上MOOC课程与线下课程教学相结合,实践教学根据体美劳育不同要求设计。通过课程评价,促进课程大纲和考核要求的规范,促进本科课程评价体系的健全,提高体美劳育质量,推动形成课程育人、实践育人、环境育人的质量文化。

2. 具体举措

学校将体美劳育列入人才培养方案,并开展课程评价工作。

健全体育理论课程和实践教学评价指标。针对体育公共课程教学,实施"4(必修学分)+1(必修学分)+N(学时)"体育课程方案。对于线上教学,采用线上教学MOOC课程评价方案评价;对于线下教学,研制体育公共课程教学评价方案,从教学大纲和考核要求、课程目标达成、教学过程和课程特色等方面设置评价指标,促使学生在体育锻炼中享受乐趣、增强体质、健全人格、锤炼意志。针对"健康知识+基本运动技能+专项运动技能"的公共体育教学模式,传授学生科学锻炼和健康知识,指导学生掌握1—2项专项运动技能,广泛开展普及性体育运动,研制体育实践类评价指标,从体育实践活动安排、体育实践活动结果、体育实践活动过程和体育实践活动特色等方面设置评价指标,通过"面向人人,人人参与"的课外体育锻炼,促进学生养成终身体育锻炼的习惯。

完善美育理论课程和实践教学评价指标。针对美育理论课程教学,实施"1(必修学分)美育线上必修通识课程"方案。采用学校线上教学MOOC课程评价方案开展美育线上必修通识课程评价,致力于提升学生的审美层次,提高学生发现美、体验美、鉴赏美的能力,温润心灵、陶冶情操、启迪智慧。针对美育实践课程群教学,实施"美术建筑类、音乐舞蹈类、人文美学类、戏剧影视类、设计制造类"美育实践三度教学方案,研制美育实践课程教学评价指标,通过强化美育实践课程学习体验,提高学生审美塑造的自觉性与能动性及思想道德境界,活跃校园文化。

探索劳育理论课程和实践教学评价指标。针对劳动教育教学,实施"8学时线上课程+24学时劳动实践"的必修环节。线上课程教学将马克思主义劳动观教育、科学家精神、劳模精神、工匠精神和大学生劳动法等法律法规作为主要内容,采用学校线上教学MOOC课程评价方案开展劳育线上课程评价。针对24学时劳动实践,包括劳动习惯养成等7个板块,由学生自由选修,研制劳动实践教学评价指标,从实践内容(劳动育人内涵)、实践过程和结果(讲解、示范和练习安排,达到预期目标)以及学生评价(学生问卷或报告)等方面进行评价。

3. 取得实效

根据《同济大学关于加强新时代体育工作的实施方案》《同济大学关于加强新时代美育工作的实施方案》《同济大学关于加强新时代劳育工作的实施方案》,建立健全体美劳育理论课程和实践教学评价指标。通过理论课程和实践教学评价,强化体美劳育在人才培养体系中的作用,促进学生德智体美劳全面发展;促进体美劳育课程大纲和考核要求的规范,提高体美劳育质量,推动形成课程育人、实践育人、环境育人的质量文化。

第一,增强学生体质、提高体育教学质量。建设和完善同济体育与健康培养体系,学生体质健康和体育综合素养明显提升,形成同济品牌,传承同济精神,形成多样化、现代化、高质量的学校体育体系。完善学生体质健康档案,积极推进学校在招生测试中增设体育项目。建立日常参与、体质监测和专项运动技能测试相结合的考查机制,将达到国家学生体质健康标准要求作为教育教学考核的重要内容。积极推进学校体育评价改革,建立同济体育毕业标准。

第二,提升普及艺术教育质量,育人机制和评价体系明显完善,学生审美和人文素养显著提高。通过课堂美育、学科美育、二课堂美育、环境美育、网络美育协同并重,开设普及性美育通识课,提高学生审美素养;挖掘不同学科所蕴含的美育资源和承载的美育功能;与各学科教育实践活动有机结合,将美育贯穿专业教育教学全过程;以校园文化活动为依托,开展丰富多彩的艺术教育和审美实践活动,加强宣传,充分利用各类载体,营造具有美感的校园文化氛围。

第三,全面提升学生劳动素养,促进学生全面发展。通过劳动教育,使学生能够理解和形成马克思主义劳动观,牢固树立劳动最光荣、劳动最崇高、劳动最伟大、劳动最美丽的观念;培养学生具有勤俭、奋斗、创新、奉献的劳动精神并尊重普通劳动者、珍惜劳动成果;具备胜任专业工作的劳动实践能力、创新创业能力以及在劳动实践中发现新问题和创造性解决问题的能力;使学生养成良好的劳动习惯,尊重劳动、崇尚劳动、热爱劳动。

五、典型案例4:华东师范大学

1. 落实思路

华东师范大学深入贯彻落实党的十九大精神和全国教育大会精神,根据《关于深入推进高校分类管理评价促进高等教育内涵式发展的指导意见》相关要求,始终坚持立足上海办学、服务城市发展,努力为国家和上海市经济社会特别是教育事业改革发展贡献力量。自上海高校分类评价实施以来,学校把建立健全内部分类管理与评价机制作为促进高质量发展的重要抓手,在学科建设、人才培养、科研管理、人才评价等方面采取分类管理、分类指导,有效推动了学校各项中心工作的深入开展并取得明显成效,为加快建设特色鲜明、优势突出的世界一流大学提供了新能源、新动力。

2. 具体举措

第一,开展学科分类管理。一是以教育学、生态学、统计学三个一流建设学科为依托,构筑学科群与特色学科相结合的学科重点建设发展体系,实现分类支持、均衡发展,重点突破、整体推进。二是以集聚效应和生态内涵为导向深化学科空间布局调整,基本形成闵行校区以文理基础学科为主、普陀校区以应用学科为主的新格局,打造学科链对接产业链的环校区教育科技产业高端集聚区。三是建立健全"评估—规划—建设"一体化的学科发展考核评价及自我调整机制,按大类、分批次、全覆盖开展校内所有学科评估、规划、建设专项工作。

第二,加强教育教学评价。一是建立"评估—反馈—改进"的螺旋上升式闭环体系。全面开展校院两级课程评估,落实高水平课程质量标准以及课程准入和退出机制。发布课程思政建设自查指标体系,建立内部—外部常态化评估机制,将思想政治教育融入人才培养全过程。二是建立健全以提高教学质量为导向的教师评价体制。实施课堂教学准入制度,将新入职青年教师助教工作的考核结果作为"课堂教学准入证"。破除"五唯"导向,实施教师自评、同行评价、学生评教"三位一体"的动态教学质量评价机制。三是完善多维度、多元化的人才培养与评价办法。推进学术训练、学科竞赛、创新创业等学分认定,且自2018级本科生起,可用创新创业成果申请毕业论文(设计)答辩。把实现毕业生更充分和更高质量就业作为检验院系办学成效的关键指标,鼓励毕业生到国家重大工程、重大项目、重要领域就业。

第三,推进科研评价体制改革。一是探索实施分类评价。针对基础研究,主要通过同行评议和在学界公认的学科顶级期刊上发表原创性论文情况,评价其学术创新性和影响力;针对应用研究,主要通过展示成果社会影响力的咨询报告、学术著作、特邀报告及成果转移转化情况,评价其服务国家战略和经济社会发展的能力;针对国防科技等特殊领域研究,制定了专门的科研评价办法。二是推行代表性成果评价。积极向"产出重大理论创新成果,前沿技术突破,解决重大工程技术难题,在经济社会事业发展中作出重大贡献"的代表性科技成果倾斜。三是加强多维度与过程性评价。在规范使用SCI论文相关指标、"不唯经费、项目和论文"的同时,开展科研多维度综合评价,将表征工作状态的科研组织、人才培养和基地建设等指标纳入院系科研绩效评价体系,引导院系持续加强科研组织和管理。四是强化同行评议。注重组织"大、小同行"

参加评议,大同行着重评价科学问题的凝炼和科研发展的趋势,小同行着重评价学术能力和水平。五是优化学科交叉合作成果的评价和认可。支持教师将学科交叉合作研究成果作为代表性成果进行职称申报、科研工作量统计,鼓励实质性的跨学科交叉合作。

第四,完善人才评价机制。一是实施岗位分类评价和精细化管理。将专业技术岗位分为两系列、六大类,形成理工科、文科、艺术学科等以学科或学科群为单位的分类评价体系。探索设置智库系列与高教管理岗位类型。针对各学科特色和不同系列人员岗位特质,在聘任、评价、考核和晋升等方面建立分类明确、多元导向的管理制度。二是构建多元化评价机制。把认真履行教育教学职责作为基本要求,强调以高质量代表性成果+多指标科学组合为核心的综合评价,探索长周期评价,完善同行专家评议机制,注重个人评价与团队评价相结合,实现人才评价的多维优化。在评价过程中坚持兼量保质,在评价结果上"看实绩""重贡献",重点考量成果的学术贡献、社会贡献及支撑人才培养情况,合理提升其评价权重,破除"五唯"导向。三是合理界定和下放人才评价权限。完善校院两级人事管理体制,推动具备条件的学部、院系自主开展评价聘用(任)工作。四是统筹推进绩效管理改革。实施"绩效奖励"与"卓越激励"制度,完善基于贡献和实绩导向的薪酬体系。

3. 取得实效

学科优势特色不断凸显。学科发展势头良好,学科水平与实力大幅提升。12个学科在教育部第四轮学科评估中获评A类,其中,A+和A学科数量达到7个,居全国高校第12位。

卓越育人体系逐步健全。引领课程思政改革,入选首批教育部课程思政教学研究示范中心、首批上海市课程思政"整体试点校"和领航高校,教育学部入选教育部"三全育人"综合改革试点单位。教学建设成绩斐然,学校现有10个国家基础学科拔尖学生培养计划2.0基地、58个国家级一流专业建设点、41门国家级一流课程、29项全国教材建设奖。教学技能突出,近五年教师获省部级以上教学荣誉260余项、省部级以上称号课程230余门。个性发展成效显著,近四届中国"互联网+"和挑战杯等重大比赛成绩位列全国前十,获上海市首批深化创新创业教育改革示范高校、全国创新创业典型经验高校50强等荣誉。在历年本科毕业生满意度调查中,超90%毕业生对教师教学质量表示满意。

科研创新能力日益增强。自然科学领域多项研究取得突破性进展,面向数据科学和人工智能关键技术瓶颈,实现关键核心业务中数据库系统转型替代,成果获国家科技进步奖二等奖。实现控制软件生产环境重要环节自主可控,服务航空航天等国家重大工程,成果获上海市科技进步奖特等奖。分子拓扑学、海洋生物地球化学等领域研究在《自然》(Nature)、《科学》(Science)等顶尖期刊发表重要成果。人文社科领域推出"精品战略",鼓励原创性研究,纵向项目立项数连续多年位居上海第一、全国前列。2021年,获批4项教育部哲学社会科学研究重大课题攻关项目,并列全国第一。15家智库入选CTTI来源智库,5家智库入选CTTI中国高校百强智库。

师资队伍活力有效激发。围绕学科布局,立足"高精尖缺"导向,精准引进一批具有国际影响力的一流领军人才。深入实施"人才强校"战略,"十三五"期间新增各类国家级人才计划入选者140余人,各类省部级人才计划入选者280余人次。专职科研人员和博士后队伍规模发展至900余人。学校获"全国五一劳动奖章",涌现出首批"全国高校黄大年式教师团队"和"全国优秀共产党员""全国创新争先奖章"获得者等优秀典型。

第二节 应用研究型高校

在上海深化高等教育综合改革的过程中,"应用研究型"高校的定位是,以培养应用研究与开发的人才为重点,可授予博士、硕士和学士学位,学校以"多科性""特色性"为主。应用研究型高校以分类评价的各项指标为指引,逐步找准发力点,服务国家和上海特色战略,实现以一流学科建设带动一流大学整体发展,加快地方高水平特色大学建设。

一、情况概述

应用研究型高校是体现上海科研高地和创新高地最为具体的结合点,近五年来,各高校在人才培养、学科科研、内部治理等方面对分类评价工作均作出了积极响应,成效显著。

1. 推进落实立德树人根本任务

应用研究型高校以分类评价为引领,推进落实立德树人根本任务,推动形成大思政格局。上海理工大学以"工程德育"为主线,充分整合和挖掘专业课程、教师、实践平台、文化项目等工程人才培养资源的德育功能,同时聚焦工程行业企业发展中的哲学社会科学问题,加强工程特色的马克思主义研究。上海中医药大学在抗击新冠肺炎疫情中,以组建援汉医疗队、开展"思政课战疫小课堂"、连线援鄂医护人员等方式,将战"疫"中的民族精神、时代精神融入"三全育人"。上海戏剧学院出台《构建大思政格局,深入推进立德树人若干意见》,不断提升教师育人意识和育人能力,挖掘专业课程中的思政元素,探索艺术学科"课程思政"和艺术院校"思政课程"的教学规范和评价标准,打造"戏剧+思政"品牌模式,构筑艺术教育和思政教育相融合的方式和路径。

培养创新创业能力,打造协同育人平台。上海理工大学与原机械工业部隶属的八家院所合作建立"机械工业共性技术上海研究院"和"机械工业上海研究生院",实行"双导师、两段式"培养,借鉴医学院建设临床教学医院模式,推进建设一批"临场教学企业",与交大医学院共建"医工交叉研究生院",在临床一线培养医工复合型人才。上海中医药大学允许校内创新团队根据创新任务跨学科门类审核制招收研究生。上海对外经贸大学根据分类评价工作对人才培养特色的导向及要求,在各专业人才培养方案中将创新创业教育与专业教育有机融合,打造以"博实"国际商业创新创业精英人才特训班为主体的国际化商科创业实训平台群,与上海市长宁区政府共建"古北620"创业孵化基地,并提供"一站式"创新创业服务保障。

2. 凝聚发挥学科科研优势特色

结合上海高校分类评价目标任务,各应用研究型高校坚持质量优先原则,在引导特色学科发展、加强特色学科交叉方面进行了积极探索。

第一，加强应用型学科专业建设。上海理工大学依托未来光学、智能制造、医疗器械与康复等工科国际实验室和系统管理平台，推动光学工程、动力工程与工程热物理、机械工程、生物医学工程和系统学科等一流学科建设和管理科学与工程高原学科建设，增设交通工程及新媒体技术专业，布局建设人工智能、机器人等新工科专业。上海海事大学新增供应链管理专业。

第二，推动特色学科交叉创新。上海理工大学加强医学与工学、理学等多学科融合协作，组建人工智能纳米光子学中心和机器智能研究院，推进人工智能创新和人机共融技术研究，与海军军医大学合作筹建军地结合创新研究院，推进军民合作创新。

第三，强化学科建设发展监测。上海理工大学以分类评价为基础，建立学科绩效管理指标体系，形成学科建设标准，为科学持续地监测学科建设全过程提供依据，同时推进学位点动态调整机制。上海音乐学院结合分类评价指标体系提出学院《一流学科建设质量控制引导指标》，其中原创性指标达40%，为艺术学科尤其是"音乐与舞蹈学"建设工作提供全指标引导，并根据各二级单位实际情况，合理设置学科建设任务、成果目标及质量水平完成度，与学校签订任务书，在建设周期中兑现KPI指标内容。

第四，加强特色领域科技攻关。上海理工大学攻关先进制造产业和国防工业中的共性和关键技术，建立产学研合作长效机制，分阶段推进太赫兹项目，建立"沿途下蛋"机制，边出成果边应用，发起成立国家增材制造创新中心上海航空创新中心、上海增材制造航空创新研究院，为中国大飞机制造、上海科创中心建设作出贡献。上海中医药大学组建顶尖优势创新团队，充分授权团队负责人，以中医药领域重大科学问题和国家社会发展需求为导向开展研究，并成立中医药防治新冠病毒科技攻关专家组，设计相关应急科研攻关项目方案，启动治疗新冠肺炎新药研究，主持制定《上海市新型冠状病毒感染的肺炎中医诊疗方案（试行）》，服务"健康中国"战略。

第五，强化技术成果转移。上海理工大学与长三角高校共同发起成立长三角高等工程教育大学科技园联盟，打通科技成果转化路径及机制体制创新，出台相关管理办法，规定专利转让可协议定价，无需评估，并在沪上率先落实"科创22条"，建立教师股权激励机制，允许科研人员兼职和离岗创业。

第六，加强国际交流合作，积极融入"一带一路"。上海中医药大学加强中医药国际标准化平台建设,已确立制定中医药国际标准的引领和主导权,响应国家"一带一路"倡议,建成捷克、马耳他、毛里求斯、摩洛哥等海外中医中心,在希腊正式挂牌运作全球第一家太极健康中心,打造中医药国际品牌。上海海事大学作为唯一高校联合举办"2019全球贸易与国际物流高峰论坛"和"中国工程建设行业供应链研究与创新发展论坛"两场中国国际进口博览会配套活动。

3. 释放学校办学绩效治理效能

还有部分应用研究型高校对接上海高校分类评价指标体系,积极释放学校办学绩效治理效能。

坚持绩效导向,开展二级单位办学绩效评价。上海师范大学对接分类评价指标要求,结合自身阶段需要,对学院绩效考核体系中"专业建设与本科生培养""学位点建设与研究生培养""科学研究""师资队伍建设""国际化办学与交流合作""资源使用与管理保障"等六大板块指标加以修订。上海海事大学将分类评价指标与学校对二级学院考核评价相结合,长线布局学校发展。上海体育学院转变校内自上而下的考核评价方式,引入第三方专业机构,对应上海高校分类评价指标体系,建立健全二级单位办学绩效评价机制。

突出结果应用,与学院考核及资源配置挂钩。上海海洋大学研制四类学院分类管理与分类评价指标,建立与之相符合的资源配置机制,引导学院合理定位、特色发展。上海体育学院将校内绩效评价结果与学院年底考核、办学资源配置挂钩,为学校优化办学资源配置与实施考核评价提供基本依据。

二、典型案例1:上海理工大学

1. 落实思路

2018年,在教育综合改革政策引领下,上海市启动探索高校分类管理、分类评价,改"一列纵队"为"多列纵队",鼓励不同类型的高校办出特色、办出水平。学校依托百年来办学积累的优势特色,对接国家和上海的重大需求,借鉴国内外同类型顶尖大学的成功模式,通过广泛征求师生意见,由第八次党代会讨论确立学校办学的基本定位为"应用研究型大学",办学目标为"特色显著的一流理工科大学"。其后,学校遵循这一办学定位和办学目标,在上海市教委分类管理政策指导和分类评价机制引导下,全面推进人才培养、科学研究、社会服务等各方面工作,取得了较为突出的实效。

2. 具体举措

第一,以国际实验室为载体,推进一流学科建设。

2018年起,学校结合自身办学特色和定位,借鉴劳伦斯·伯克利实验室支撑加州大学伯克利分校、林肯实验室支撑麻省理工学院等成功经验,确立了高水平地方高校的建设主线:以国际实验室和特色平台为载体,凝练和聚焦特色方向,大力推进一流学科建设。四年建设初见成效,尤以未来光学实验室为代表。

未来光学实验室致力于研究面向未来的光科技前沿科学问题和产业应用,拥有3万平米建筑面积,是目前全国高校中最大的光学实验室,是学校推进光学工程学科建设的重要载体。四年来,平台聚才引才成效显著,2019年全职引进中国工程院外籍院士、澳大利亚两院院士、国际光学学会副主席顾敏团队,2020年全职引进美国代顿大学终身教授詹其文团队。

未来光学实验室由庄松林、顾敏两位院士领衔,聚焦太赫兹基础理论与应用、人工智能纳米光子学、超精密光学元件及仪器等方向开展研究。四年来,完成太赫兹纳米成像国产化样机,超越国际商用最高精度;试制宽频便携太赫兹源国产化样品,得到中央部委肯定;申请光子忆阻器理论模型并完成实验验证,在光子芯片关键器件研发上取得重要突破;试制完成首台红外直写光刻原型机,为碳基芯片加工提供支撑;为上海光源硬X射线系统研发世界领先的5纳米数字激光干涉仪等。

第二,坚持立德树人根本任务,打响"卓越工程教育"品牌。

学校坚持立德树人根本任务,积极探索工程教育改革,持续巩固和提升"卓越工程教育"品牌。

一是围绕立德树人根本任务,全面推进课程思政建设。研制课程思政教学指南,形成课程思政操作规范,并将课程思政建设全面纳入学院、支部、教师等各级各类考核和评价体系。

二是以新工科改革为突破口,积极推进产教融合发展。以工程教育认证为抓手,大力推进一流本科专业建设;仿照医学院办附属医院的模式,打造校企深度融合的"产业技术学院";探索开设项目课程,本科生以课程形式参与到科学研究中,综合培养设计思维、系统思维、创新精神和团队合作等素养；以双创大赛为抓手，全面提升学生综合能力培养，2019和2020年两获"互联网＋"创新创业大赛全国金奖。

三是以质量为根本，大力提升人才培养质量。"两手抓"学风建设，根据高校学生管理特点，以寝室为"细胞"抓学风，根据学生学习习惯养成规律，以一年级为重点抓学风；探索实施"荣誉学位"体系，为学有余力的学生推出较高难度的"荣誉课程"，形成更高要求的"宽进严出"机制。推进"五课一体系"改革，开展大学生思政讲师大赛，探索思政课改革，引导大学生自我德育；面向人工智能时代背景，探索"实战式"计算机课改革；借鉴国际化示范学院，推动外语课改革；推行以赛代课、以训入课的体育课教改，培养学生终身兴趣；改革人文素养教育体系，打通通识课和第二课堂。

第三，"三点支撑、三个融合"跨学科创新，主动服务上海先导产业。

随着科技的飞速发展，新兴产业越来越难以通过单一的学科知识体系去支撑和服务经济发展。高校必须大力推进跨学科创新，方能更好地服务产业发展前沿需求。为主动对接上海三大先导产业，学校聚焦医工交叉、人工智能及智能制造、军地结合三个领域，积极推进跨学科创新，加快服务地方经济发展。以医工交叉为例，初步探索形成了"三点支撑、三个融合"的创新机制。

"三点支撑"指学校通过与交大医学院、微系统所等深入合作，共建科学研究、人才培养、技术转移三个载体，共同支撑形成医工交叉创新体系，使得源于临床需求的创新创意、工科多学科的技术支持、医工交叉复合型的青年研究生、政府导向政策和扶持资金、民间风险投资等创新要素得到了有效集聚。"三个融合"指科教融合、产教融合和军民融合。医工交叉跨学科创新中心的建设不但融合了中科院、联影、微创等科研院所和行业龙头企业的力量，也通过与海军军医大学的合作，面向海军医疗科技和保障服务开展军地结合的合作研究。

3. 取得实效

四年来，医工交叉创新体系的建设已经初见成效，开展合作攻关项目400余项，有10个项目已具备产业化价值，其中4项已注册创业公司。尤其是新冠疫情暴发后，交医附属医院的医生们从援鄂一线提出39项抗疫急需项目，学校快速响应，组织十余支团队进行科研攻关。其中，由庄松林院士牵头组织和完成的"新冠病毒及烈性病原致病病毒全自动检测系统"被列为中国工程院疫情专项项目。

三、典型案例2：上海中医药大学

1. 落实思路

自2018年上海高校分类评价工作开展以来，学校始终高度重视，认真贯彻落实，加强组织领导，扎实推进分类评价工作。学校以高校分类评价为契机，立足应用研究型特色性大学的办学定位，坚持分类管理、引导特色、注重质量，通过建立标准、规范管理不断提高国际教育教学管理水平、树立中医药国际教育品牌，有力地促进了内涵发展及国际影响力的提升。

学校将教育国际化、标准化作为学校重要发展战略，率先将国际认可度较高的质量管理体系标准——ISO9000族系列质量标准引入中医药对外教育管理领域，建立了上海中医药大学国际教育质量管理体系。该体系先后通过"ISO9001:2015 国际质量管理体系"认证，获得中国合格评定国家认可委员会(CNAS)和美国国家标准协会—美国质量学会认证机构认可委员会(ANAB)证书，成为国内唯一受国际认可的中医药国际教育质量管理体系。

2. 具体举措

学校早在20世纪80年代即开始探索建立中医药院校的教育教学质量保障体系，目前已建成较为完备的中医药教育质量保障体系，并已形成较完善的组织体系和工作机制。在此基础上，学校引入 GB/T 19001-2016/ISO9001:2015 质量管理标准，建立上海中医药大学国际教育质量管理体系，并以此为抓手，强化学校国际教育过程管理，确保对来华留学生的质量要求与中国学生一致，能够做到对培养过程的决策、执行、评价、信息反馈和改进全过程管理，不断提升培养质量。

学校通过实施"上海中医药大学高等中医药对外教育质量管理体系"，对留学生在校学习和生活的各个节点和重点过程开展实时及重点质量监控。在具体推进工作中，学校依据预防、监督和自我改进三大管理机制，坚持"PDCA"(Plan—策划，Do—实施，Check—检查，Act—处理)的过程循环，坚决落实持续改进要求，定期开展管理评审、内部审核、外部审核以及3年一轮的换证评审。围绕质量方针、质量目标、组织结构、过程控制等要素进行持续改进与纠错,不断改善教育和服务质量,确保为留学生提供的高等教育、研修培训服务及相关活动过程规范、程序完整、保障到位。

同时,学校建立了留学生满意度调查制度,定期对长、短期留学生学习、管理和生活等方面的问题开展满意度调查,撰写分析报告,结合学生座谈会收集到的意见和建议,定期向教学院系及相关管理部门反馈意见,提出改进工作的建议,相关院系和管理部门积极采取相应措施,及时改进。通过质量方针、质量目标评审、管理评审、内外部审核,以及教育教学服务质量分析、留学生调查分析等,持续优化改进,不断提升国际教育服务质量,较好地满足了留学生发展需求。

3. 取得实效

一是办学规模与质量优势明显提升。

学校在国际教育的办学理念与标准化管理、教育教学与学习支持服务、以中医药文化为载体的人文教育以及教师国际化能力促进等方面形成了较具优势的办学特色。学生规模逐年扩大,位居全国中医药院校首位,学历生占比保持上海市高校前列。2020年软科发布的留学生比例排名中,学校排名全国中医药院校首位。2019年、2020年,教育部公布"中国政府优秀来华留学生奖学金获奖名单",学校分别有7名和8名在华留学生获得"中国政府优秀来华留学生奖学金",均位列全国中医药院校首位。

二是国际辐射效应逐渐显现。

海外合作院校高度认可。美国加州大学洛杉矶分校东西医学中心主任许家杰、张卫军:"对学校组织的医学—全球健康暑期海外学习项目印象深刻,希望持续推动中西医融合,促进中医药文化的国际传播。"德国汉堡大学汉萨美安中医中心主任施罗德:"上海—汉堡中医研究生项目成为中医在德国发展的人才培养高地,使双方合作在德国乃至欧盟产生广泛影响力。"马来西亚国际医药大学中医系主任颜爱心:"上海中医药大学与马来西亚国际医药大学的合作业已成为马中两国高等教育合作的典范,为马来西亚本土中医人才培养作出了积极的贡献。"日本学校法人吴竹学园理事长坂本步:"与上海中医药大学的交流既为我学园提供了重要的实践课程和临床教学资源,也促进了中国和日本传统医学间的交流。"

海外校友会积极评价。韩国校友会会长洪锡京:"在母校学习的12年中,理解了中国文化,也体验了中医药的优秀性,并且非常荣幸校友们可以在美国、欧洲、马来西亚、越南、泰国等国家和地区悬壶济世。"泰国校友会(筹)会长潘在丁:"泰国华侨崇圣大学与上海中医药大学的合作由来已久,本人就是两校联合办学的受益者,期待两校合作培养出更多优秀的中医师,造福广大泰国民众。"马来西亚校友会会长林仁吉:"马来西亚籍毕业生的服务和质量,深受本地民众的肯定和爱戴,上海中医药大学在马来西亚中医本土人才培养上功不可没。"

国内辐射效应不断凸显。2019年6月,在中华中医药学会国际交流与合作分会年会上,学校做主题"推进来华留学教育,助力一流大学建设"报告,介绍留学生培养理念与改革举措。2019年12月,由国家中医药管理局主办,学校承办的"传承精华、守正创新"WHO国际针灸培训中心联席会议成功召开,中国中医科学院、南京中医药大学等院校参会,学校分享了国际教育改革实践成果。山东中医药大学、河南中医药大学、甘肃中医药大学等中医药院校相继来校调研交流,学习学校国际教育改革实践经验。上海交通大学医学院、上海政法学院、上海健康医学院等高校先后来学校学习参观,借鉴学校国际化办学的有效做法。

四、典型案例3:上海师范大学

1. 落实思路

学校以习近平新时代中国特色社会主义思想为指导,以全国教育大会和中央全面深化改革委员会第十四次会议精神,以《深化新时代教育评价改革总体方案》等文件精神为指导,以着力破除"唯分数、唯升学、唯文凭、唯论文、唯帽子"的顽瘴痼疾,聚焦立德树人、师德师风、社会服务,突出学科内涵建设,对接教育部学科评估指标体系和上海高校分类评价指标体系,修订完善学院绩效考核指标体系,强调全面考核与重点考核相结合、存量考核与增量考核相结合、定性考核与定量考核相结合、共性考核和特色办学相结合。实现二级学院分类指导,更高效率配置办学资源,推动学校管理重心下移,落实学院办学主体地位。

2. 具体举措

党政高度重视,制定学校层面工作方案。2020年12月,学校制定《上海师范大学教育评价改革行动方案（征求意见稿）》，确立了完善总体体制机制、优化师范教育教学评价、改革本科教育教学评价、推行学科建设评价、改进国际交流合作评价、改革教师评价、改革学生评价、改革综合治理评价等重点任务，确立了二级学院绩效评价改革的总体方向和实践路径。

全校达成共识，确立协同配合工作机制。二级学院绩效评价改革工作开展以来，学校形成党委统一领导、党政齐抓共管、规划部门组织协调、相关部门各司其职的工作格局。通过设立部处、学院、专家三方参与的联席会议工作制度，反复论证绩效评价指标设计的科学性和可行性，切实保障二级学院绩效评价改革工作顺利开展。

衔接"十四五"规划，融合绩效评价改革目标。二级学院绩效评价改革工作适逢上海师范大学"十四五"规划编制，在规划编制过程中，在对接上海高校分类评价考核指标的基础上，结合学校自身特点及发展的阶段性需求，将二级学院绩效评价改革目标和指标与"十四五"规划充分融合，以规划目标牵引绩效评价，用绩效评价推动规划落实。

修订考核指标，落实学院办学主体地位。具体到学院绩效考核指标设计，坚持四个结合，破"五唯"，立"多维"，促进各学院能够在发挥优势和特长的基础上，进一步坚持以教书育人为中心，不断提高办学水平和办学绩效。一是全面考核与重点考核相结合。设立六大考核板块，较为全面地考核学院整体办学绩效，每个板块内部主要凸显核心指标，同时设立"最佳进步奖"考核单项。二是定性考核与定量考核相结合。每个板块均设立两级指标，其中既包括对学院的基础性办学、发展程度、创新工作的考查，也包括对否定性指标的观测。另外，在绩效评估时基本遵循：基础性指标，侧重标准值测算；发展性指标和创新指标以定量为主，侧重总量计算；否定性指标在指标设计时，侧重核心价值，体现底线思维。三是存量考核与增量考核相结合。既考虑学院的现实基础，又设立增量观测点及"最佳进步奖"单项奖励，动态观测办学潜能的培育和增长。四是共性考核与特色办学相结合。指标体系及考核办法既体现了各学院的共性，又根据分类指导的原则，充分考虑各学科、学院的特点，鼓励各学院依自身特色发展。

3. 取得实效

学院各展所长，单项进步显著。修改后的学院绩效评价更加兼顾效率与公平，围绕立德树人根本任务，凸显育人成效。譬如，在"专业建设与本科生培养"板块，对"本科生科研"及"学生竞赛"方面进行分类赋值,注重科学研究的学院在考核中脱颖而出,生命科学学院及化学与材料科学学院均较前一年进步了9名。在"学位点建设与研究生培养"板块,更关注对研究生培养过程的质量考查,增加了"培养方案的执行情况"观测点,生命科学学院从前一年第11名进步到第4名。在"科学研究"板块,更注重科研增长率的考察,具体而言,以学院前两年科研成果的平均水平为基数,增加、减少都会有相应的正负赋值,进一步调动学院的积极性,最终,信息与机电工程学院进步4名,哲学与法政学院、影视传媒学院均进步了3名。

学院分规细化,评价促进改革。在推动学院绩效评价过程中,各学院也在制定各自的"十四五"发展分规。最终,各学院分规均将修订后的学院绩效评价改革精神贯彻其中,在学院发展目标、发展指标及保障措施等方面均有呈现,体现出以评价促进改革、以改革推动发展的工作原则。

五、典型案例4:上海体育学院

1. 落实思路

评价工作是促进高等教育发展的核心领域,是牵引高校走好改革发展道路的基础性力量。上海体育学院以分类评价为导向,按照特色性应用研究型大学定位,以把上海体育学院建设成具有全球影响力的中国特色世界一流体育大学为目标,以高质量发展为主题,以健康、竞技、休闲、教育为主线,以学科融合、科教融合、产教融合为主攻方向,以全面深化教育综合改革为动力,以推进治理体系和治理能力现代化为保障,全面提升学校综合实力与核心竞争力,在分类评价工作中取得了显著成绩。

2. 具体举措

一是坚持办学定位,深刻把握分类评价内在要义。上海体育学院具有较为深厚的行业院校发展历史特点,总体规模较小,在传统高校评价体系下,学校特色优势发挥空间有限,转型发展、创新发展所需支持有限。2014年,上海启动高校分类评价改革,进一步明确学校特色性应用研究型办学定位,为学校实现高质量发展确立更好的基础支持条件。在实践中学校理解分类评价的内在要义是"两大维度"和"三大方向"。"两大维度"是指高校必须牢牢抓住人才培养、学科建设两个主导维度。"三大方向"是指高校必须植根自身办学基础、特色和目标，着力提升建设发展的质量和效益，既要有世界一流水平的"一招鲜"，也要有支撑持续特色发展的"厚基础"，依托特色力量支持上海建设高等教育发展高地。

二是坚持学科建设驱动高质量发展，深刻把握分类评价指标体系的引领方向。人才培养、学术创新、社会服务、文化传承创新和教育开放发展，是高校事业发展的重要内涵。而学科建设是驱动高校提升事业发展质量的动力主轴。通过认真解读分类评价指标体系，学校认识到，其中蕴含的本质要求是提升学校体育学科特色发展质量效益，支持学校体育学科逐步迈向国内顶尖、世界一流。学校根据分类评价指标体系的引领方向，坚决防止贪大求全、盲目扩展的问题，建立以体育学为主干、推动相关学科交叉融合、培育高水平人才和高质量创新成果的改革发展路径，并取得扎实成效。

三是坚持全面发展，深刻把握分类评价内含的辩证关系。一方面，分类评价体系下，建设世界一流体育大学要坚持特色发展、创新发展和深化改革，着力迈向世界体育学科发展的前沿尖端。另一方面，要看到学校整体发展水平抬升对特色发展的基础性支撑作用，科学把握特色与整体之间的辩证关系，用好分类评价给予的发展空间和资源支持，实现学校全面发展水平跃升。比如，学校根据自身特点，重视用好分类评价中"自选指标"的支持政策，增加"国际组织与机构落户学校数"、"体育类三大赛奖牌数"、"奥运攻关科技项目数"等特色自选定量指标，展现学校综合评价和效益评价"双跃升"的办学成果。同时，学校也重视依据分类评价中"高校治理体系和治理能力建设"、"高校党的建设"等指标，推动整体发展工作。

3. 取得实效

第一，逐步成为国家和上海高等教育体系中的体育特色型支持力量。

2018年，习近平总书记视察学校中国乒乓球学院巴布亚新几内亚训练中心，充分肯定学校依托特色运动项目服务国家对外人文交流大局的战略举措，并作出重要指示。2020年，学校2位专家受邀参加习近平总书记主持召开的教育文化卫生体育领域专家座谈会。2021年，总书记考察学校师生团队承担的国家重点研发计划项目现场。

第二，体育学科特色发展质量水平迈向领先前沿。

一是建立全球体育学科顶级期刊平台,切实提升中国在该领域的学术话语权。截至2022年,学校主办的《运动与健康科学(英文版)》期刊影响因子跃升至13.077,在87种被SCI收录的体育类期刊中排名第2,位于"Q1"区,在57种被SSCI收录的酒店、休闲、体育与旅游类期刊中排名第1,位于"Q1"区,成为中国体育学科走向世界的重要窗口。

二是建立体育学科交叉融合创新发展模式。全面参与奥运科研攻关服务,作为南方高校,牵头主持科技部国家重点研发计划"科技冬奥"2项专项和13项课题,累计立项经费超6000万元,并成为国内唯一被授予"中国冰雪科技联合攻关单位"称号的体育类高校。服务多支冬奥国家队取得历史性突破,在北京冬奥会上获得3金1银1铜。为冬残奥高山滑雪国家队、单板滑雪国家队和冰球国家队运动员提供服务,助力运动员在北京冬残奥会比赛中取得佳绩,其中中国残奥高山滑雪队获得3金9银7铜、单板滑雪队夺得3金3银4铜、冰球队获得1枚铜牌。由学校牵头建设的"兴奋剂检测上海研究院"连续入选上海"Ⅳ类高峰学科",并在国内率先开拓反兴奋剂学交叉学科方向。依托厚实的体育科技创新实力,学校成功研发国内首个高速双平面正交荧光透视成像系统,并已投入冬奥国家队备战使用。三人篮球、钢架雪车国家队训练基地设在学校,并在此基础上培育建设国内领先的运动表现一体化创新中心。

三是深化体育学科创新发展内涵。大力推进体育学科向公共健康领域深度延展,打开学术创新巨大空间。在上海市教委支持下,在国内率先推出青少年体育素养评价模型,并被采纳应用于中考和高考。提高"体医融合"发展水平,成为国家重点研发计划"主动健康示范区"项目牵头单位。创新推出社区健康师社会服务品牌,并被纳入国家体育发展"十四五"规划。学校首创的"运动戒毒"方案,被司法部采纳并转化为国家标准。依托上述创新成果和人才培养成果,学校在国内率先设立"运动与公共健康"本科专业,获批"公共卫生和预防医学"一级学科学术硕士学位点,在培养新型公共健康人才领域迈出坚实步伐。

第三,一流体育大学全面发展取得良好成效。

人才培养取得新成效,专业建设始终处于国内领先地位,率先设立运动与公共卫生、运动能力开发、体育旅游等新专业,培养国家急需人才、紧缺人才;7个专业获批国家级一流本科专业,9门课程获批国家级一流本科课程,获国家级教学成果奖2项;研究生教育工作质量稳步提升,获批国家"冠军班"招生资格;全国"互联网+"大赛中夺得红色赛道金奖并获得唯一的"乡村振兴奖"。

科学研究实现新跨越,在全国体育界实现国家自然科学基金重点项目"零的突破",国家级科研项目立项数位居全国同类院校首位。学术论文发文数量位列全国同类院校首位,论文的学科规范化引文影响力(CNCI值)已达到全球平均表现水平。

文化建设实现新突破,学校承建的国际乒联博物馆顺利开馆,这是首个成功引入上海的国际体育组织文化机构;2020年,武术项目获评"全国普通高校中华优秀传统文化传承基地"。

师资队伍建设取得新成绩,运动健康科学教师团队获评首届"全国高校黄大年式教师团队",1人当选国际兴奋剂检测机构(ITA)理事会独立理事,2人当选美国国家体育科学院(NAK)院士,1人当选国际软式网球联合会裁判委员会委员。

体育高端智库建设成效显著,"中国特色社会主义体育强国建设研究中心"入选上海市马克思主义理论智库,"长三角体育一体化研究中心"入选上海高校智库,"体育科学创新研究院"入选上海市重点培育智库;2017—2021年,专报共计被中共中央办公厅、中宣部、国家体育总局、上海市委办公厅等单位或部门采纳和录用113篇,其中获得总书记批示1篇,其他正国级领导正面批示5篇,副国级领导批示23篇,省部级领导批示共44篇;牵头起草《体育强国建设纲要》《关于促进全民健身和体育消费推动体育产业高质量发展的意见》《"十四五"体育发展规划》等国家文件。

党的建设开拓新局面,获评全国高校党建样板支部2项、全国高校百名研究生党员标兵1人。

第三节 应用技术型高校

十九大报告指出,"我国经济已由高速增长阶段转向高质量发展阶段"。面对经济转型升级需求，上海正在重点建设一批行业特色鲜明、专业设置与职业岗位联系密切的应用技术型高校。"应用技术型"高校以培养专门知识和技术应用人才为主体，一般可授予专业研究生和学士学位，学校布局面向行业以"特色性"或"多科性"为主。应用技术型高校，其办学定位在地方发展建设中更"接地气"，上海高校分类评价工作通过对该类型高校的分类指导，突出其错位发展和特色亮点，推动应用技术型高校以行业特色服务区域经济社会转型发展。

一、情况概述

结合上海高校分类评价工作对应用技术型高校的办学定位与发展引导，相关高校积极服务行业企业，服务国家、区域和上海发展战略，有效驱动了产业的转型发展，深化国际交流合作，扩大了上海应用技术型高校的影响力。

1. 提升应用专门人才培养质量

着力完善特色性应用型人才培养体系。一是提升应用型专门人才培养质量。上海海关学院构建海关类特色专业群，分类培养国际关务、关税、口岸物流、海关稽查、海关统计、海关法务等专门人才，并加强拔尖创新人才培养。上海应用技术大学将应用型人才思政核心素养和未来工程师 ASciT（爱科技）9 大关键能力要求融入教学大纲，研制以"双证融通"为核心的人才培养方案，构建符合应用型人才培养的课程体系。上海电力大学围绕"新工科"，试点开设微专业，与临港集团联合成立"上电—临港人工智能学院"，在部分专业设立"电力菁英班"，开创校企合作培养拔尖创新人才的探索实践。上海电机学院将行业企业要求、专业认证与专业职业证书相结合，通过建设试点学院、成立中德智能制造学院等形式，创新人才培养模式。上海健康医学院加强创新创业教育一、二课堂的互动联动，构建"HHE"（健康、人文、工程技术）创新创业教育新体系，推动更多学生加入"互联网＋医疗健康"队伍。上海公安学院融合公安文化特点，积极开展忠诚教育，实现忠诚教育全员、全过程、全方位覆盖。二是构建特色化实践教学体系。上海海关学院加强与国外海关、涉关行业合作，在跨国公司建立实习基地，为学生提供更多具有国际背景的实践机会。上海健康医学院分医教协同、产教融合、通识教育实践教学基地三大类建设,构建"学校—医院—社区"三方联动的实践教学体系。上海公安学院建设 5G 智慧教室,构建"实地、实景、实兵"的"教学练战智"一体化教学训练模式,同时在全市公安机关选建智慧公安现场教学点,强化课堂教学与实践操作的紧密结合。

深化"双师型"教师队伍建设。一是加大"双师型"教师引进与培养。上海应用技术大学对有优良企业工作背景的高层次技术和管理人才引进实施政策倾斜,鼓励教师参加产学研践习活动,加大高水平"双师型"教师引进与培养力度。上海电力大学打造"能源电力全产业链"师资培养平台,设立专项培养基金,完善"双师型"培养制度。上海公安学院选派教师赴实战单位践习,联合浙江、江苏、安徽等地公安高校,实施"长三角区域警察教育一体化与'双师'型教学团队"建设。二是提高师资国际化水平。上海海关学院聘请 42 个国家的 300 余位专家开设国际课程和专题讲座,以高水平师资队伍提升人才培养质量。

2. 加强学科专业布局应用特色

持续加强专业建设。上海海关学院对标世界海关组织海关专业发展标准,建设海关和涉关专业,设立"海关国际事务方向",海关管理专业通过世界海关组织 PICARD(海关学术研究与发展伙伴)认证。上海应用技术大学食品科学与工程专业通过 IFT(美国食品科学技术学会)认证。上海电机学院增设电机电器智能化、数据科学与大数据技术等 10 余个与智能制造产业密切相关的新型专业,率先在上海地区开设目录外特色专业"电机电器智能化"。上海健康医学院开设或新增临床工程技术、医疗产品管理、健康服务与管理等填补空白的本科专业。

不断优化学科布局。上海应用技术大学对接"美丽健康"产业、"上海制造""上海文化"品牌建设,重点打造香料香精化妆品与绿色化工、功能材料与智能制造、设计与文创三大学科专业群,获批教育部香精香料及化妆品工程研究中心,成立国际化妆品学院、中欧香料香精及化妆品技术创新中心、化妆品品牌战略研究中心等。上海电力大学对接国家能源互联网发展战略,制定"能源电力学科龙"规划,顶层谋划"清洁安全发电、智能电网、智慧能源管理"三大学科群方向。上海电机学院对接上海"五个中心"建设及临港智能制造产业发展战略,与企业合作共建应用型学科协同创新平台,形成"智能与装备制造"特色学科群。

3. 服务行业企业创新转型发展

服务行业企业创新。上海工程技术大学成立国内首个药物智能制剂与智能制造研究中心,致力于在重大科学问题和关键共性技术上取得变革性突破。上海应用技术大学联合发起成立长三角高校技术转移联盟,举办首届长三角产学研深度融合创新论坛,提升技术创新和成果转化能力。上海电机学院加强与行业领军企业合作,重点推进上海装备制造产业发展智库、大型铸锻件制造技术中心、电机检测与维修等科技创新平台建设,加强行业共性技术和核心关键技术研发。上海健康医学院积极推进与海南、浙江、上海等地的校地合作,建立协同科研平台,加快科研成果转化和产业化,成立上海浦江健康科学研究院,做好健康智库工作。上海公安学院联合上海市公安局及行业领军企业,设立上海智慧公安联合创新中心,为智慧公安建设和特大城市精细化管理提供保障支撑。

服务地方和区域发展战略。上海工程技术大学打造G60科创走廊九城市校企合作高技能人才实训基地,联合成立长三角高水平特色地方高校创新联盟,对接长三角经济一体化战略。上海电力大学建设"三中心一智库"为核心的能源电力科创中心,助力上海科创中心建设,牵头制定临港新片区综合能源建设规划方案,推动与临港新片区科研协同创新。

服务国家"一带一路"倡议。上海电力大学发起成立"一带一路电力高校联盟""一带一路电力产学研联盟",与20多所国际电力特色大学联合成立"ADEPT国际电力高校联盟",与亚洲开发银行签署合作协议,推动智能电网在亚洲区域的发展。上海政法学院推动设在学校的中国—上合基地高质量发展,通过开设研修班、举办高端论坛、推进法律服务等方式,为"一带一路"沿线国家培养政府精英人才,深化司法人文交流,助力上海建设"一带一路"国际仲裁中心,同时以高端智库为"一带一路"建设提供智力支撑。上海商学院以商务部国际商务官员研修基地(上海)为依托,积极承办援外培训项目,结合参训国家需求和学校商科特色,打造一批具有上海特色的课程项目,成立"一带一路"国际商科教育联盟,开发组建"一带一路"商务数据库、国际商务智库联盟等协同创新智库平台,为"一带一路"沿线国家提供商务决策咨询服务。

4. 发挥评价正向导向激励作用

与五年规划评估落实结合。上海工程技术大学将分类评价工作与学校五年规划年度评估、年度目标责任考核等结合,将应用型特色指标细化为考核指标,推动学校五年规划和产学研发展战略落实。上海健康医学院依照分类评价指标体系要求,开展五年规划中期检查评估,并对原五年规划进行调整优化。

与二级单位年度考核相结合。上海电力大学融合上海高校分类评价指标,为各职能部处与二级学院"一对一"量身定制年度核心任务书,以核心目标任务为牵引,提升学校发展核心竞争力。上海电机学院将分类评价指标纳入党政职能部门及二级直属机构目标责任制年度考核办法,将其作为考核的重要依据。上海第二工业大学将指标划分为"稳步增长型、立竿见影型、努力奋斗型"三种类型,针对学校工作实际和不同指标特点进行分类施策,并纳入二级单位年度目标任务书。上海健康医学院将分类评价指标融入年度考核指标,出台学校《应用技术型高校分类评价结果年度考核办法》,发挥考核激励导向作用。上海建桥学院将分类评价指标融入年度"卓越建桥计划实施要点",同时将分类评价指标细化到"卓越建桥计划"分项计划和具体项目中,作为职能部门年度重点工作绩效目标和二级学院年度关键绩效指标,通过每季度监控、年终考核推动学校各项工作落实。

以考核结果激励二级学院分类发展。上海电力大学将职能部处核心任务书考核结果与年终绩效奖励直接挂钩,并引导职能部处基于分类指导原则,建立目标绩效评价体系,对二级学院的目标完成度和贡献度进行综合考核,考核结果与二级学院年终绩效奖金的两级分配直接挂钩,激励二级学院分类特色发展。

二、典型案例1:上海应用技术大学

1. 落实思路

学校以高校分类评价工作为契机,以习近平新时代中国特色社会主义思想为指导,坚定扎根中国大地办大学,坚持"应用导向、技术创新"的特色定位,秉承"依产业而兴、托科技而强"的办学理念,凸显"协同创新、共创价值"的科技创新文化,追求"卓而独特、越而胜己"的价值取向,积极推进创新发展、特色发展和高质量发展,努力建设具有国际影响力的高水平应用创新型大学。

2. 具体举措

一是认真组织学习文件精神，充分认识分类评价工作重要性。校领导认真组织学习《上海市中长期教育改革和发展规划纲要（2010—2020年）》《关于深化教育体制机制改革的意见》等有关促进高校办出特色、实行分类管理的文件精神，深刻领会新形势下分类评价工作的重要性。

二是加强组织领导，多次召开分类评价工作会议。成立以校长为组长，副书记、副校长协管，发展规划处为牵头部门，各职能部门为成员的分类评价工作小组，多次召开分类评价工作会议，科学研析评价指标内涵，合理分工组织实施。

三是加强内涵建设，将分类评价工作与上海市高水平地方应用型高校建设有机结合。两者互为抓手、相互促进，研究制定《上海应用技术大学高水平地方应用型高校建设行动计划（2019—2023年）》。

3. 取得实效

第一，打造课程思政"金课"，努力领航应用型高校课程思政教育教学改革。学校通过思政教师、专业课教师及社会资源聚合，形成适合学校专业特色的"育人共同体"，实现教科书上理论与中国技术发展现实的有机结合，思政教育真正全方位立体"着陆"，受到学生高度认可和媒体广泛关注。"'365青年成长计划'——地方高校思想政治工作载体的创新与实践"项目获得上海市教学成果一等奖，"入耳入脑入心同向同行同频：以思政课为核心的课程思政教育教学改革与创新"获得国家级教学成果一等奖（参与单位）。学校加强顶层设计，把应用型人才思政核心素养和未来工程师ASciT（爱科技）9大关键能力要求融入教学大纲之中；创设并推广4S教学法；编制课程思政教学指南1.0，形成完备的课程思政建设体制；2019年学生首次获上海市大学生年度人物称号；2021年组织全校200余名教师参加教育部指导的"高校教师课程思政教学能力培训"，完成《厚德·精技——应用型本科课程思政教学设计50例》的编撰并提交出版社出版。

第二，专业建设不断加强，应用创新型人才培养质量显著提升。专业建设方面，新增材料物理、制药工程、土木工程、视觉传达设计4个国家级一流本科专业建设点，国际经济与贸易、复合材料与工程、自动化、计算机科学与技术、化妆品技术与工程、园艺、工程管理、会计学、劳动与社会保障9个专业入选上海市级一流本科专业建设点。

至此,学校国家级一流本科专业建设点共 11 个、上海市级一流本科专业建设点共 14 个,基本实现学院全覆盖。过程装备与控制工程专业顺利通过工程教育认证,学校通过工程教育认证的专业总数达到 6 个。课程建设与教学创新方面,18 门课程获批上海市级重点课程。在第二届上海高校教师教学创新大赛中,学校获三项组别的一等奖,取得参加此项赛事以来的最好成绩。

第三,师资建设不断加强,师资结构显著优化。人才引进方面,公示录用专任教师 31 人,报到专任教师 32 人。其中,全职引进国家重大人才计划入选者、国家杰出青年科学基金获得者等高层次人才,实现了学校高层次人才引进的重大突破。创新团队建设方面,聚焦重点领域,完成 6 支创新团队的前期遴选和组建工作。教师先后获上海市"四有"好教师(教书育人楷模)提名奖、霍英东教育教学奖等殊荣。推动师德师风建设长效机制建设,举办"明德讲坛""教师沙龙"等 18 场,参与教师 2 000 余人次。选树先进典型,2021 年度 1 人获宝钢教育奖,7 人获上海市育才奖,1 人入选全国第十三届"高校辅导员年度人物"。

第四,学科布局不断优化,支撑行业发展能力显著提高。学校紧紧围绕国家战略和区域经济发展需要,聚焦"香料香精化妆品与绿色化工""功能新材料与智能制造""设计文创与创新管理"等特色学科群建设,努力提升技术创新水平与服务行业发展能级。拥有省部级重点学科 6 个;博士学位授权一级学科 1 个、硕士学位授权一级学科 8 个、硕士专业学位授权类别 11 个。香料香精技术与工程、化妆品技术与工程等特色专业的最新全国排名均为 A+。拥有国家香料香精化妆品质量监督检验中心、香料香精化妆品省部共建协同创新中心等国家级和省部级学科平台 20 余个;与地方政府、头部企业和科研院所等共建东方美谷研究院、上海市大学科技园、上海创业学院、中欧知识产权学院等高水平技术创新和成果孵化平台。

第五,技术创新力度不断加强,社会服务能力显著增强。学校坚持"办学定位服务地方、人才培养面向地方、科学研究围绕地方、文化传承引领地方"原则。科研经费到账继续保持高位,横向和纵向到款比例依然保持在良性水平,截至 2022 年 9 月,学校纵向科研经费同比增长近 50%。获批国家重点研发计划项目在内的多项重大重点项目,获上海市自然科学二等奖、科技进步二等奖在内的多项高水平科技成果奖项。推进香料香精化妆品省部共建协同创新中心建设,创新策源,协同行业头部企业主攻关键核心技术,上海香料香精工程技术研究中心在评估中再获优秀。推动大学科技园建设,入库上海市科技创新创业载体培育体系,新建科技园宝山分园,成立"知识产权运营中心",加强技术创新成果转移转化,高质量专利申请量排名全国前列,授权量位列上海同类高校第一,技术转移合同标的总额和单项金额均创历史新高。

三、典型案例2:上海电力大学

1. 落实思路

精准打磨高水平应用型大学内涵建设的目标管理"方向盘"。学校以上海高校分类评价体系为依据,从原来的教学型高校转向应用技术型高校发展定位。结合学校办学特色和办学优势,将上海高校分类评价指标与学校"十四五"规划目标、高水平地方大学建设目标有机融合,从人才培养、科学研究、学科建设、师资队伍、社会服务的应用技术型内涵特征出发,把上海高校分类评价指标内涵标准转化为学校事业改革发展目标管理的导向标准,构建与高水平应用技术型大学内涵发展相适应的目标管理指标体系。与时俱进,不断打磨引领学校实现精准转型的"方向盘",不断提高高水平应用型大学的内涵建设质量。

协同驱动学校核心竞争能级提升的绩效考核"发动机"。学校坚持问题导向、目标导向和效果导向,充分发挥目标管理制度强化激励保障的优势,以改革目标绩效考核为驱动,引导职能部门、二级学院协同合作,集中优势力量,主动融入学校对接国家战略、转型创新发展大格局之中,奋力建设高水平地方大学。贯彻落实新时代教育评价改革精神,不断强化上海高校分类评价目标的"指挥棒"导向,深入研究落实分类评价管理改革路线图,坚持调整优化年度核心任务分类评价指标体系和年度绩效考核方案。

坚持注入资源配置与绩效考核结果相匹配的激励导向"润滑剂"。与上海高校分类评价改革相适应,学校从过去以行政指令作为资源配置唯一手段,转变为以目标绩效考核结果作为资源配置的重要依据,逐步完善构建具有资源配置功能的学校内部绩效评价体系。每年对职能部处进行核心任务书考核,考核结果与职能部处的年终绩效奖励直接挂钩。同时引导职能部处基于分类指导原则建立目标绩效评价体系,对二级学院的目标完成度和贡献度进行综合和分类考核,考核结果与二级学院年终绩效奖金的两级分配直接挂钩,激励二级学院分类特色发展。

2. 具体举措

一是创新实施新一轮学校目标绩效管理改革。2018年至今,学校坚持以分类评价的短板指标为核心任务目标,分解落实到职能部门和二级学院的年度目标责任书中,推动学校、职能部处、二级学院形成"目标共同体",攻坚克难。在"十四五"开局,以上海高校分类评价管理改革为指导,研究制定新一轮职能部门和二级学院目标绩效管理评价办法。创新考核方法和程序,探索年度评价与周期评价、成果评价与效益评价相结合的核心任务书绩效考核方式。对二级单位的核心任务考核,引入办学效益的周期性评价,引导二级单位不断增强办学效益意识,努力优化学校资源配置效益。强化职能部门对外竞争力、管理服务协同度和满意度评价,引导增强职能部门协同服务意识,提升对外核心竞争力能级;同时落实分类评价和分类管理导向,探索改革职能部门和教学科研单位的分类评价指标体系,推进落实新一轮绩效评价考核改革。

二是全面推进新时代教育内部评价综合改革。学校深入贯彻新时代教育评价改革精神,制定实施《上海电力大学深化新时代教育评价改革实施方案》,引导推进学校新时代教育评价的全面改革。坚持社会主义办学方向,树立科学的教育发展观、人才成长观、选人用人观,以落实立德树人根本任务为主线,以"破五唯"为导向,以科学分类为基础,以激发学校发展活力为目标,坚持系统谋划、稳步推进,着力构建导向明确、精准科学、规范有序、竞争择优的教师、学生、学术、用人评价体系,切实提高学校内部评价的科学性、专业性、客观性、有效性。在教师师德师风评价、教育教学质量评价、学术科研评价、学生综合素质评价、研究生教育质量评价等方面做出了全方位探索实践,并将成果运用于学校目标绩效考核之中。

三是充分发挥内外质量评价诊断发展功能。学校充分运用外部和内部评价的诊断发展性功能,每年以上海高校分类评价年度评价结果反馈报告作为诊断学校事业发展改革问题的重要依据,组织全校上下以目标和问题为导向,积极为学校事业发展改革献计献策,并调整优化学校事业发展改革举措和路径。每年编制和发布《本科教育教学质量年度报告》《上海电力大学学位与研究生教育质量年度报告》《上海电力大学毕业生就业质量年度报告》，通过学校自评和第三方评价相结合，完善内部质量监控体系，主动接受社会评价和监督，以评促建，以评促改，切实提高学校办学治理能力。

四是持续加强学校目标绩效评价的数据治理。学校以分类评价管理工作为契机，强化评价数据的统计工作制度、信息化平台等基础建设，使高校分类评价成为牵引学校数据治理、质量治理能力提升的重要工具。学校根据分类评价指标充分挖掘数据战略管理潜力，依托学校智慧决策平台，建立了集数据采集、管理、分析为一体的分类评价数据决策信息管理系统，加强了对上海高校分类评价的全过程数据管理，提前采集上海高校分类评价数据，强化分类评价数据的研究谋划，不断提升学校智慧决策管理水平。

3. 取得实效

2018年以来，学校将上海高校分类管理的外部评价内化为学校的绩效目标管理后，通过建立"权责清晰、目标明确、制度规范、考核标准完善、激励体系健全"的校院两级目标管理机制，使校院两级结成对组织目标高度认同的紧密型战略同盟关系，全面提升了学校办学水平。

第一，整体水平提升较快。

学校成功更名大学，获批博士点授权单位与高水平地方应用型大学整体建设。在2021年上海高校分类评价中，学校综合评价排名第二，效益评价排名蝉联第二。四年分类评价中，学校稳居同类高校头部阵营。2018年10月，学校立足应用技术型发展定位，获批上海唯一整体试点建设的高水平地方应用型高校。2021年学校首次进入上海地方"双一流"高校建设行列，持续获批上海地方高水平大学建设。

第二，办学特色日益凸显。

一是对接国家"双碳"战略，学科分类分层特色发展。学校优势主干学科提升"造峰"，特色支撑学科振兴"填谷"，基础学科融合发展，人文社科发展繁荣，汇聚发展资源、激活内源性发展动力，构建良好的学科生态体系。从清洁安全发电、智能电网、智慧能源管理三大学科领域出发，覆盖"发—输—变—配—用"产业全链条，在技术上全力推进"能源互联网"学科建设，全面开展"能源互联网"物理层、信息层、运营管理层的学科布局，努力打造面向国家"双碳"战略、聚焦电力行业转型发展任务的"一网两侧"学科体系。电气工程学科进入上海市Ⅱ类高原学科，环境工程学科、动力工程及工程热物理学科同城协同参与上海市Ⅳ类高峰学科建设。此外,学校拥有上海市一流学科1个,上海市重点学科6个,市教委重点学科5个。主干学科在海上风电、智能电网、电化学储能与综合智慧能源等一些学科方向上形成特色优势。学校目前拥有1个电气工程博士学位一级学科授权点,9个硕士学位一级学科授权点,6个专业硕士学位类别,20多个特色专业硕士方向,38个本科专业,初步形成了学士、硕士和博士体系完备的能源电力学科学位授权体系。拥有国家大学科技园、国家级技术转移中心、首个省部共建协同创新中心——上海智能电网技术研究省部共建协同创新中心、国家级示范教学中心等5个国家级教学科研平台及14个省部级科研平台。

二是坚持产教融合,应用型人才培养特色鲜明。学校打造"大能源电力"本科专业集群,获批国家级一流本科专业建设点5个、上海市级一流本科专业建设点5个、国际/国内工程专业认证3个,为建设上海能源电力一流人才培养基地提供支撑。围绕"新工科",完善"宽厚强重"人才培养体系,试点开设微专业;引进100余门优质通识课程;获批国家级优质课程4门,上海市优质课程81门。以能源电力企业的实践工程项目与任务为牵引,以制度建设为基础,以培养环节为抓手,在基地建设、校外导师建设、学生专业实践管理等方面出台一系列产学研合作制度和条例,深化产教融合的教学与科研合作。实施"工程实践名师"等培养培训计划,鼓励教师到企业参与教学与科研实践。要求一流本科专业、应用型本科试点建设专业与企业签署共建协议并挂牌,聘请企业专家进课堂,推进校企合作"双负责人"制度,开展校企合作课程,指导学生进企业认识实习和毕业设计。探索实践校企学分置换合作模式,鼓励学生到企业进行顶岗实习,在企业导师的指导下进行毕业设计。开展校企研究生联合培养基地建设,2021年新增校外研究生工作站10多个。2021年,学生获省部级及以上科创竞赛奖项600项,研究生学位论文抽检通过率保持100%,本科生就业率95.5%,研究生就业率99.48%,就业质量、就业率继续保持同类高校领先。2019年与临港集团联合成立"上电—临港人工智能学院",成为全国电力行业首个在人工智能技术领域全面开展教学和科研工作的新型学院。获批教育部产学合作协同育人项目10多项、国网上海电力临港综合智慧能源协同创新平台项目1项、临港新片区"特斯拉-上电"产教融合基地1个。2022年,学校新获上海市教学成果奖特等奖1项,一等奖6项,二等奖3项。

三是推进科研评价改革,科研创新服务能级提升。学校坚决贯彻"破五唯"科研评价改革,把落实立德树人根本任务、强化价值引领、弘扬优良学风、追求学术报国贯穿科学研究、论文发表、成果转化全过程。注重以科技政策为引导,鼓励和支持教师开展科研工作,同时又注重科研项目的规范化管理与风险防控,积极推动产学研协同创新,实现了产学研科研项目显著增长。"十三五"期间,围绕企业需求联合开展技术攻关,签署战略框架合作协议30余项,获国家科技进步二等奖1项。近三年,科研经费持续超过1亿元,科研项目立项数、合同经费和到账经费年均增长率分别为10%、19.8%和21.0%。学校完成产学研合同登记认定工作全覆盖,2021年科研合同登记数位列上海市高校第3名。成为全国第一家通过国家知识产权管理体系认证的高等学校,"十三五"期间申请各项知识产权2 329项,获得授权专利849项。注重标志性成果培育并投入大量建设经费,鼓励原始创新与科技成果转移转化并重,鼓励教师通过产学研协同创新开展技术研发和成果凝练。注重前期成果培育、奖励政策学习、申报过程辅导和申报管理总结,2021年学校获得省部级和行业协会科技奖21项(其中省部级科技奖13项),作为牵头单位获得上海市科学技术奖二等奖3项,作为牵头单位获得国家行业一级学会一等奖3项、二等奖2项。同时,学校鼓励一线教师主动对接一线产业需求,为行业产业的专业评审、规则制定提供支撑,在能源电力行业多个领域主持或参与制定技术标准。近三年,学校制定国家、行业和地方标准20余项。学校实现在《自然》(Nature)子刊上论文发表"零的突破"。在中国大陆高校人均高被引论文排行榜中,学校曾位居第114位。2021年,获批上海市新型电力系统前沿研究基地1项,获得省部级以上奖项16项,获国家级项目19项,首次获批国家重点研发计划项目"政府间国际科技创新合作"重点专项,智库专报首获国家级批示。

四是响应"一带一路"倡议,国际合作电力十足。2018年10月,学校发起成立了"一带一路电力高校联盟""一带一路电力产学研联盟",与20多所国际电力特色大学联合成立了"ADEPT国际电力高校联盟";与亚洲开发银行签署合作协议,推动智能电网在亚洲区域的发展。近年来,为20多个"一带一路"沿线国家培养包含政府电力相关部门管理人员、电力企业高级管理人员、电力专业技术人员等各类层次在内的专业人才千余名,为国家"一带一路"能源电力建设提供高水平能源电力国际人才支撑。

学校站在"十四五"新起点,在分类评价科学引领下,将紧密对接国家"双碳"战略,继续坚持"立足电力,立足应用"办学特色,发扬攻坚克难精神,强化忧患意识,不断提升目标绩效管理赋能改革发展的引领力,努力在高校分类评价管理改革实践中作出更大贡献。

四、典型案例3:上海公安学院

1. 落实思路

自高校分类评价实施以来,上海公安学院党委高度重视,精心组织,深入贯彻落实习近平总书记关于教育的重要论述和全国教育大会精神,坚决落实《关于深化新时代教育评价改革总体方案》精神,结合疫情防控,着力推进学院线上教学质量监测与评价的落地落实。学院紧紧抓住"教、学、管、评、督"等关键环节持续发力,促进线上线下教学"实质等效",通过流程再造、评督结合,以学习实效为目标导向,在进一步完善立德树人落实机制、进一步健全教师潜心育人的评价制度、进一步探索学生发展的多维评价方法等方面取得了初步成效。

2. 具体举措

首先,分类评价强化"教"的环节——"流程再造"是核心。

线上教学的载体、组织、评价都与传统教学有着很大区别,不能简单地套用传统教学的程序进行"课堂搬家",必须加以流程再造。因此,学院以"公安智慧教学为线上教学"的目标为引领,实施流程再造与创新。把教学资源可视化、教学文件电子化、教学手段智能化、教学过程网络化和教学评价数据化等流程的重构与打造,作为创新教学与质量管理的主线,全面提升课程教学水平与质量,主要步骤如下。

一是课程遴选改造。学院组织各教学部门对现有课程作系统遴选梳理,结果可分为三类:可以直接转化为线上教学课程的,需要加工翻造为线上教学课程的,暂不具备改造基础的。在此基础上,将课程再造任务落实到相关教学实体和教学主体,制定工作计划,全院共更新改造138门次线上教学课程。这个步骤就可以实现教学资源可视化、教学文件电子化。

二是课程预演测评。各系部对线上教学课程的保真度、流畅度、易学度、适切度、高阶度、挑战度、实战度等在试讲和预演过程中加以逐点评判、考评验收,以此确保线上教学课程与公安实战相契合、与智慧教学相契合、与网络教授和学习特征相契合、与"金课"标准相契合、与教训交融相契合,达标后再实行课程教学准入。该步骤可实现教学资源与教学对象、教学目标、教学手段的合缝对接,同频共振,为教学手段智能化、教学过程网络化和教学评价数据化等奠定了基础。

　　三是课程运行优化。通过对线上实际教学过程的效果进行测评,从而进一步优化线上教学手段。"实践出真知",测评反馈下来,教学效果优劣的核心是教师对若干必备在线教学手段的掌握程度。如,教师应熟练使用学生"听得懂、爱得上"的网络语言,让学生学得懂、学得会,学得久;教师应学会按"闯关游戏"模式开展教学,让不同学习基础的学生可选择适合自己的进程推进学习,最终实现全体学生对全部知识点的全面掌握;教师应学会网课设计,必须按"节点清晰、节奏明晰"原则,形成学习任务点系列;教师应学会视频直播、语音录制等网络信息技术,引导学生将知识点系统地串联起来,完成概念识记、原理领会、分析论证和综合应用。这一步骤对教学手段智能化、教学过程网络化和教学评价数据化起到关键性作用。

　　四是课程效果检测。即对教师的在线教学行为和效果进行检测。在线教学测试、评价是个难点,学院经验可以归结为"三看":一是看过程,对一门课程评价不仅看一时一课,还要看全过程数据轨迹记录,系部注重线上教学效果的反馈,积极采取"课程作业、课堂笔记、拓展思考"三种方式,检查了解学生学习成效,检验分析教师教学质量情况;二是看状态,分析提问、互动、作业和笔记提交,以及兴趣与创新等表现,作出评价;三是看成绩,主要以随堂采分、阶段测验、结课考试为依据。总之,在"教"这个环节,首先需要改变的理念是对"教的流程"的再造,这与传统课堂的流程、理念明显不同,甚至是颠覆式的改变。

　　其次,分类评价凸显"学"的环节——"实效评价"是导向。

　　坚持"以学生为中心"的现代教学理念。"以学生为中心"是现代教学的核心所在、精髓所在,亦是现代教学追求的核心目标。线上教学为实现这一目标提供了基础条件,学院注意强化这个中心抓手,确立学生主体地位,实行教学供给侧结构性改革,深化自主学习、合作学习、深度学习。

　　建立"以数据为基础,实效为导向"的测评系统。对于有别于传统课堂教学的线上新型教学模式,学院认为,对其进行质量监测与管理,应最大程度用数据说话,实施精准与客观评价。为此,学院建立了"四个一"的测评系统:一是引进了一个与学院教学端口对接的第三方质量测量平台;二是建立了一套涉及教师、学员、课程、评价等内容的包含3个一级指标、8个二级指标的测评体系;三是依托超星公司数据后台,开通了一条同步抓取与自动生成数据的采集和专送直达渠道;四是发挥平台智慧功能,构建了一个数据采集、分析、评价系统,每周都形成数据统计、比对、研判质量专报。

实效体现在三个"度"与"量"方面。在每周的线上教学质量专报中,学院着重对"三度三量"进行重点监测。这"三度"主要指三方面学习情况:一是参与度,该角度主要监测学生的学习访问量和签到率。二是投入度,主要监测学生参与在线互动、课堂活动的情况。三是效益度,主要关注学生完成课程学习任务点及完成作业和测验人次。在强化"三度"考查的同时,还关注反映教学情况的"三量":一是师均教学平台访问量。二是线上备课量,即全院教师累计创建的教学任务点、开发课程教学资源、编制作业、制作试卷的数量。三是作业布置与批阅量等。

再次,分类评价关注"管"的环节——"制度保障"是基础。

一是建制度支撑教学。学院着力完善线上教学质量保障顶层设计,建立健全相应的质量保障制度,比如《督导条例》《本科生质量报告》《试卷质量报告》等相关制度,构筑起完备的学院质量保障体系。系部建立如质量管理"日清日报"等制度,采用相应指标体系,坚持每日填报、一周汇总等措施和办法,严格监测和管理教师、学生在线教学情况。教研小组则根据学院和系部要求,组建线上教学团队,逐一部署、集体备课、反复研讨、统一设计、及时反思,形成了"备、研、教、思"的线上教研模式,为线上课程建设及发展提供强有力的支持与保障。

二是建制度摸清实效。在线教学具有不是面对面授课而是键对键的间接教学特点,如果掌握不了实情,教学效果往往"空心化"。各相关部门都积极采取措施解决上述问题,概括起来主要有:一是三级督导分别上网跟进式听课评课。二是专门聘请超星、麦可思等在线教育技术公司全天候采集相关数据,实行第三方监测。三是各系部定期召开座谈会,听取意见建议。四是教学质量评估中心随机调取数据进行质量分析,在此基础上,将相关情况与数据提供给上海市教委和高校有关专家进行咨询评判。

三是建制度保联动。在线教学作为现代信息化的教学手段,对保障的要求远远高于传统教学。学校相关部门形成一盘棋,做到分兵把口、联手联动、重点支援,把智慧教学的要素渗透到教学全过程。

最后,分类评价抓实"评"与"督"的环节——"形成闭环"是秘诀。

线上教学到底教师怎么"教",学生如何"学",如何从制度上"管"住其教与学的效果(质量),以上三个环节,就构成线上教学的核心环节。这其中的任何一个环节,从现代管理学来看,都需要一个闭环管理,即都需要有一个完整的"评"与"督"的环节,这个环节直接影响到下一轮"教""学""管"的效果和质量。这三个环节闭环管理也是现代教育督导的三大职能体现:督教、督学和督管。

一是督教。线上"教"的环节需要从线上教师的教学资料、教学技术、教学互动、教学效果等角度进行督导。通过大量"教"环节中的评价数据,即教学大数据,形成智能化的教师教学评价结果,启用"科学预警"功能,判别学习效果,对不达标的教师教学情况线下加以督促。

二是督学。利用学习平台"科学预警"功能,对学生学习过程中的大量学习效果进行数据分析,形成学生学习效果的评价报告;在课程学习结束后,通过"课程作业、课堂笔记、拓展思考"等方式,可检查了解学生学习成效情况;在对整门课程的学习结果(如期中期末考试、课程小论文、综合测验)进行考核之后,评价学生的整体学习成效。

三是督管。督管是对管理制度、管理部门、管理人员、管理信息数据等各个方面的督查与引导。从某种意义上说,督管类似于党口的纪委、行政口的监察,对制度不执行,或者制度执行过程中不落实、不到位、不合理的种种现象都可进行督查,直接向学院分管院领导,甚至向书记和院长进行"一站式"汇报和反馈,其工作重心放在跟踪改进、整改落实、制度优化等推动教学质量持续改进方面。

3. 取得实效

一是进一步完善了"公安人"的立德树人落实机制。

习近平总书记一贯高度重视培养社会主义建设者和接班人,曾多次强调,"要坚持把立德树人作为中心环节,把思想政治工作贯穿教育教学全过程,实现全程育人、全方位育人"。学校教育,尤其是公安人才培养院校的教育,更要牢记总书记的嘱托和要求,严格落实"立德树人"这一根本任务。线上教学是时代发展的潮流,公安人才培养需要更新教学观,大力发展线上教学,在线上教学过程中,务必牢固树立"为党育人,为国育才"理念,将立德树人根本任务贯彻落实到每一堂线上课之中。

分类评价工作中,学院在"教"的环节不仅加强线上课程资料、视频资料等内容再造,而且高度重视教师思政、课程思政,强调公安的特色思政,着力打造"塑造警魂,锻造铁军"警校思政,全院共更新改造了138门次线上教学课程。在"学"的环节,加强学生思政教育,注重学生学习兴趣、学习态度、学习效果和学习目标的引导,培养未来人民警察的学习力和创造力,通过学好扎实的警察专业知识和技能,践行"保一方人民平安"的誓言。在"管"的环节,坚持正确的舆论导向,维护公平正义的教学环境,让每位教师能潜心教学、智慧教学、体面教学,让每位学生能静心学习、喜欢学习、可持续学习,共同"托起公安工作的明天"。

二是进一步健全了教师潜心育人的评价制度。

通过采用"推"和"拉"两种制度设计,以科学、公平、合理的线上教学评价与督导为手段,学院正不断激发出教师在线教学的蓬勃积极性,特别是青年教师的内生动力不断被激活,越来越多的公安学院青年教师开始喜欢线上教学,主动学习大数据理论、视频编辑方法、现代信息教学技术等,现代开放教育理念逐渐在青年教师心中生根发芽。近年来,学院教师主动走出校园,参加国家和全国其他省市的线上教学类大赛,屡获大奖。

三是进一步探索了学生发展的多维评价方法。

线上教学成效评价的数据反映,学院学生的"三度"和"三量"表现喜人,诸多指标位列同类高校第一。如,学生参与度。该项评价主要通过监测学生的学习访问量和签到率获得数据支持。疫情期间线上教学的双月统计数据显示,学院生均学习访问量达41 924pv,在同类高校中位列第一,且高出第二位30%。再如,学生投入度。数据显示,仅2020年底,学生参与实时课堂活动17 281个,总计参与活动227 490人次,生均参与实时课堂活动125.75次,在同类高校中居首位。还比如,学生效益度。数据显示,学院学生生均完成学习任务点533.15个、生均完成作业57.13项,这两项数据在同类高校中分列第一、第二。总的来说,学院利用网络"手段多元"特点,建构作业评阅、随机采分、效果切片、满意度反馈等质量管理闭环,确保教与学"有深度去死角"。当然,以上"三度"的表现,也从另一个侧面反映了学院教学的师均教学平台访问量大、线上备课量大和作业布置与批阅量大。

以上线上教学质量保障做法是上海公安学院党委坚决贯彻落实《深化新时代教育评价改革总体方案》的生动体现,是新时代公安类院校开展教育评价改革的缩影,是学院分类评价工作的具体落脚点,其初步显现的成效正说明这一制度具有强大的生命力和创造力。上海公安学院将继续不断探索与改革实践,为全面推动上海乃至全国公安类高等院校教育教学评价改革作出自己的贡献。

五、典型案例4：上海建桥学院

1. 落实思路

上海建桥学院高度重视分类评价工作,充分认识到开展高校分类评价对促进学校内涵建设和特色发展具有重要意义。2018年起学校就加强对分类评价工作的领导和组织,校长、书记担任分类评价工作领导小组组长,由规划与质量办公室、教务处、科研处、学校办公室、人事处、学生处等部门组成分类评价工作小组,分工负责、做细做实各项基础数据,确保提交数据和材料的真实性和客观性。四年来,上海建桥学院"以评促建""以评促管"成效明显,连续四年在应用技术型高校分类评价中处于民办高校首位。学校已将"对标新时代教育评价改革总体方案、新一轮本科教育教学审核评估方案、上海高校分类评价指标"写入"十四五"规划;将"对标分类评价指标"作为每年度"卓越建桥计划"制定的指导思想,促推本科教学改革、课程建设、师资队伍建设等工作的深入开展,并借助学校地处临港新片区的优势,大力推进和深化校企合作、产教融合,开拓应用型人才实践能力和创新能力培养的途径。

2. 具体举措

在上海推行高校分类评价工作后,学校就将上海高校分类评价指标融入到每年度的"卓越建桥计划"实施要点中,作为学校年度的绩效目标,每季度进行监控,年终进行考核。

2015年,根据国家对"地方高校转型应用技术大学"的要求,上海建桥学院启动实施"卓越建桥计划"。该计划是学校加强内涵建设、夯实基础、创建办学特色、提高质量、推进学校转型的一项综合性改革计划。"卓越建桥计划"以学生为中心,以全面提升学生能力和素质为目标,涵盖了课程改革、教学管理、质量保障、产学合作、国际交流、队伍建设等各个方面。"卓越建桥计划"的理念是,把提高学生就业竞争力作为学校的核心竞争力,努力把建桥学子培养成社会需要、企业欢迎、家长放心、学生满意的国际化应用型人才,毕业生普遍实现"毕业即就业,上岗即上手,发展可持续"。将上海市高校分类评价指标融入到"卓越建桥计划"的年度绩效目标中,"以评促建""以评促管",可有力促推各单位实现绩效目标,提升学校人才培养水平。

学校以"5个度"精神为指导,设立每年的质量目标,并不断深化和促进"应用技术型"办学定位在学校各项工作中落实。学校对上海高校分类评价"应用技术型高校"的评价指标进行逐个分析,结合民办高校的实际状况,将其中5个指标作为学校整体工作的质量目标、将24个指标分别细化到过去四年的"卓越建桥计划"分项计划和具体项目中,作为职能部门年度重点工作绩效目标和二级学院年度关键绩效指标(KPI)。通过每季度的管考,监控完成进度,通过年终考核保证绩效目标和指标的完成程度。

多年来,"卓越建桥计划"按"课程面""教师面""学生面""全校面"四个面推进。"课程面"主要围绕能力本位课程体系、创新创业教育、质量保障机制展开。围绕"立足办学定位,坚持需求导向,促进学科专业布局结构调整""加强市、校两级应用型本科试点专业管理,促进专业内涵建设""推进成果导向能力本位的课程建设,促进专业素养和通用素养指标点落实""开展实验室创优达标验收,促进实践教学环节建设"和"深化校企合作,促进产教融合的'三对接'"等对"教学面"进行顶层设计。"教师面"主要围绕师资建设规划,教师、系主任专业发展,教师评聘,分配制度改革等内容展开。将"双师双能型教师认证""专业教师下企业数和时间总数"和"兼职教师中从企业来的教师占比"等指标作为二级学院的KPI指标,层层加以落实。"学生面"主要围绕"生源质量""学风建设""第二课堂提升学生素质与能力""完善学生学习支持中心工作""建立学生学习生活的全程关怀制度"等方面展开,重在深化改革、创新内容、固化成果。"全校面"主要围绕提高管理效率、学科建设、信息化建设、国际交流与合作、产教融合、学生满意度提升等方面展开。

此外,学校还高度重视对分类评价结果的分析与利用。四年来,学校对上海市教育督导办公室反馈的数据进行二次分析和利用,形成《上海高校分类评价——上海建桥学院数据分析报告》共四本,从"学校在上海市高校分类评价中的情况""学校的各项指标得分率分布""学校三级定量指标的状况""近四年数据的对比"等多个维度对学校的数据再分析、再挖掘,并将分析结果融入下一年度"卓越建桥计划"实施要点制定工作中,切实发挥"以评促建"的作用。

3. 取得实效

自 2018 年将上海高校分类评价指标融入学校"卓越建桥计划"年度实施要点以来,推进了学校应用型学科专业布局的优化、应用型本科课程体系和多层级创新创业教育体系的不断完善,促进了新教师教学能力认证和"双师双能型"教师认证等制度的建立,以及教师产业实务能力与教学技能的提高。2019 年,学校在智慧校园、产学合作、国际合作、社会服务、校园二期建设等方面成效明显,并为学校顺利通过本科教学工作审核评估、在上海市高校分类评价中处于民办高校领先地位等打下了坚实的基础。

2020 年,学校与上海自动化仪表研究院合作建设的"上海智能制造系统创新中心"产教融合示范基地投入正式运行。2021 年,学校紧抓临港新片区国家产教融合试点核心区重大机遇,加速产教融合深化建设。学校以现代产业学院形式,探索"引企入校"等新体制机制,探索构建学科集群与区域产业集群融合机制,转变教育和产业的发展模式,推进产业系统与高等教育系统的系统性变革,学校获临港新片区首批产教融合基地授牌,服务新片区打造国家产教融合试点核心区。

学校以优化学生八项核心素养培养为主旨,遵循"OBE"理念实施教学改革,近 5 年用人单位的满意度一直保持在 90% 以上。2020 年以来,连续三年克服疫情对就业工作的影响,就业率始终保持在 97% 以上,顺利完成了"卓越建桥计划"在年初制定的各项质量目标。

通过多年持续实施"卓越建桥计划",将上海高校分类评价指标融入学校"卓越建桥计划"年度实施要点加以促推提升,学校面向现代服务业和先进制造业的应用型学科专业布局基本形成,"核心素养+能力本位+成果导向+持续改进"的应用型人才培养体系基本形成,多层级创新创业教育体系不断完善,雷锋精神校本特色的德育体系获得良好的社会声誉,学生的创新创业能力和就业竞争力持续提升。

第四节 应用技能型高校

习近平总书记曾指出:"我国经济要靠实体经济作支撑,这就需要大量专业技术人才,需要大批大国工匠。"结合未来高等学校规模与布局,上海通过分类评价工作,引导应用技能型高校主要培养专科层次的操作性专业技能人才,学校面向行业、职业,以"特色性"为主。

一、情况概述

新时代,应用技能型高校通过参与分类评价工作,主动融入区域经济社会发展,将培养扎根区域产业的高素质技能人才作为服务建设的新视角和新思路,在以下几方面取得了有力突破。

1. 构建校企合作协同育人机制

重视"工匠精神"培育。上海城建职业学院以劳模(工匠)精神为主线,构建思政、综合素养、专业课程"三位一体"的思政课程体系。上海交通职业技术学院开设《技能中国》课程,编写校本教材,弘扬工匠精神,增强育人实效性。

构建校企合作协同育人机制。上海城建职业学院与建工集团等领军企业合作,共建近400个生产性实训基地,推进育训结合、现代学徒制、"1+X"证书制度试点。上海交通职业技术学院探索实施IMI永达现代学徒制项目,学院、英国IMI公司和上海永达集团实行一体化招生招工制度,与学生签订四方协议,落实"学员→学徒→准员工"人才培养总体思路。上海海事职业技术学院联合上海华力公司开发《集成电路制造基础概论》课程,探索"华力—海事"订单式培养新模式。上海农林职业技术学院联合农林行业龙头企业制定人才培养方案和实践教学标准,与学生签订协议,确保学徒双重身份,学生与企业双向选择组建试点班。上海民远职业技术学院与嘉豪文化产业投资集团合作共建"嘉豪&民远人才培养产学研联合实验室",与飞林摄影有限公司合作创立"创意实验室",探索校企联合培养应用型技能人才新模式。上海济光职业技术学院与上海市园林工程有限公司、瑞金医院合作建立现代学徒制试点,共同制定人才培养方案。

完善创新实践教学机制。上海交通职业技术学院将企业管理模式及企业文化引入学校,在校内创建具有企业真实生产环境及文化氛围的实训教学中心。上海东海职业技术学院联合上海东竞财务咨询公司、东海诚丰财务中心等产教融合的生产性实训基地,构建"实训、实习、实战"一体化的职业技能实训中心。上海工商职业技术学院与美靓(上海)珠宝有限公司共建生产性实训基地,打通首饰设计与工艺专业的人才培养教学、产品设计生产、产品试销售贯通渠道,提供具有上海特色、可供全国高职院校珠宝首饰专业复制的经验。上海中侨职业技术大学通过校企融合完善第一课堂和第二课堂相结合的创新创业教育实践体系,建立毕业生就业评价和考核机制。

多途径提升技能人才竞争力。上海工商职业技术学院以"校中厂"作为世界技能大赛珠宝加工项目集训基地,开展集生产经营、职业素质养成、技能训练、技能大赛集训和"教—学—做—创"一体化的教学模式改革。上海城建职业学院在泰国设立"上海城建职业学院曼谷分院",发起中英职业教育合作发展委员会,成立"中英卓远职业学院",提升人才国际竞争力。上海科学技术职业学院推进汽车运用与维修技术专业"1+X"证书制度试点,对接证书标准修订试点专业人才培养方案,畅通技能人才成长通道。

优化"双师型"人才队伍建设。上海旅游高等专科学校将"双师型"教师建设作为考核重要指标权重,为带动高水平教师及"双师型"教师的引进与培育提供制度保障。上海城建职业学院设立技能大师工作室,实行绩效工资改革、教师分类管理、教学积分管理、科研积分管理等,深化人事制度改革。上海交通职业技术学院选拔企业一线技师作为兼职教师,建立"双导师"队伍,实施学校与企业管理人员双向挂职实践。上海中侨职业技术大学建立企业兼职教师资源库,入库教师200余名。

2. 对接市场需求优化专业布局

积极对接市场需求,提升专业适应能力。上海旅游高等专科学校为适应旅游产业转型发展,增设财务管理、空中乘务、葡萄酒营销与服务专业,其中"葡萄酒营销与服务"目录外专业进入教育部高职专业目录。上海农林职业技术学院加强上海紧缺涉农专业开发力度,形成具有都市农林特色的植物科学技术、园林技术、动物医学、农业生物技术、农业经济管理、农业信息技术专业群。上海工艺美术学院受教育部委托牵头制定艺术设计、玉器设计与工艺设计专业的教学标准。上海东海职业技术学院开设工业机器人技术、大数据技术应用、学前教育、老年护理等社会紧缺专业,并对接小微企业对财会复合人才的需求,在会计专业梳理搭建适应小微企业岗位能力培养的课程框架体系。上海工商职业技术学院初步形成珠宝与设计艺术、汽车运用与新能源技术、先进制造技术、移动互联网应用技术、餐旅服务五个重点特色专业群。上海民远职业技术学院聚焦上海"五个中心""四大品牌"建设,增设工业机器人技术、医疗设备应用技术、跨境电子商务、集装箱运输管理(多式联运实务方向)、应用英语(国际导游方向)、艺术设计(数字传播艺术方向)等专业(方向),并将应用韩语培养方向由培养商务韩语人才调整为培养国际导游人才。上海济光职业技术学院率先在上海地区开设建筑设计、数字展示技术专业,新设建筑智能化工程技术、动漫设计、软件与信息服务、学前教育等专业,并围绕产业转型和行业、企业需求,对国际邮轮乘务管理、环境艺术(景观设计)、艺术设计(少儿艺术)、助产、新能源汽车等专业进行凝练整合。上海民航职业技术学院牵头制定教育部"职业学校空中乘务专业实训教学条件建设标准",联合广州民航职业技术学院建设"飞机机电设备维修专业"教育部教学资源库。

服务区域发展战略和行业企业。上海城建职业学院牵头组建长三角职业院校创新创业实践联盟;举办基础设施建设人才研修班,服务"一带一路";建立老年服务体验和培训基地,服务区域民生。上海海事职业技术学院承担企业高级船员培养和上海地区船员与陆岸员工培训任务,响应国家"一带一路"倡议和推进上海国际航运中心建设。上海农林职业技术学院实施松江区职教集团校企合作基地建设项目,全面融入松江G60科创走廊建设。

3. 强化考核诊断提升办学质量

利用分类评价结果完善内部质量控制与保障体系。上海出版印刷高等专科学校发挥分类评价的诊断功能,构建以诊断改进为核心的内部质量保障体系,运用自主性的内部质量保障体系和常态化的质量保障诊断与改进机制,促进学校动态发展。上海行健职业学院将分类评价标准融入办学全过程,制定学院《专业建设与发展评价指标体系》,出台保障专业建设与发展评价工作有效运行的内部质量控制方案,实现专业发展的常态管理与动态监督。上海农林职业技术学院委托上海市教育评估协会承担学院教学督导工作,成为上海市首家由"第三方"开展教学督导工作的高职院校。

推动二级单位绩效考核,实现校内分类管理。上海旅游高等专科学校结合分类评价机制完善《关于二级单位绩效考核的实施方案》,根据校内不同类型单位特点,设立不同考核板块,重点突出各类型单位在学校发展运行中所承担的改革创新、支撑保障、创收等不同功能和要求,并将考核结果与二级单位年终绩效分配及中层干部考核直接挂钩。上海工艺美术学院在分类评价总体框架下设计专业评价指标,兼顾社会能力需求及国家、上海对高职院校办学绩效要求,制定学院"专业办学质量绩效评价指标体系",发布学院"专业办学质量白皮书"。上海工商外国语职业学院将分类评价指标落实到二级单位年度目标考核责任书中。

以分类评价为契机提升信息化治理水平。上海出版印刷高等专科学校在利用分类评价结果的基础上,建成对接人才培养工作状态数据管理系统的校务智能管理平台,提升教育教学管理信息化水平。上海电子信息职业技术学院升级和完善智能校园系统,实现学校各个应用系统数据的互联互通,为学校质量管理和评价工作提供有力支撑。

二、典型案例1:上海出版印刷高等专科学校

1. 落实思路

学校在开展高校分类评价工作中始终以习近平新时代中国特色社会主义思想为指导,全面贯彻落实《深化新时代教育评价改革总体方案》文件精神,严格按照《上海市高等教育促进条例》《上海职业教育高质量发展行动计划(2019—2022年)》《关于深入推进上海高校分类管理评价促进高等教育内涵式发展的指导意见》等文件的精神,遵循《上海高等教育布局结构与发展规划(2015—2030年)》的总体部署,以《上海高校分类评价指标(试行)》为指导,以"对标分类评价体系,构建内部诊改机制,完善质量保障体系,激发内生发展动力"为理念,通过建立"以评促建,对标一流;以改促进,注重内

涵;评改同行,动态发展"的工作思路,在学校党委的统一领导下,确保高校分类评价工作在学校扎实推进。

2. 具体举措

第一,以评促建,对标一流。学校落实上海高校分类评价工作始于顶层设计,对照上海市高校分类标准,明确将学校精准定位为"应用技能型"高职院校,并组织中层干部专门学习《上海高校分类评价指标(试行)》文件精神,分析指标含义,明确主体责任,做到分工明确、责任清晰。同时,学校还通过教职工代表大会、校园网、校园文化长廊等宣传途径积极广泛动员,凝聚了以"确立一个愿景"为代表的"十个一"的共识,引导全校教师认真对待分类评价工作。评价结果反馈后,学校邀请教育评价领域的有关专家向中层干部解读分类评价结果,总结分类评价工作经验。学校要求各职能部门对照指标均值图,深度挖掘评价结果意义,深入分析与同类高校相比存在的优势及差距,以优势增强发展信心,找不足制定建设举措。学校进一步强化"对标"意识,"登东山而小鲁,登泰山而小天下",站位决定眼界,眼界影响格局,格局影响标准,标准影响结果。针对每项指标,学校牢固树立"对标"意识,组织相关责任部门瞄准指标的最高分值,逐条分析评价结果反映的问题与差距,及时查找问题根源,寻找解决对策。

第二,以改促进,注重内涵。学校充分运用分类评价指标体系和评价结果,积极构建以诊断改进为核心的内部质量保障体系,全面促进内涵建设。作为上海市首批教学诊断与改进试点高职院校之一,学校认真落实"管评办"分离要求,按照"建设—运行—诊断—改进"质量螺旋递进提升路径制定内部质量保证体系建设与运行工作方案,形成"55821"内部质量保证模式,即"实现五纵五横网络结构全覆盖,落实八字形质量螺旋式改进,依靠两个引擎持续注入动力,打造一套内部质量保证体系"。学校充分利用信息技术,将内部质量保证体系建设与诊改工作信息化平台对接学校智能管理系统(SMS),形成内部质量保证体系建设与诊改工作数据库,为学校人才培养工作动态分析和学校行政决策提供信息支撑。学校教师全员参与到质量保障体系构建工作中,5名教师论文入选《上海高职诊改论文集》。作为"现代大学制度建设首批试点高校",学校现已梳理修订制度汇编13本,各部门建立了工作流程图和工作标准体系,发挥学校发展的制度保障优势。

第三,评改同行,动态发展。学校以分类评价指标体系和结果为参照,以提高人才培养质量及利益相关方对学校人才培养工作的满意度为目标,以贯彻"评价导向、自我保证、多元诊断、重在发展"的工作方针为抓手,充分发挥上海高校分类评价的诊断功能,坚持考核性诊断与常规内部质量保证体系建设动态结合,运用自主性的内部质量保证体系和常态化的质量保证诊断与改进机制,结合《上海高校分类评价自评报告》《内部质量保证体系自我诊断报告》《人才培养年度质量报告》《人才培养工作状态数据分析报告》等质量分析报告,融合专业评价、社会评价与自我评价,优化发展规划,完善治理生态,调整专业布局,强化内部质量保障,优化资源配置,争取建设经费,巩固现有优势,突出发展特色,促进学校动态发展。

3. 取得实效

第一,学校内涵建设成效显著,连续四年在上海高校分类评价中位列同类高校第一名。近年来,学校先后获评国家骨干高职院校建设优秀单位、首批上海市依法治校示范校、上海市高校课程思政领航学院试点单位。2021年,作为全市应用技能型院校的代表,承办了上海教育督导与评价国际论坛(职业教育分论坛),校长陈斌在主论坛上作了题为"职业教育的产教融合制度创新与绩效评价"的主旨报告,就应用技能型高校的评价指标体系、标准、路径与现代化方式等主题进行探讨。学校还通过认真调研、深入研究,对《上海高校分类评价指标(试行)》中部分二级指标的完善建言献策,为分类评价指标体系的科学化作出"版专贡献"。

第二,探索校内教师分类评价改革,圆满完成"高技能人才评聘教师系列专业技术职务试点"工作。遵循上海高校分类评价理念,探索应用技能型高校教师评价改革。根据高技能人才的工作特点,突出工作实绩导向,将带教学生成果、职业标准与题库开发、参与竞赛成绩等纳入评价范围,以求更全面地评价高技能人才的综合能力,探索了多元化的教师分类评价机制。学校先后制定了《高技能人才评聘教师系列专业技术职称实施办法(试行)》和《科技成果业绩认定办法实施细则》,一批技术精湛、年富力强的技能人才得以引进和在职称上得以晋升,这一试点打破了身份、学历、资历等限制,畅通高技能人才评聘教师系列专业技术职称通道。同时,破解了应用技能型高校在深化技能人才队伍建设内涵、提升技能人才培养水平工作中亟待解决的瓶颈问题。

第三,探索应用导向的科研成果认定办法,建立符合职业教育特征的科研评价制度。在教师的科研评价改革取向上,改变传统的教师科研评价"重论文发表,轻技术研发""重专利申报,轻成果转化"的导向,贯彻"破五唯"教育评价理念。通过优化学校科技成果考核办法,提高科研人员对科技成果转化工作的积极性。简化和优化职务科技成果等知识产权的处置和收益分配,打通"培育、保护、管理、转化、运用"的产学研全过程技术转移链。根据集中共享和专业需要相结合原则,从学校层面统筹安排,加强技术培育与知识产权规划,提高研发资源利用率,考查教师实施科研成果转化的工作绩效,并作为职称(职务)评聘、岗位聘用的重要依据。该项改革获"2021年度上海市教育评价改革优秀案例"。

第四,建成全要素网络化的内部质量保证体系,质量意识深入人心,质量文化初步形成。在综合利用上海高校分类评价结果的基础上,学校以推进诊断与改进工作为手段,形成了"五纵五横一平台"内部质量保证体系,建成了对接人才培养工作状态数据管理系统的校务智能管理平台,教育教学管理信息化水平不断提升,常态化的职业院校自主保证人才培养质量机制初步形成。以学校内部"自诊"、外部质量评价相结合的方式,推进学校教学改革与建设,创新教学管理与运行机制,初步形成了富有高职特色的现代质量文化,实现教育质量的螺旋式提升。

第五,人才培养质量提升与学校办学特色发展相得益彰。学校内部质量保证体系建设的最大成效是人才培养质量的持续提升,学校师生先后获得世界技能大赛银牌、全球红点概念设计大奖、美国印刷大奖"班尼奖"、国家级教学成果奖、上海高校青年教师教学竞赛特等奖、上海市教学比武一等奖等。学校与30多个国家和地区的高等院校、跨国公司、行业组织建立了良好的合作与交流关系,完成印刷媒体技术专业ACCGC认证工作,国际化办学成为学校品牌。与此同时,学校还在校企紧密型合作体制机制建设、"多元参与"的协同组织平台建设、省部级重点联合实验室建设等特色办学领域取得可喜成绩。

三、典型案例2:上海电子信息职业技术学院

1. 落实思路

找准办学定位,做好顶层设计。通过深刻领会上海高校分类评价工作思路,学校

进一步明确办学目标和发展定位。作为上海高校分类评价四条"跑道"中的"应用技能型"高校，学校立足临港新片区的区位优势以及面向新一代信息技术的产业优势，聚焦集成电路、人工智能、电子信息、高端装备产业发展，潜心围绕自身发展定位和办学特色进行顶层设计，科学合理布局，促进学校内涵式发展，探索建设新一代信息技术产教融合基地。

健全评价机制，积极培优补差。学校深入理解高校分类评价指标内涵，根据分类评价要求及指标，修订学校年度部门考核方法，将分类评价指标全面融入学校年度工作目标。科学分析评价结果，对标同类型高校，合理规划自身发展目标，逐年完善内部质量保证体系指标，明确年度目标任务，凝优势、补短板，发挥好分类评价"指挥棒"作用。

2. 具体举措

第一，开展专业评估，优化专业布局。学校根据高校分类评价"专业布局优化"指标，研究制定《学校专业设置和专业动态调整实施办法》，开展专业评估。围绕专业办学条件、教学质量、学生发展、生源与就业等多种因素强化特色和内涵建设，建立健全专业分类管理及动态调整机制，使专业人才的培养能够切实适应经济社会转型升级的需要。近年来，为了应对国家和上海对新经济、新业态、新技术和新职业的发展需求，基于上海对电子信息类新行业人才的急需，学校新开设集成电路技术、人工智能技术应用、大数据技术、电子竞技运动与管理等专业，也通过调研和实践，对某些专业内容区域接近的专业进行了调整，停招移动互联应用技术等专业。

第二，研制专项评价，深化产教融合。学校科学拆解"产教融合专业占比"指标，多路并举，深化产教融合。

一是学校探索现代产业学院建设模式，从产业学院体制机制、产业学院资源投入、人才培养模式改革、产学合作成效、人才培养成效五个方面探索建立了一套完整有效的"产业学院评价指标体系"。学校加大行业企业岗位标准衔接，鼓励行业企业骨干人员参与职业院校办学，突出课程中心导向，创新人才评价方式，多维度评价产业学院的建设过程与成效，以培养适应和引领现代产业发展的高素质应用型、复合型、创新型人才。"产业学院评价指标体系"的研制进一步加强了产业学院建设，推动产教深度融合，该评价指标体系获评"2021年上海市教育评价改革优秀案例"。

二是学校与上海市物联网行业协会共同面向企业、社会和职业院校开展物联网安装调试员职业技能等级证书培训与鉴定,推进物联网智能家居"1+X"证书培训与考证等相关工作。通过行业组织的牵线搭桥,学校探索实现与行业龙头企业在人才培养、技术研发、技能培训、"双师型"教师队伍建设、仿真虚拟实训基地建设等方面的深度合作。目前,学校共有30个专业参与31张1+X证书试点,探索形成了"岗课赛证"融通模式,实现课证融合、证赛融合、产教融合。

三是积极探索现代学徒制人才培养模式,在人才培养方案、课程建设、教师培养、技术工人职业能力培训和晋升、社会服务、技术开发等方面与企业开展深度合作,实现"合作办学、合作育人、合作就业、合作发展"。2018年起,电子类、航空类专业与上海仪电智能等企业合作开展现代学徒制试点;2021年,机电一体化(中德合作)专业与位于临港新片区的特斯拉(上海)有限公司合作,开设"特斯拉"班,推进实施"现代学徒制"人才培养模式。

第三,坚持质量导向,改革科研评价。学校参考高校分类评价"科研项目"指标,改革科研评价,引导师生形成重质量、重效益的科研价值观。近年来,学校师生在高层级研究课题申报量和立项量、纵向课题立项率和立项金额、横向技术服务项目立项金额和到款额、高质量学术刊物论文发表量、高质量学术专著出版量、发明专利申请量和授权量、获政府对高价值专利的奖补额度、技术合同认定通过率等方面均逐年递增。

学校以职业本科建设为契机,进一步明确科研定位,真正发挥科研对企业产品升级、技术创新的促进作用。制定《科研机构管理办法》,建立"机电装备关键部件智造工程技术研究中心"、"半导体探测材料与器件工程技术研究中心"等6个校级科研机构,组建科技服务专家团队,汇聚各方资源,集中科研力量,面向一线解决关键技术问题,提高科研成果的产出规模、质量和效益,推进科研成果转化,充分发挥科研机构、科技服务专家团队对学校的科学研究、人才培养、社会服务的重要支撑及带动辐射作用。

3. 取得实效

内部治理能力提升。随着上海高校分类评价的推进,学校内部质量保证体系逐步完善,数据管理水平有效提升,为学校各职能部门及学校领导层科学决策提供数据支持。学校梳理整合业务"工作流",建立数据协调中心,与企业共同设计开发的"智能校园诊改支撑系统"于2018年登记国家计算机软件著作权,并在多家职业院校推广使用,形成良好的社会效益。

产教融合育人显现特色。学校凸显职业教育类型特色,发挥校企协同育人优势,吸引行业企业深入、全过程参与人才培养,共同商讨制定人才培养方案,探索人才培养模式的创新,提升人才培养质量。近年来,学校与华为技术有限公司、深圳市腾讯计算机系统有限公司等多家行业内大型企、事业单位积极达成校企合作,分别建成华为ICT学院、腾讯网络安全协同创新基地,成为 Google Android 人才培养示范基地和ARM嵌入式人工智能应用技术示范基地。与华渔教育科技有限公司紧密合作,成立虚拟现实校企共建的国家级生产性实训基地,致力于将企业真实项目和工作场景引入课堂,将课程教学内容与行业技能认证深度对接,促进学生技能与职业成长。2021年,学校与奇安信集团共建申安网络安全产业学院,着力创新网络安全人才培养体系。2022年,学校新成立消防救援学院,与上海市消防救援总队开展合作办学,开设消防救援技术专业,政校双方共同打造新型政校合作模式和机制,更高效地服务消防事业。

四、典型案例3:上海城建职业学院

1. 落实思路

学校深入贯彻落实国家《深化新时代教育评价改革总体方案》和上海《上海市深化新时代教育评价改革实施方案》,2020年制定了《教师分类评价改革试点实施指导意见》,2021年总结经验成效、凝练顶层设计,2022年分步深化系统评价改革。学校先后两次在上海市召开的工作会议上作经验交流,"教师分类评价"和"学生综合评价"两个案例入选"2021年度上海市教育评价改革优秀案例",是全市唯一入选两个案例的高职院校。

立足"十四五",面向举办本科层次职业大学,学校将进一步深化集成系统评价改革,以增强适应性为目标,以能力建设为主线,打造一所办学生态优良、代表上海水平、国际竞争力强的高层次职教强校。

2. 具体举措

第一,紧扣学校评价要点,校准改革前进方向。

紧扣国家《深化新时代教育评价改革总体方案》中关于"健全职业学校评价"的总体部署，抓牢关键，把"德技并修、产教融合、校企合作、育训结合、学生获取职业资格或职业技能等级证书、毕业生就业质量、'双师型'教师队伍建设"等七大重点评价改革任务落实到全员、全领域、全过程，校准学校前进方向。

学校成立规划管理与质量评估办公室，负责整体层面的质量建设和监测评估工作。学校出台《教学质量保证体系建设与运行实施方案》，确立专业层面、课程层面和教师层面的目标链和标准链，建设常态化、网络化、全覆盖、具有较强预警功能和激励作用的教学质量保证与评价体系。学校确立整体评价标准，以《本科层次职业学校设置标准》《本科层次职业教育专业设置管理办法》中各类标准为基线，瞄准对标学校，推动建设专业实力强、师资队伍强、服务贡献强、治理能力强、国际影响力强的"五强"职教强校。学校确立人才培养评价标准，提出"职业导向、本科水平、技术专长"的要求，保持"高职学生上手快"的优势，达到"本科学生后劲足"的成效。

第二，借鉴分类评价体系，增强学院发展动力。

借鉴上海高校分类评价办法及指标体系，把校院两级管理改革推向深入，进一步明晰校院两级的权力和职责边界，推动"小机关、大学院"机构改革。

优化二级学院成效评价与资源配置方式，把学校资源投入和奖励性绩效工资分配与二级学院的发展成效挂钩，引导二级学院将发力点聚焦到学校的重要改革事项和发展任务上来，形成更大合力。在人员聘用、绩效考核和薪酬分配等方面赋予二级学院更大的自主权，激发学院办学动力和活力。二级学院积极与头部企业合作，共同成立了数字建筑、人工智能应用等16个产业学院。

第三，激励教师优势发展，分类激发发展活力。

专任教师评价。学校进一步完善"教学为主型、教学科研型、教学与社会服务型"三类教师岗位职责的内涵和评价方法，明确以教育教学为基本、以分类要求（X项）为引导，完善岗位考核和聘期考核评价办法；赋予二级学院确定三类岗位设置数、各类岗位职责中"X项"的自主权，进一步健全分类设岗、分类评价、分类聘用、分类激励制度体系。

企业兼职教师评价。制度和规范建设方面，建立了人事处、教务处和专业二级学院相互协作的管理评价机制；遴选和使用方面，形成了择优选聘、协议管理、建档立册、有充实有淘汰的评价和使用机制；质量建设评价方面，将兼职教师纳入教学质量管理范畴，兼职教师参加上岗培训，参与教研备课，接受师德评议和教学效果考查；产教融合评价方面，推动企业兼职教师深度参与专业人才培养方案修订、课程和教材建设，担任劳模工匠精神育人导师，指导学生技术技能大赛和创新创业教育。

人才引进评价。学校分类制定高层次人才、博士、柔性人才引进与管理办法等系列政策。好中选优，把好"进口"评价关，"破五唯"，重能力、重教学科研实绩、重企业工作经历；注重引进行业大师，有意识地招聘部分全国技能大赛获奖的本科生、职业院校毕业生进入专任教师队伍；严格第三方评价，强化同行专家、企业专家评议意见的运用。

第四，健全综合评价体系，促进学生全面发展。

学校将"立德、立人、立业"校训全面融入学生评价，将"第二课堂"、综合素养、学生参加劳动教育、技能大赛、创新创业、学生考取职业证书等内容均纳入评价体系。综合考虑学业评价与技能评价、思想道德评价与"第二课堂"活动评价、劳动教育评价与劳模工匠精神传承评价、教师对学生的学情评价与同学之间的相互评价、心理健康的专项评价与综合素养的养成评价，涵盖德智体美劳各方面、课内课外各环节、入学到离校各阶段，着力凝练形成科学合理、操作便捷、全面高效、富有职教特色与城建特点的学生综合评价体系。

学校邀请各领域劳模、工匠、企业专家广泛参与专业建设、课程改革、思政工作、实习就业、创新创业等人才培养各环节，凝练特色校园文化，发挥职业院校优势，重点传承和发扬中华技艺文化，与其他类型高校形成互补的文化传承与创新发展评价格局。

第五，深化分类分层分级评价，强化发展通道体系建设。

对管理岗，制定了《管理岗星级职员聘任实施办法》。目的设计上，为各级管理人员中前30%的优秀人才拓宽职业发展通道，激励他们全身心工作、分层发展成长。岗位设计上，设置五星四档，对应六级职员；四星四档，对应七级职员；三星三档、二星二档，对应八级职员；一星二档，对应九级职员，实行分层申报竞聘。待遇设计上，按照宽带式结构设计递进通道，分职级序列兑现基础性绩效中的工作量津贴；竞争上岗后，提前、提高1—3级享受待遇。选拔设计上，充分竞争、三年一轮，每年选拔各级前10%的优秀人才，三年后重新竞聘上岗。标准设计上，任职年限计分＋业绩评价计分(含岗位职责业绩+岗位荣誉业绩+教研工作业绩),汇总提交综合评议,业绩突出者先得。针对问题上,克服干部职数有限、普通职员提拔受限等问题,有效解决"躺平"痼疾。

对专任教师,构建"优才—英才—俊才—城建学者"四级人才体系。分职级序列申报竞聘,兑现基础性绩效中的工作量津贴;竞争上岗后,提前、提高1—3级享受待遇,同时配上相应科研经费,从而强化对各级专技人员中前30%优秀人才的发展性、成长性评价支持,助推更好更快发展。

对辅导员,制定了《学生思想政治教育教师职务评聘实施办法》,完善辅导员职务评聘体系;制定了《专职辅导员星级管理办法》,设置五星级晋级通道、各级晋级比例,竞聘上岗后兑现基础性绩效中的工作量津贴。

3. 取得实效

学校整体建设水平提升,是"全国高等职业教育治理体系建设发展联盟副"主任单位,获评"2020年全国高等职业院校治理体系建设优秀案例50强",获"2020年教育部首批全国职业院校'双师型'教师队伍建设典型案例","传承劳模工匠精神,培育新时代大国工匠"入选"上海高校分类评价优秀办学案例"。学校2021年超额完成上海市"人才揽蓄计划",引进高层次人才8名。"城建—东湖酒店管理"产业学院研制了国宾接待员职业标准和人才培养评价标准,为东湖集团培养了70%以上的国宾接待团队成员,其评价标准体系应用于20多家高端酒店公务接待培训,为上海打造"国际会客厅"作出了重要贡献。

五、典型案例4:上海工艺美术职业学院

1. 落实思路

上海工艺美院将分类评价工作与国家"双高计划"、上海一流高职项目建设紧密融合,以分类评价为着力点,强化绩效管理考核,优化激励机制,加快建设中国特色高质量高水平职业大学。

明确责任主体,建立分类评价工作机制。通过开展系列专题研讨与交流活动,树

立全校范围内的分类评价理念与绩效观。组织相关职能部门和教学部门负责人学习讨论《上海高校分类评价指标(试行)》，依据指标内涵确定责任部门，明确责任主体。学院制定了系统的分类评价工作流程，形成涵盖"数据采集、报告撰写、材料审核、结果分析、反馈交流、工作改进"的闭环式分类评价工作机制。

完善内部评价体系，编制《专业办学质量白皮书》。持续推动学院各专业在建设中坚持分类评价导向，强化质量意识，争优创先，形成良好的绩效评价生态。学院在上海市分类评价总体框架下设计制定专业评价指标，形成系统的专业办学质量绩效评价指标体系，组织全校专业开展办学质量绩效评估，发布《上海工艺美院专业办学质量白皮书》。通过客观准确的数据统计与对比分析，全面客观地反映各专业办学现状和主要成绩，针对专业强项与不足长善救失，促进专业建设质量提升。

推进评价指标落实，探索绩效评价制度改革。积极探索将分类评价理念与评价指标融入部门绩效评价改革，深入推动分类评价内容的实践落地。将分类评价指标纳入部门绩效考核内容，测评试算绩效评价结果，调整评价方案，推动学院职能部门与教学部门围绕分类评价指标内涵，把握职业教育类型特征，凝心聚力，有所作为。

2. 具体举措

第一，对接产业优化专业布局，构建专业群融合发展生态。紧密对接上海区域产业发展需求，优化专业布局结构，新增社会紧缺专业。升级专业建设思路，重塑产教融合专业群组建机制以适应区域产业发展和科技创新，从单一的专业建设转向基于产业链、技术链、岗位链协同的专业群建设；深化产教融合，促进艺术科技结合；创新办学模式，进一步明确专业群人才培养定位、专业结构、组群逻辑、发展规划。推行"以群建院"模式，以工艺美术品设计和产品艺术设计两个国家"双高"建设专业群为头雁，带动传媒营销与设计、城市更新设计与创意、数字创意三个上海市重点建设专业群共同发展，形成共生互利、融合发展的"2+3"专业群结构生态。

第二，校企协同推进产教融合，提升艺术类人才培养质量。坚持校企协同育人职教特色，推进产教深度融合，建设产业学院，与世界知名企业和行业领军企业合作，共建WPP学院、凤凰数字产业学院、苏州珠宝玉石文化产业学院等一批高水平产业学院。对接领军企业、行业协会、科研院所，共建一批校企合作工作室、实验室。积极对接中小微企业，互利共赢育人才，依托"专业群共建企业群"和"职教联盟共享企业群"

双平台,以多专业对多企业的"多对多"合作方式,探索以"轮岗、跟岗、顶岗、上岗"四阶段学习模式为特征的现代学徒制培养新模式。

第三,引才育才健全标准体系,优化"双师型"教师队伍建设。实施艺术设计类"双师型"教师标准建设工程,制定"双师型"教师资格层级认定、聘任和考核等管理办法及实施方案,与教师岗位分类、职称级别共同构建起"三类四层四级"的教师发展支持体系。实施"高特需人才引进"工程,开展"名师名匠、优师优匠"人才揽蓄计划,实践以工作任务和绩效为导向的"专兼结合"人才引进机制;通过"国际工艺家驻留计划",引进多位日、韩工艺大师及高校教授带教师生;实施"现代产业导师特聘岗位计划""非遗传承人特聘岗位计划",聘请一批国家级、省市级工艺美术大师、非遗传承人来校开设工作室培养传人。实施"教师专业素养能力培育"工程,以夯实基础为原则,开展教师产学研践习、职业资格证达标等专项计划。以分层分类、目标导向、定制培养为原则,开展新教师岗前培训、国内外访学进修、后备领军人才培育、首席技师培养、技能大师工作室孵化等专题项目。

第四,科研平台驱动、非遗传承助力,服务区域经济社会发展。打造技术技能创新服务平台,建设艺术科技协同创新中心,促进学校、政府、企业三方联动发展;建设文化创意技术转移中心,致力于推动可复制、可推广、可投入生产的高质量专利或样品的研究与开发,推进艺术科技成果孵化与转移转化;成立多个科研创新团队,通过创办科技企业、科技成果入股等方式,助力技术开发和产品升级。不断提升社会服务水平,聚焦文化产业发展、学习型社会建设、乡村振兴及传统文化传播四项工程,以教育部职业院校校长培训培育基地、长三角市民终身学习非遗传承体验基地为依托,开展非学历培训,服务区域经济社会发展。

3. 取得实效

通过不断聚焦类型特色建设,学院办学质量与办学声誉不断提升。2019年入选教育部、财政部"中国特色高水平高职学校和专业建设计划"建设单位,是全国56所"双高计划"建设院校中唯一一所艺术类院校;通过高职创新发展行动计划验收,被教育部认定为"优质专科高等职业院校";立项首轮上海一流专科高等职业教育院校建设,是上海市立项建设的三所高职院校之一。

专业布局结构持续完善。专业建设与产业发展同频共振,服务区域政、产、教、研协同发展;专业内涵建设不断深化,服务企业技术能力逐步提升;对接社会需求,新增设美术教育(国控)、数字媒体技术等专业。专业建设质量突出,学院开设的24个专业中,国家级、上海市重点建设专业17个,占比70.83%。专业影响力显著提升,根据"2021年高职院校专业竞争力排行榜",学院两个"双高计划"建设专业群9个专业中,有3个专业排名全国第一,5个专业排名全国第二,1个专业排名全国第五,建设成绩显著。

人才培养质量稳步提升。技术技能人才培养质量稳步提升,获"全国高职院校育人成效50强",通过教育部第三批现代学徒制试点项目验收。近三年学院在校生获省级及以上奖项696项,获得国家级技术技能大赛和创新创业大赛奖项的学生较2018年增长4倍,涌现出"全国优秀就业创业毕业生"、"全国技术能手"等一批优秀代表。根据第三方调研结果,自2018年以来,学院毕业生每年就业率均超过98%,专业对口率超过87%,平均起薪点逾5 000元,用人单位满意度100%。

师资队伍实力显著增强。初步建成了艺术设计类"双师型"教师标准体系。截至2021年,获立2个国家级、11个上海市级职业教育教师教学创新团队及各类技术技能大师工作室;教师近三年先后获评"全国五一劳动奖章"、"全国技术能手"以及"上海市助力脱贫攻坚先进个人"、"教书育人楷模"、"育才奖"、"上海工匠"等省级及以上荣誉15项;引进名师名匠、优师优匠等业界标杆人才共40名,柔性聘用10余名知名学者、外籍专家、企业高管、技能大师等担任"产业导师""项目管理专家""海外引才顾问";"中德大师"、"长三角虚拟现实"等3个工作室获上海市文教结合项目;"游高轩工作室"入选上海市级技能大师工作室,师资队伍实力显著增强。

社会服务成效不断显现。学院科研助力社会服务成效显著,目前已支持20余项科技项目孵化成果,获国家专利授权149项;2021年横向技术服务到款较2018年增长近6倍,为企业产生的经济效益不断扩大。社会培训服务成果丰硕,连续七年实施"中国非物质文化遗产传承人群研修研习培训计划",培训云南等地非遗传承人数百人。近三年,开展非学历培训服务22万人次,年均增速56.5%,带动社会经济效益增值9 800余万元。实施"双进三扶"乡村振兴服务工程,对口帮扶11所中西部院校,在云南、新疆等地建立非遗工作站12个。

第五节　对分类评价结果高校应用的思考

通过上述四类高校运用分类评价成果的典型案例可以看出,推动高校在同类型对照中形成办学定位明确的发展格局,真正实现高质量特色发展,是分类评价结果应用的重要向度之一。面对这样的政策导向,上海各高校以分类评价为契机,积极推进了教育教学管理的改革,提升了人才培养的规范性,不同类型的高校明确了各自的办学定位,在客观上促进了各校教学条件的改善,对提升人才培养质量及适应区域经济社会发展能力起到了积极作用。但高校仍需更进一步,充分利用提升人才培养质量的机遇,建立健全人才培养质量提升的内控机制,逐步从"要我评"向"我要评"转变,从被动地迎接评估向主动地推进内涵建设转变。高校不能为了迎合评估而评估,而是要具有提高教育质量的使命感和主体意识,在这样的前提下,正确运用分类评价结果推动自身治理体系的变革,注重从内部治理结构优化的角度培育自主办学能力,完善顶层设计,并逐步形成有助于学校办学质量特色化和品牌化的教育体系。

需要注意的是,分类评价体系虽然是依据高校定位和建设的不同目标而确立,且每一类别高校均形成了不同的发展要求和评价指标,但各高校的内涵建设与发展需求并不能同指标体系完全契合。在近几年的分类评价实践中,也有部分高校尝试将分类评价的指标体系融入校内二级教学科研单位的考核指标,不过还是出现了碰撞之处,仍需进一步完善。因此,高校在推动自身治理体系改革、加强内涵建设的过程中,只能将分类评价的结果作为参考,或是部分采用,或是变更指标权重,抑或是将各项指标培育整合,目的始终是通过指标发现自身教育治理中存在的问题,从而推动高校自身治理体系与治理能力的提升。

在这一过程中,各高校的二级学院和专业,也应相对聚焦分类管理与评价的实践层面,充分发挥能动性,主动应对转型发展的改革实践,结合区域特点、办学历史、专业优势和师资队伍情况，在人才培养方案设计、教育教学改革、师资队伍建设、学生分类培养等方面进行积极探索，逐步构建符合学校办学定位、充分激发办学活力的管理和评价体系，提升学校的内涵建设质量，更好服务于区域经济社会发展需要。

要达到这一目的，从近五年高校分类评价工作来看，既要靠高校自身的努力，又要靠政府政策的推动。当前，我国的高等教育主要以行政权力为主导，高等学校受资源配置的约束较为突出。显然，单靠高校自身的努力是不够的，还要有政府政策的宏观指引。学校要在政府的引导下，基于分类评价结果，与同类型高校进行比较，找出差距，结合上海高等教育整体布局和自身实际情况，科学编制办学定位规划，明确学校的人才培养目标、学科和专业建设目标、服务面向、发展道路和布局结构等重点。同时可以按照现代大学制度要求，将经过认可的学校办学定位规划写入大学章程，赋予学校发展定位规划在今后指导学校办学行为上的法律效力。明确办学定位规划，可以使得学校发展方向明确，校内资源使用效益提高，容易办出特色专业，产生教学成果。

有了明确的办学定位规划后，学校要严格按照规划进行内涵建设和学科、专业调整，从而完善校内学科、专业布局，明晰主干学科、支撑学科和相关学科结构，建立基于自身基础能力的特色学科专业群，并不断增加资源投入，培养适应经济社会发展的高级专门人才，推动学校的特色发展。

经过一定的建设周期，教育督导部门再组织开展新一轮分类评价，学校继续根据分类评价结果，对照同类型高校的发展情况和自身办学定位规划的目标，诊断、分析自身的建设成效，清醒地认识优势与不足，进一步实行有针对性的拾遗补缺及自我完善。如此循环，学校利用每一轮分类评价的结果，依据社会发展、对未来人才需求的预测并结合自身实际情况，重新审视自身定位，调整办学方向，适时对学校发展规划进行调整和修订，进入新一轮发展周期，最终实现学校的高质量、特色化和持续性发展。

这样，处于不同类型或同一类型不同位置的高校，一方面依据不同的人才培养目标和服务面向，既可以在不同层次、不同领域办出特色，争创一流，还可以逐步形成各居其位、各尽其职，相得益彰，和谐共荣的教育格局。而这一全方位、多层次的高等教育体系，可以满足经济社会发展对人才的多样化需求。另一方面，各高校依据自身基础能力建立的特色学科专业群，可以逐渐形成特色化、专业化、立体化的学科系统，加大优势学科的广度和深度，促进学科之间的交叉、渗透与融合，实现学校学科专业的特色发展。

第八章
上海高校分类评价的总结与展望

　　教育评价很难,高等教育评价尤其难。难在有太多悖论,难在人人心里都有一杆秤,难在时代瞬息万变,难在有太多的利益相关者……2015年底,上海顺应高等教育高质量发展需求,在全国率先实施高校分类管理。多年来,政府、学界、高校、社会一起将高校分类管理评价体系慢慢创生培育起来,十分不易。面向未来,作为"指挥棒"的上海高校分类评价要进一步摸清历史方位、把握重点问题、明确总体航向,为上海高等教育质量的提升作出更大贡献,为全国高等教育分类管理评价探索更多新路。

第一节 基本经验

千里之行,始于足下。上海高校分类评价要顺利地走向远方,首先必须明确自身所处的历史方位。明天的工作必然是昨天工作基础上的延续和发展,因此上海高校分类评价历史方位的判定,要从工作自身的发展逻辑去看。但同时,高校分类评价又是高等教育工作的一部分,而高等教育又是教育整体事业和国家创新体系的子系统,因此高校分类评价的历史方位还要从更广阔的视角去看。

一、发展方位

以上章节对分类评价的来龙去脉、最新进展做了详细的梳理和阐释。如果站在历史发展的角度对以前工作阶段做个判断,可以说上海高校分类评价的摸索期已经结束,体系框架构建已经完成。这一点可从政策、指标、流程、支撑四个体系的构建情况中看出。

第一,是政策体系初步完备。教育治理体系现代化的路径是管办评分离,教育治理能力现代化最为重要的标志之一就是依法治教。上海把高校分类评价作为地方高等教育治理的重要一环、依法治教的重要内容,已构建起较为完备的政策支撑体系。在规划层面,出台的《上海高等教育布局结构与发展规划(2015—2030年)》《上海教育现代化 2035》都对这项工作提出了要求。这对负责部门长线布局这项工作提供了依据,也对高校重视这项工作做好了提示。在法律法规方面,颁布了《上海市高等教育促进条例》,将分类管理评价的基本思路固定下来,这为不开展上海高校分类评价工作、不落实上海分类评价思路的高校进行责任追究提供了依据。在落实政策方面,《关于深入推进高校分类管理评价促进高等教育内涵式发展的指导意见》等文件,使规划和法律法规的任务要求更加细化、更具操作性。规划、法律法规和配套落实文件,使上海高校分类评价有了更多的共识、更强的权威、更好的依据。

第二,是指标体系已构建完成。从某种意义上说,教育评价就是以评价指标为中心而开展的活动。从2017年开始,经过多年的努力,围绕学术研究型、应用研究型、应用技术型和应用技能型四类高校的目标定位,打造出了一套具有较强业界共识度、逻辑自洽性的综合性指标体系。评价指标体系一旦实行,就应该具有相对的稳定性,避免朝令夕改,给高校带来困惑。因此,今后不会对指标体系做颠覆性调整和改变。也正是从这个意义上说,高校分类评价的指标框架已经构建完成。

第三,是操作体系实现闭环。科学的操作流程是使指标走向结果,确保结果真实性、公正性、有效性的必要环节。它是否规范、公开、高效,直接决定着整个评价体系是否具有公信力,并进而决定着其是否可以存在下去。可以说,到目前为止,分类评价的操作体系已经构建完成,形成了包括指标优化、培训动员、数据填报、数据公示、集中评价、实地督导、数据核实、数据分析、结果反馈、结果应用、经验总结等环节在内的流程回环。每一个环节都尽力做到了多方参与、各尽所长、行之有据、注重细节。

第四,是支撑体系已经形成。上海高校分类评价是一项专业性强、涉及面广、任务量大、受关注程度高的工作,因此需要强有力的战线队伍、支撑平台。经过近些年的努力,围绕着这项事业,这支力量已经形成并逐步壮大。首先已形成政府相关部门的力量协同,通过不断讨论研究,在是否进行高校分类评价、如何进行高校分类评价、分类评价结果如何应用等方面,教育主管部门内部、其他政府部门,都形成了基本共识、配套政策。其次组建了上海高等教育督导评估专家委员会,承担决策咨询、督导评价等职能。再次是建设了一批基地且在相关高校建立了若干基地,与市评估院、教科院等单位一起,成为高校分类评价的研究支撑。此外,还在一些学术期刊设立了专栏,总结分类评价的经验,探讨未来的发展空间。

上海高校分类评价体系构建已经基本完成,模式初步确立,实现了初设目标,这就是目前上海高校分类评价的历史方位,今后的阶段就是持续迭代升级、深入落实教育评价改革总体方案、有效提升上海高等教育高质量发展的阶段。

二、主要经验

上海高校分类评价之所以进展顺利,主要得益于如下几点。

第一,强化改革意志。对高等教育进行分类管理评价是破除高校"千校一面"、同质化办学的唯一路径,符合教育规律和时代需要。但是,由于强大的历史惯性影响、高校分类理论的共识性不足和其他共性评价体系的制约等因素,这项工作在全国范围内的进展并不顺利。统筹协调辖区高等教育事业,是《高等教育法》授予省级政府的重要权力。用好权力,推进高等教育高质量发展,是上海政府教育履职的重要内容。同时,上海作为我国教育综合改革试点地,要当好改革先行者,为全国教育评价改革探出新路、输送有效经验。上海主要通过两种手段推进该项工作:深化政策引领,不断强调分类评价的重要性,为工作开山辟路;通过将结果与资源配置和评选考核挂钩,增强高校分类评价的权威性,逐步让高校重视起来、参与进来。"什么事情,政府重视了就好办",若政府不重视,犹犹豫豫,上海高校分类评价工作,就永远停留在口头上,落不到实处。这是政府主导高等教育评价的优势,也是上海分类评价初战告捷的根本保证。

第二,保持评价相对独立。教育治理体系与治理能力现代化的根本路径是管办评分离。对高等教育进行评价一直是政府的职能,也应作为其重要职能。但是以前具体业务部门集规划、执行、评价权一身的传统模式,并不符合现代治理理念。教育评价必须相对独立,才能发挥它的威力。为了解决这个问题,国家强化了督导制度。2012年颁布的国家《教育督导条例》指出:"国务院教育督导机构和县级以上地方人民政府负责教育督导的机构(以下统称教育督导机构)在本级人民政府领导下独立行使督导职能。"[1]2014年,国家教育督导委员会办公室出台《深化教育督导改革转变教育管理方式的意见》,明确提出将评估监测作为教育督导机构职能,形成督政、督学、评估监测

---

[1] 中华人民共和国政府,中华人民共和国国务院令第624号.印发《教育督导条例》[EB/OL]. http://www.gov.cn/zwgk/2012-09/17/content_2226290.htm.

三位一体的教育督导体系。[1]将评估监测职能纳入政府教育督导机构,是教育治理体系现代化的重要制度设计,符合教育规律和治理规律。上海高校分类评价体系的筹划和推进初始也并非在政府教育督导部门。相关部门在工作过程中就碰到了许多的体制机制和思维上的困难,特别是很难从具体的执行思维中跳出来,无法在做运动员同时做好裁判员。由教育督导部门相对独立地开展这项工作后,各方面工作才顺畅起来,这是上海的重要经验。

第三,实施稳步推进策略。高等教育评价问题,十分复杂。随着高等教育的普及,人民文化素质水平的提升,越来越多人对高等教育有着自己的理解,高校负责人和专家学者更是对高等教育评价莫衷一是。若畏惧困难、踌躇于分歧、追求绝对共识,分类评价改革恐怕永远不会落地。上海在推进高校分类评价过程中坚持边探索边完善的策略,不求"一步到位"。一方面保持相对稳定性,在指标体系和评价标准方面,维护评价权威,稳定高校的发展预期,避免大幅度、颠覆性的调整,给高校带来发展困惑;在类型的选择方面,除非办学性质发生改变,原则上不允许高校更改,避免走向综合性、学术研究型单轨发展的老路。另一方面,坚持适度动态调整。"目前大学评价针对的是处于调整中的不稳定状态组织,其组织目标、组织环境、组织职能、组织文化、组织与外界的关系定位等基本问题没有一个较为圆满的答案。"[2]因此,作为学校发展的"指挥棒",中国的教育评价都不应是定型的,都必须保持对外界变化情况和学校发展动态的敏感性。上海高校分类评价每年都会"新陈代谢",结合新政策、新业态和高校的普遍意见建议,对评价指标和评价机制进行优化完善,保持评价的活力,回应各方的期待。在注重树立评价的权威性同时,坦诚看待评价的阶段性、不完美性,敢于正视矛盾、善待批评意见,是上海高校分类评价能够立足和不断成长的原因。

第四,不忘评价初心。评价是一种工具和手段,用来衡量高校办学水平、发展绩效。但是在具体实施过程中,不管是政府还是高校,经常异化评价的功能定位,为了评价而评价,忘了初心和归宿。对于政府来说,由于管理面过大,难以把握所有高校的办

---

[1] 中华人民共和国政府,国务院教育督导委员会办公室 关于印发《深化教育督导改革转变教育管理方式的意见》的通知[EB/OL]. http://www.gov.cn/gzdt/2014-02/18/content_2612480.htm.

[2] 白玫. 大学评价制度研究[M]. 北京:科学出版社,2018:143.

学实际情况,很容易简单化操作,把评价结果当成全部事实。对于学校来说,为了快速提升排名,很容易功利化操作,把评价指标当作办学目标,而不是达成目标的工具。上海开展分类评价的根本目的不是为了方便政府管理、投入,而是为了推进高校办出特色、办出质量。分类管理和分类投入也是手段,也是为了分类发展。所以在改革实施的过程中,上海一直把是否有利于切切实实促进高校分类发展作为检验一切工作的基础。比如:把所有高校都纳入四类型进行评价,不让一所高校掉队;强调共性评价基础上的特色评价,为高校展示特色留足空间;不迷信数据和材料,对学校实施实地督导。更为重要的是,不走"断头路",坚决避免评价流于表层,如"一竿子插到底",注重引导高校推进内部评价改革,不"唯指标"而指标,而是将指标看作照亮黑暗、检视工作的工具;敢于向自己问责,不把评价结果作为评价工作的结束,而是用事实说话、以成效论成败,继续组织力量加强分类评价有效性的观察和分析,持续改进工作。

第五,培育评价公信力。大学办学不是单主体,政府、高校、社会等都是利益相关者。对大学的评价,也自然会牵扯到各方面利益。为了维护"自我"的利益,必然存在着各种博弈。博弈、竞争,是评价的必然结果。但是这种博弈不应是"零和博弈",而应该是"正和博弈",因为"与一般的竞争博弈不同的是,虽然在实践中各主体间存在利益的分歧和争夺,但政府、大学、市场和社会有着共同的愿景——提升高等教育的质量,提高优质高等教育资源的增量、扩大存量,也就是说它们在根本利益上是一致的"[1]。特别是对政府来说,其"自我利益"就是各方的"根本利益",与高校、社会不同。政府主导的评价,就应该把公正性、公益性放在首位,如果陷于局部利益,就丧失了公信力。当前,对政府评价的批评,多来自操作不透明、数据不共享。上海高校分类评价坚持公正性,指标的构成、内涵以及评价标准都向高校公开征求意见。同时,坚持公益性,将各高校的数据、同类型高校的数据进行免费共享,并为每一所高校量身打造分析报告和类型分析报告。公信力有了,分类评价才能有威力、出实效。

以上经验是集体智慧的结晶,是其未来需要保持和发扬的宝贵财富。

---

[1] 宋博,邱均平.利益博弈时代大学评价主体间的冲突与和谐[J].高教发展与评估,2019(01):36.

第二节 未来展望

可以说上海高校分类评价已经积累了良好的基础、有效的经验,但也面临着复杂变化的形势和重要的历史使命。展望未来,评价工作仍需要不断深化。

一、增强分类评价的中国底色

西方教育评价理论在一定程度上推进了中国高等教育的现代化进程。中国正在走向高质量发展阶段,中国教育正在走向世界中心,西方的教育评价理论效用正加快边际递减。若中国还是实行"拿来主义"策略,就会伤害自己,使评价与发展实际和需求越来越脱节。关于这一点,阿特巴赫曾经对此有过敏锐揭示:英语国家成为了世界学术中心,"这些位于中心的学术共同体所秉持的研究规范、价值观、研究方法和研究方向逐渐主导了世界其他学术区域——学术边缘地带",这造成边缘国家"忽略掉许多有必要研究、但更偏向地区性问题的研究主题",更为重要的是照搬国际方法,"而不管这些方法是否适用于特定的研究主题"[1]。这些现象,在中国高等教育领域,都是广泛存在的,在有些领域还表现得十分明显。有鉴于此,上海高校分类评价要牢牢把握高等教育评价的主导权,体现理论原创性,发挥制度优越性,增强本土适切性。

首先,深化创新理论研究。评价理论没有创新,评价实践就无法改变依附地位。上海高校分类评价今后要切实加强研究力度。一是方向上要研究落实习近平总书记

---

[1] 菲利普·G·阿特巴赫.国际高等教育的前沿议题[M].陈沛,译.上海:上海交通大学出版社,2004:6-7.

教育思想。以习近平同志为核心的党中央站在百年历史大变局、民族伟大复兴全局，对教育工作提出了一系列富有创见的新理念新思想新观点，其中有很多关于教育评价的直接论述。如何将这些思想观点精准转化熔铸为上海高校分类评价理论的灵魂，使上海高校分类评价理论成为新时代教育理论的重要部分，是一项重要工作。二是方法上要理论与实践相互生成。要不断对新实践进行复盘总结，沉淀为经验，上升为理论，使实践更加通透明细、理论更接地气。及时对其他新理论进行验证吸收，将有效成分转化为自身体系的一部分，避免视野封闭、思维僵化。三是内容上要注重体系性。要进一步从分类的逻辑起点、延展空间，在指标的应有状态、未来向度，程序的效率、公正，结果使用的效度、限度等方面进行深度、全面研究，形成一个来源于实践又引领实践的鲜活高等教育评价理论。

其次，发挥教育制度优势。制度优势是中国和平发展的重要保障，高等教育快速发展的重要原因。上海高校分类评价是政府主导的评价，更要体现制度的优越性。一是充分发挥举国体制优势，今后将整合更多资源和力量，搭建更多平台，集中攻破评价关键难题，将成果运用最大化、最优化。二是发挥政府顶层设计优势，将个体利益和集体利益相结合，把经济社会发展大方向、高等教育发展总体目标融入评价内容，引导高校在服务中华民族伟大复兴的过程中，实现自身发展。三是发挥政府公益性优势，推进更多评价资源无偿共享共用，提供更多标准化评价工具。

再次，增强本土适切性。评价一种高等教育评价是否科学有效最为重要的标准，就看其是否符合国情和地方实际。上海高校分类评价要有国际化视野，但更要脚踏实地，通过指标体系设计，引导高校"为人民服务，为中国共产党治国理政服务，为巩固和发展中国特色社会主义制度服务，为改革开放和社会主义现代化建设服务"。在当前，特别是要把国家的重大、紧急战略需求加快转化为评价的指标要求，使高校培养出真正符合社会需求的人才，写出应用于中国大地上的"论文"。同时，上海高校分类评价是上海市实施的教育政策，应把服务好区域发展作为前提，鉴于上海在全国的特殊地位，还需要加强在沪各类高校对上海经济社会发展服务成效的考查。

高校分类评价是上海市教育综合改革的重要内容，我国高等教育评价改革的重要成果，今后仍需深度扎根中国大地汲取营养、检验成败，增强道路自信、理论自信、制度自信、文化自信，以中国特色的评价引导中国特色高等教育建设。

二、建设充满生机活力的生态系统

从外部定位看,上海高校分类评价是一种促进高等教育质量提升、进行资源配置的手段和工具,只具有工具价值。但是从其自身内部来看,它是一个涉及不同主体、不同场所、不同机制、不同能量的复杂生态系统。只有这些内部要素都处于一个健康和谐的状态,它才能发挥最佳功能;若要素处于失衡状态,评价不但不能发挥功能,还会带来负面影响。培育健康的内部生态系统,是上海分类评价极其重要的任务。

首先,增强系统的整合容纳能力。当前高等教育评价中存在的一个重要问题就是项目过多过频、不归口、不成体系,资源浪费严重,给高校带来了沉重负担。上海高校分类评价是一个综合评价体系,容纳能力强大的生态系统,必须承担起历史使命,进一步加强与高等教育领域其他评价之间的衔接,增强指标内涵的一致性、评价机制的协同性、评价结果的多用性,避免分散用力、不匀用力、重复用力。特别重要的是,积极将其他单项评价整合进来,使单项评价在整体评价中找准位置和产生价值,避免以单项评价代替整体评价,导致高校畸形发展。这样上海所有高等教育相关的评价评估就建立起了有机联系,逐步实现评价管理的归口、评价标准的统一、评价数据的集中。

其次,增强系统的新陈代谢能力。上海分类评价保持生命力的关键在于与外界保持能量交换。除了上面提到新技术的引用外,还有一个重要的方面,那就是指标的更新换代。从绝对意义上来说,每个指标都是阶段性的,效用会逐步递减,因此需要及时优化。同时,时代对高等教育的宏大需求也是不断变化的,指标体系要及时予以回应。另外,上海高校分类评价还必须具有敏锐的战略眼光,除了回应宏大、关注共性外,还应该善于发现极有可能发展为主流的小趋势,并通过创设新指标、增加新指标内涵的方式对其加以培养。相对于旧指标的弃用,新指标的研发难度会比较大。然而,这正是生命力最明显的特征。五年来,上海高校分类评价都坚持对指标体系进行优化,但在新指标的研发上,力度仍不够,今后需要进一步加强。

再次,增强系统的有序运行能力。生态系统都有其自身的规则,无序则不成体系。上海高校分类评价在今后的制度建设中,应特别注重四个方面。一是公平,努力以公平公正赢得高校广泛支持、业界深度认可。标准要清晰公开,评价结果也要逐步向社会公开,问责机制要进一步健全。二是竞合,增强系统的内生动力。通过评价排名、分层投入,引导同类型高校适度竞争,但同时又要避免恶性竞争、同质竞争,通过搭建平台使得高校能够坦诚交流、深度合作。三是多样,追求特色发展、蓝海竞争,是高校实现"一流"的必然战略选择。一个健康的生态系统必然是多样性的,上海高校分类评价在坚持标准化的同时,要进一步为类型特色、学科特色、高校特色表达留出更大空间,比如将终身教育类型高校、五年一贯制的高职院校等纳入,在大类型中分离出亚类型并赋予特色指标,在指标体系中研发更多学科类模块等。四是触底,宏观生态如何,最终取决于微观生态。评价采集到的数据材料都是经过多个环节后形成的,不是事实本身。即使是基于大数据、人工智能的镜像,也可能会失真,因此评价必须经常触底,开展实地督导,发现真实情况,解决实际问题,而不能只浮在表面。

最后,增强系统的价值共创共享能力。任何一项事业、任何一个生态系统是否成功,最终都取决于人。上海高校分类评价主体包括政府、高校、科研单位、社会第三方的有关人员。缺少任何一类主体,这项工作都不能正常进行,整个生态系统都会遭到破坏。这些主体是因这项工作临时聚合在一起,平时都身处各自单位,从事着不同的工作。高等教育评价是一项需要投入极大心智、忠诚和激情的工作。如何让这些主体都发挥出最大的潜力,是上海分类评价必须要面对的问题。一方面要确保价值共创,把这项工作打造成一种有目标、有任务、有分工的共同事业,通过搭建各种平台、畅通各种渠道,使各主体的价值在评价过程和结果中得到体现,不能一切都是政府说了算。另一方面要确保价值共享,要通过分类评价使每个参与单位、个人都各得其所,使政府有分配资源的"依据",高校有自我诊断的"镜子",学者有开展科学研究的"宝藏",社会第三方有了持续发展的"资本",每个主体都能有获得感。

上海高校分类评价是破题之作,已经迈出了从无到有的阶段,踏上逐步成熟完善的路程。面向未来,它必须一步一个脚印,在原有的经验上推陈出新;必须保持敏感性,回答时代提出的问题;必须扎根中国大地,为构建中国特色的高等教育评价模式而不懈努力。上海高校分类评价要完成这些历史任务,今后应坚持技术赋能,将自身作为应用场景,利用人工智能、大数据计算、区块链技术实现流程再造、范式升级,并从需求侧推动"智能+教育"技术的进步。坚持生态培育,从有机共生的角度推进工作,使分类评价成为需求转化、良性竞争、合作交流、价值实现、结果共享的平台，让特色能够在这里彰显，"小趋势"能在这里得到培育。坚持复盘内省，将是否有效提升高校办学质量作为评价成败的核心标准，持续开展基于上海分类评价有效性评价的学术研究和内部研讨。

三、利用新技术实现评价的转型升级

新科技革命风起云涌，但是教育对新技术以及相关新理念的响应，似乎不像其他行业领域那样特别迅速和充分。教育评价尤其如此，基本上仍处在人工采集数据、信息平台存储数据、信息系统初步分析数据的阶段，数据类型单一、总量有限、运算简单、使用率低。上海是中国高科技企业重要集聚地，正在加快建设人工智能高地，发布了《上海市推进新型基础设施建设行动方案（2020—2022年）》，提出要推进以人工智能为核心的"四大新基建"[1]。面临硬件和技术的升级，上海高校分类评价要抓住由人工智能驱动转型的好机会。

第一，数据采集技术。目前上海高校分类评价与大部分其他教育评价一样，受各种条件的制约，数据的采集主要是通过高校填报的方式，仍然是静态、结果性、结构化的数据，总体上仍处于"小数据时代"。这样的数据只能部分反映高校办学实际，不能反映全貌。今后，应拥抱新技术，积极推动物联网、智能终端等技术在高校的推广应用，参与制定有关标准。通过这些新技术，实现自动化数据采集，将数据类型扩展到海量的、全时空的实时数据、行为数据、非结构化数据。这一方面可以提高工作效率，节省大量的人力成本和时间成本；另一方面可以扩展监测视野，使数据更接近真实，使评价更为可信，使得评价监测真正进入"大数据"时代。

第二，大数据处理技术。当前，上海高校分类评价的数据积累仅有五年，且仅有传统数据。开发的平台系统具有一定的自动化数据处理能力。但是必须看到，随着数据

---

[1] 上海市人民政府　关于印发《上海市推进新型基础设施建设行动方案（2020—2022年）》的通知［EB/OL］. https://www.shanghai.gov.cn/nw48504/20200825/0001-48504_64893.html.

量的激增、数据类型的拓展,传统的统计方法将会失效,必须引入云计算技术,实现机器深度学习。"通过模仿人类神经网络工作机制,以数据挖掘、机器学习等技术处理海量数据,深度揭示评估不易感知的结构、特征、模式和规律,按时按序发现监测评估对象的问题,同时实现评估的自动预警和预测"[1],从自动采集数据到机器深度学习,这样教育评价就向智能化迈出了重要一步。

第三,区块链(Blockchain)技术。上海高校分类评价的数据采集和共享机制越来越深化。但是数据如何做到标准统一、安全共享一直是难题,区块链技术为解决这些难题提供可能。区块链技术起源于比特币的底层技术。它包括"区块"和"链"两部分,是一种将一连串相关联产生的分布式的数据(区块),通过密码学方法串(链)起来构成连续的交易记录的技术。每一区块都是平等的,都包含特定时间内系统的全部信息交流数据,但是单一区块的损坏不影响系统整体的安全性。有学者认为:"区块链技术为教育评估构建了一种全新的技术基础和实践模式,它将彻底改变和颠覆现有教育评估系统。"[2]区块链技术与上海高校分类评价的数据共享理念一致,运用区块链技术可实现数据在政府相关部门、参评高校之间的深度共享。

以上技术只是部分,除此之外还有很多。上海高校分类评价要敢于应用新技术,推进与技术的深度融合,并在这个过程中,不断向技术反馈新要求、提出新任务,促进技术的更新迭代。这样就形成了一个良性循环,一个崭新的高等教育评价形态就会被催生出来。

---

[1] 王战军.高等教育监测评估理论与方法[M].北京:科学出版社,2017:219.
[2] 沈忠华.新技术视域下的教育大数据与教育评估新探——兼论区块链技术对在线教育评估的影响[J].远程教育杂志,2017(03):37.

后记

上海高校分类管理评价工作是一项开创性强、涉及面大、参与者众多、时间跨度较长、影响力深远的改革实践。这项改革由时任上海副市长翁铁慧同志亲自领导推动，现任上海市副市长陈群同志领导深化，上海市教卫工作党委、市教委主要领导组织协调各方面力量实施开展。上海市教育科学研究院、上海市教育评估院承担了很多研究和实施工作，在沪高校和专家，也都积极参与、建言献策。大家的智慧和汗水，是我们编写本书的底气和基础。

本书从前期谋划到最终成稿，先后历经了四余年时间。其间，国家和上海市的高等教育改革发展形势经历了较大幅度的变化，上海高校分类评价的改革实践也取得了不少新进展，编写组及时研究，将其编写进书稿中。编写过程中，市教委主任王平同志，多次关心本书进展。

本书是集体协作的结果。具体写作分工为：第一章上海交通大学余新丽、郑燕、姚建建，第二章上海交通大学余新丽、张新培、刘晓雯，第三章同济大学张端鸿、王晨、刘思雯、丁文佳，第四章上海市教育科学研究院晏开利，第五章上海老年大学张兴、上海交通大学郑燕，第六章上海出版印刷高等专科学校周益斌、上海市教委戴勇，第七章华东师范大学王同彤、矫雯竹，第八章上海市教委戴勇、王娟。最终由上海市教委平辉总督学通读全书稿，并作修改。这些作者是高教领域的专家，也是工作的实际参与者，对分类评价既有很专业的见解，也有很深刻的体会，这使本书理论与实践紧密结合，有许多在其他著作中不易体会到的感悟、体温。市教委林炊利、孙勇同志对部分章节的撰写作出了贡献，华东师范大学卞月妍、上海立信会计金融学院肖慧同志对本书书稿进行了多次梳理、校对，出版社彭呈军同志为本书编辑出版做了大量专业细致的工作，在此一并表示衷心感谢！

由于本书谋划较长、撰写时间仓促，且作者较多，可能会存在一些体系欠严整、观点有错漏、内容重复之处。同时,因为本书还是上海分类评价工作阶段性的研究成果,所以可能会受实践进展的制约,有一些历史局限性。对此,我们深表歉意,并请各位专家不吝批评指正,以方便今后修订完善。

本书编写组
2022 年 9 月 10 日